Ulrich Heimlich (Hrsg.)

Sonderpädagogische Fördersysteme

Auf dem Weg zur Integration

Mit Beiträgen von
Gérard Bless, Urs Haeberlin,
Almut Köbberling, Ursula Mahnke,
Ulf Preuss-Lausitz, Alfred Sander,
Jutta Schöler und Hans Wocken

Die Deutsche Bibliothek – CIP-Einheitsaufnahme

Sonderpädagogische Fördersysteme - auf dem Weg zur Integration / Ulrich Heimlich (Hrsg.). Mit Beitr. von Gérard Bless ... - Stuttgart ; Berlin ; Köln : Kohlhammer, 1999
ISBN 3-17-015419-2

Alle Rechte vorbehalten
© 1999 Verlag W. Kohlhammer GmbH
Stuttgart Berlin Köln
Verlagsort: Stuttgart
Umschlag: Data Images GmbH
Gesamtherstellung:
W. Kohlhammer Druckerei GmbH + Co. Stuttgart
Printed in Germany

Inhaltsverzeichnis

Inhaltsverzeichnis 5

Einleitung: Orte sonderpädagogischer Förderung auf dem Weg zur Integration 7

Kapitel 1: Integration als organisatorische Innovation sonderpädagogischer Fördersysteme 11

Ulrich Heimlich:
Subsidiarität sonderpädagogischer Förderung – Organisatorische Innovationsprobleme auf dem Weg zur Integration 13

Alfred Sander:
Ökosystemische Ebenen integrativer Schulentwicklung – ein organisatorisches Innovationsmodell 33

Ulf Preuss-Lausitz:
Integrationsnetzwerke – Zukunftsperspektiven eines Bildungs- und Erziehungssystems ohne Selektion 45

Kapitel 2: Integrative Organisationsformen sonderpädagogischer Förderung 63

Jutta Schöler:
Integrationsklassen in nicht-aussondernden Schulen 65

Hans Wocken:
Ambulanzlehrerzentren – Unterstützungssysteme für integrative Förderung 79

Gérard Bless:
Förderklassen – ein Weg zur integrationsfähigen Schule? 97

Almut Köbberling:
Der Integrationsgedanke stößt an die Grenzen des Systems –
Strukturveränderungen im schulischen Alltagsleben des
Sekundarbereichs 111

**Kapitel 3: Qualifizierung für integrative Organisationsformen
sonderpädagogischer Förderung** 127

Urs Haeberlin:
Heil- und sonderpädagogische Lehrerbildung – Wozu eigentlich? 129

Ursula Mahnke:
Erwerb integrativer Kompetenzen in institutionellen Prozessen –
Konsequenzen für die Fortbildung 147

Ulrich Heimlich:
Der heilpädagogische Blick – Sonderpädagogische
Professionalisierung auf dem Weg zur Integration 163

Materialien zur integrativen Schulentwicklung 183

Die Autorinnen und Autoren 187

Ulrich Heimlich

Einleitung:
Orte sonderpädagogischer Förderung auf dem Weg zur Integration

Als sich die *Konferenz der Kultusminister der Länder (KMK)* im Jahre 1994 nach 1960 und 1972 zum dritten Male mit einer allgemeinen Stellungnahme zur sonderpädagogischen Förderung an die Öffentlichkeit wendet, zeichnen sich bereits tiefgreifende Veränderungen im sonderpädagogischen Fördersystem ab. Sonderpädagogische Förderung zur Erfüllung des sonderpädagogischen Förderbedarfs ist nicht mehr an den besonderen Förderort gebunden. Sie findet vielmehr verstärkt auch außerhalb der Sonder- bzw. Förderschulen an verschiedenen Orten im Bildungs- und Erziehungssystem statt. Damit erweitert sich die stationäre Angebotsstruktur sonderpädagogischer Förderung unter organisatorischem Aspekt um ambulante Strukturen. Sonderschullehrerinnen und -lehrer gehen zu den Kindern in die Allgemeine Schule, gestalten dort den gemeinsamen Unterricht im Rahmen des Zwei-Pädagogen-Systems mit oder sind stundenweise im Rahmen des Stützlehrer-Systems tätig. Die Orte sonderpädagogischer Förderung befinden sich bereits seit über 20 Jahren in einem Prozess der Pluralisierung, in dem die monopolartige Angebotsstruktur der Sonderschulen einem Nebeneinander verschiedener Angebotsformen weicht. Mit den Diagnose- und Förderklassen, den inzwischen äußerst differenzierten Formen von Förderzentren und einer weiter steigenden Zahl von Integrationsklassen in der Allgemeinen Schule entwickeln sich in den Bundesländern innovative Organisationsformen sonderpädagogischer Förderung.

Stand in der Nachkriegszeit in beiden deutschen Landesteilen zunächst der Auf- und Ausbau des eigenständigen Sonderschulsystems im Vordergrund, so setzt spätestens mit den Empfehlungen des *Deutschen Bildungsrates* von 1974 und der Vereinigung der beiden Landesteile im Jahre 1989 eine Gegenbewegung hin zu einem integrativen Bildungs- und Erziehungssystem ein. Die zugrundeliegende Leitidee dieses Perspektivenwechsels wird aus dem demokratischen Wertekonsens begründet. In demokratisch verfassten Gesellschaften haben alle Menschen ein Recht auf persönliche Freiheit (Freiheitsgrundsatz, GG, Art. 2) und ein Recht auf gesellschaftliche Teilhabe (Gleichheitsgrundsatz, GG, Art. 3). In der novellierten Fassung des Grundgesetzes von 1994 ist dieser Wertekonsens in Art. 3, Abs. 3, Satz 2 noch einmal in Form eines „Diskriminierungsschutzes" bezogen auf Menschen mit Behinderungen explizit zum Ausdruck gebracht worden. Realisiert wird das Spannungsverhältnis von Freiheit und Gleichheit im Rahmen des *contrat social* durch das solidarische Miteinander der Gesellschaft (*Hartmut von Hentig*). Allerdings müssen diese demokratischen Prinzipien unter dem Eindruck der Globalisierung in der „Zweiten Moderne" (*Ulrich Beck*) neu bestimmt werden. Integration von Menschen mit Behinderungen wird in diesem Zusammenhang zur *res publica*, zur „öffentlichen Sache", letztlich zur Aufgabe aller Gesellschaftsmitglieder. Ein demokratisches Bildungs- und Erziehungssystem hat zugleich die Freiheit des einzelnen und die gleichberechtigte Teilhabe aller zu garantieren. Dies erfordert eine „Pädagogik der Vielfalt" (*Andreas Hinz, Annedore Prengel, Ulf Preuss-Lausitz*), die gerade von der Heterogenität der unterschiedlichen Individuen ausgeht (Freiheitsgrundsatz) und allen gleichberechtigte Chancen der Teilhabe an Bildung und Erziehung anbietet (Gleichheitsgrundsatz). Demokratische Bildungs- und Erziehungssysteme sind von der Zielperspektive her gleichzeitig integrative Bildungs- und Erziehungssysteme.

Allerdings dürfte der Weg zu diesem demokratischen Ziel hin einstweilen noch durch zahlreiche Übergangsformen gekennzeichnet sein. Auch sonderpädagogische Fördersysteme befinden sich auf dem Weg zur Integration. Offen ist bislang jedoch die Frage, welche Übergangsformen auf diesem Weg tatsächlich eine Annäherung an die demokratische Zielsetzung des integrativen Bildungs- und Erziehungssystems bedeuten. Am Konzept des sonderpädagogischen Förderzentrums wird beispielsweise kritisiert, dass hier lediglich das Türschild ausgetauscht werde, im übrigen aber die Organisationsform der sonderpädagogischen Förderung (zentrale Angebotsstruktur, stationäre Hilfen) beibehalten bliebe. Umstritten sind auch die Förderklassen an Sonderschulen, deren Beitrag zu einer verstärkten Rücküberweisung von Schülerinnen und Schülern mit sonderpädagogischem Förderbedarf in die Allgemeine Schule bislang noch ungeklärt erscheint. Zweifellos stellt die Einrichtung von Integrationsklassen bisher den unmittelbaren Weg zur Integration von Kindern und Jugendlichen mit Behinderungen in die Allgemeine Schule dar. Ebenso unzweifelhaft erscheint jedoch die Begrenztheit dieses Weges der Bildung von „Integrationsinseln". Im besten Falle stehen dahinter ganze Schulen, die sich im Rahmen eines integrativen Schulprogramms die „Gemeinsamkeit in der Vielfalt" zwischen den Kulturen, den Geschlechtern und zwischen Menschen mit und ohne Behinderungen zur Aufgabe gemacht haben. Eine Weiterentwicklung des integrativen Bildungsangebotes erfordert jedoch regionale Verbundkonzepte, in denen die Vernetzung der Ressourcen für die sonderpädagogische Förderung intensiviert wird. Damit zeichnet sich eine neue Aufgabe bei der Entwicklung des integrativen Bildungs- und Erziehungssystems ab. Nach einer Phase der Entwicklung eines pädagogischen Rahmenkonzeptes für den gemeinsamen Unterricht mit didaktisch-methodischen Schwerpunkten stehen wir nunmehr vor einer Phase der integrativen Schulentwicklung mit systemisch-organisatorischen Schwerpunkten. Integration im Bildungs- und Erziehungssystem muss auch organisiert werden. Dazu zählen Aufgaben wie Schulprogrammentwicklung, Teamentwicklung und Organisationsentwicklung.

Diese veränderte Organisationsaufgabe im Zusammenhang mit sonderpädagogischer Förderung im ausgehenden Jahrhundert steht in den folgenden Beiträgen im Mittelpunkt. Dabei treffen sich die Autorinnen und Autoren in dem gemeinsamen Grundverständnis eines integrativen Bildungs- und Erziehungssystems als Zielperspektive. Auch die dargestellten Übergangsformen in der Organisation sonderpädagogischer Förderung bleiben dieser Zielsetzung verbunden. Gemeinsam ist den Beiträgen dieses Sammelbandes der Versuch, das systemische Denken in der Heil- und Sonderpädagogik für die Aufgabe der Integration von Menschen mit Behinderungen zu erschließen. Dabei wird deutlich, dass auch die Systemtheorie keine Theorie bzw. Legitimation der Aussonderung liefert.

In *Kapitel 1* stehen zunächst *organisatorische Innovationsprobleme im sonderpädagogischen Fördersystem* im Mittelpunkt. Nach einführenden Überlegungen zur konsequenten Auslegung des Subsidiaritätsprinzips sonderpädagogischer Förderung (*Ulrich Heimlich*) legt *Alfred Sander* mit Hilfe des ökosystemischen Ansatzes ein umfassendes Modell der Integrationsentwicklung vor und verbindet dies mit seinen langjährigen Erfahrungen im Saarland. *Ulf Preuss-Lausitz* entwirft aufbauend auf dem Brandenburger Integrationsmodell und den Berliner Integrationserfahrungen die Zukunftsperspektive der Integrationsnetzwerke und gewinnt dabei einen Zugang zum Modell der flächendeckenden Integration. Der Schwerpunkt dieses Kapitels ist in der Entwicklung eines tragfähigen Rahmens für die organisatorische Integrationsentwicklung zu sehen.

Kapitel 2 enthält darauf aufbauend praxisbezogene Überlegungen zu *integrativen Organisationsformen sonderpädagogischer Förderung*. *Jutta Schöler* fragt auf der Basis ihrer europaweiten Erfahrungen in der Begleitung von Kindern und Jugendlichen sowie Eltern, Lehrerinnen und Lehrern zunächst kritisch nach der Struktur von „nicht-aussondernden Schulen" und stellt dazu einen Negativ-Katalog mit Aufforderungscharakter vor. *Hans Wocken* entwickelt aus seinen Integrationsforschungen in Hamburg bzw. Schleswig-Holstein systematisch Grunddimensionen der Organisationsform „Förderzentrum" und legt so die Entwicklungsmöglichkeiten dieser neuen und äußerst vielfältigen Organisationsform offen. Aus den Schweizer Erfahrungen heraus unterzieht *Gérard Bless* die Förderklassen einer dezidierten Prüfung auf ihre „Integrationsförderlichkeit". Sein Urteil bleibt zwar offen, zeigt jedoch die Aussonderungsgefahren dieser Organisationsform sehr deutlich auf. *Almut Köbberling* beschließt diesen Abschnitt mit Ergebnissen der Begleitforschung zur Integration an Hamburger Gesamtschulen und ermutigenden Überlegungen zum Umgang mit Integrationsgrenzen in einem selektiven Bildungs- und Erziehungssystem.

Das *Kapitel 3* umfasst abschließend Anforderungen an eine *Qualifikation für integrative Organisationsformen sonderpädagogischer Förderung*. *Urs Haeberlin* kommt zwar zu dem Ergebnis, dass eine heil- und sonderpädagogische Lehrerbildung auch weiterhin unverzichtbar bleibt, sieht jedoch nachhaltigen Innovationsbedarf auf allen Ebenen der Lehrerbildung. *Ursula Mahnke* rekonstruiert sodann auf der Basis der Begleitung von Integrationsprojekten den Prozess der Herausbildung von integrativen Kompetenzen und leitet daraus Konsequenzen für die Lehrerfortbildung ab. Abgeschlossen wird dieses Kapitel von allgemeinen Überlegungen zu Professionalisierungsproblemen von Sonderpädagoginnen und Sonderpädagogen auf dem Weg zur Integration (*Ulrich Heimlich*).

Der vorliegende Band ist vorrangig als Studien- und Arbeitsbuch konzipiert. Die einzelnen Beiträge führen in grundlegender Weise in den jeweiligen Themenaspekt ein, enthalten jedoch ausnahmslos ebenfalls ganz konkrete Hinweise auf innovative Praxisansätze im Rahmen der Organisationsformen sonderpädagogischer Förderung. Vorrangig praktisch orientierte Leserinnen und Leser finden in einem Materialteil am Ende des Bandes ergänzende Hinweise auf Arbeitshilfen zur integrativen Schulentwicklung.

Überblickt man die Vielfalt der Perspektiven, aus denen heraus die gemeinsame Thematik der integrativen Organisationsformen sonderpädagogischer Förderung in den Beiträgen dieses Bandes betrachtet wird, so fällt auf, dass didaktisch-methodische Phantasie allein nicht ausreichen wird, um mehr Integration im Bildungs- und Erziehungssystem zu wagen. Hinzutreten muss die Fähigkeit, vorhandene institutionelle Angebotsformen sonderpädagogischer Förderung gemeinsam weiterzuentwickeln.

Leipzig, im Juli 1999   Ulrich Heimlich

Kapitel 1:

Integration als organisatorische Innovation sonderpädagogischer Fördersysteme

Ulrich Heimlich

Subsidiarität sonderpädagogischer Förderung - Organisatorische Innovationsprobleme auf dem Weg zur Integration[1]

Vorbemerkung

Als *Heinrich Kielhorn* 1898 in Hannover zur Gründung des Verbandes der Hilfsschulen Deutschlands aufruft (*Kielhorn* 1898), heißt die organisatorische Leitlinie „weiterer Ausbau des Hilfsschulwesens" (vgl. *Möckel* 1998). Heute - hundert Jahre später - müssen wir auch unter organisatorischem Aspekt die sonderpädagogische Förderung neu denken. Es sollen im weiteren einige Überlegungen zu organisatorischen Innovationsproblemen sonderpädagogischer Förderung angestellt werden. Aus der Sicht des sonderpädagogischen Fördersystems heißt die zukünftige Leitlinie spätestens seit den KMK-Empfehlungen von 1994 „Subsidiarität" im Sinne einer Unterstützung von Integration. Die Konsequenzen aus diesem Subsidiaritäts-Prinzip werden jedoch in der gegenwärtigen Diskussion nicht zu Ende gedacht. Aus einem historischen Vergleich zwischen der Gründungsphase der sog. „Hilfsschulen" im 19. Jahrhundert und den gegenwärtig wahrnehmbaren Zukunftsaufgaben sonderpädagogischer Förderung sollen deshalb nun einige Strukturmaximen für die Weiterentwicklung abgeleitet werden. Zunächst wird die Bedeutung des Subsidiaritätsprinzips für die sonderpädagogische Förderung deutlich gemacht, da durchaus unterschiedliche Vorstellungen damit verbunden sind (1). Sodann wird versucht, heilpädagogisches Handeln als Organisationshandeln zu beschreiben (2). Als Zukunftsvorstellung stehen abschließend regionale Integrationsnetzwerke im Sinne eines neuen organisatorischen Leitbildes sonderpädagogischer Förderung im Mittelpunkt (3).

---

[1] überarbeitete Fassung des Beitrages: Am Ende subsidiär? Organisatorische Innovationsprobleme des sonderpädagogischen Fördersystems in Geschichte und Gegenwart. In: *Schmetz, Ditmar/ Wachtel, Peter* (Hrsg.): Entwicklungen, Standorte, Perspektiven. Sonderpädagogischer Kongreß 1998. Würzburg: vds, 1999, S. 316-327

1. Integration unterstützen! - Subsidiarität sonderpädagogischer Förderung

Bezogen auf die Realisierung sonderpädagogischer Förderung wird in den Empfehlungen der KMK von 1994 (*Sekretariat* ... 1994) festgestellt:

„Ziele, Methoden, Lernorganisation und Medien werden dem Förderbedarf entsprechend ausgewählt. Damit unterscheiden sich eine sonderpädagogisch ausgerichtete Erziehung und Unterrichtsgestaltung nicht prinzipiell von allgemeinpädagogischer Arbeit. Sonderpädagogik hat subsidiäre Aufgaben." (S. 9)

In der Diskussion zu den neuerlichen Empfehlungen der KMK ist der Aspekt der Subsidiarität weitgehend unberücksichtigt geblieben (vgl. den Überblick bei *Wittmann* 1997). Auch die Empfehlungen selbst lassen die Bedeutung des Subsidiaritätsprinzips innerhalb des Systems sonderpädagogischer Förderung offen für nachgehende Interpretationen. Was also meint Subsidiarität als Merkmal sonderpädagogischer Förderung?

Subsidiarität stammt zunächst einmal etymologisch von dem lateinischen „Subsidium", was soviel wie Hilfe, Unterstützung und Beistand oder Hilfsmittel bedeutet. Das Adjektiv „subsidiär" umfasst zusätzlich auch die Bedeutung der „behelfsmäßigen Lösung". In politischer und soziologischer Hinsicht verweist das „Subsidiaritätsprinzip" auf den Grundsatz, nach dem übergeordnete gesellschaftliche Einheiten (besonders der Staat) nur solche Aufgaben an sich ziehen dürfen, zu deren Wahrnehmung untergeordnete Einheiten (besonders die Familie) nicht in der Lage sind - so jedenfalls der derzeitige Sprachgebrauch. Dieses gesellschaftspolitische Prinzip geht auf die kirchliche Soziallehre zurück. So heißt es beispielsweise in der „klassischen" Stelle der Enzyklika „Quadragesimo anno" von Papst Pius XI. aus dem Jahre 1931 im Sinne eines sozialphilosophischen Grundsatzes:

„...: wie dasjenige, was der Einzelmensch aus eigener Initiative und mit seinen eigenen Kräften leisten kann, ihm nicht entzogen und der Gesellschaftstätigkeit zugewiesen werden darf, so verstößt es gegen die Gerechtigkeit, das, was die kleineren und untergeordneten Gemeinwesen leisten und zum guten Ende führen können, für die weitere und übergeordnete Gemeinschaft in Anspruch zu nehmen; ... Jedwede Gesellschaftstätigkeit ist ja ihrem Wesen und Begriff nach subsidiär; sie soll die Glieder des Sozialkörpers unterstützen ..." (zit. n. *Menne* 1989, S. 170f.).

In der Sozialpädagogik wird das Subsidiaritätsprinzip vor diesem Hintergrund als „Grundsatz optimaler sozialer Größe und des Vorrangs kleiner sozialer Einheiten" (*Menne* 1989, S. 170) aufgefasst. Daraus lassen sich dann wiederum zwei Teilinhalte ableiten, die auch für die sonderpädagogische Förderung von Bedeutung sein können. Zum einen verweist das Subsidiaritätsprinzip auf die „Kraft des Kleinen" (*Menne* 1989, S. 171). Übertragen auf die Lebenssituation von Menschen mit Behinderungen bedeutet dies, dass alles, was aus eigener Kraft bewältigt werden kann, von Fremdbestimmung frei zu bleiben hat. Insofern enthält das Subsidiaritätsprinzip recht verstanden auch einen Schutz der Selbstbestimmungsrechte von Menschen mit Behinderungen. Und gerade die Diskussion um die „Dialektik der Hilfe" und mögliche Formen der Abhängigkeit von Hilfen hat ja die Grenzen von professionellen Hilfeleistungen deutlich gemacht (*Haeberlin* 1996, S. 346ff.). Auch von Menschen mit Behinderungen hört man immer häufiger den Ruf: „Hilfe! Mir wird geholfen!", mit dem sie sich gegen eine bevormundende Hilfe zur Wehr setzen.

Andererseits lehrt die Erfahrung, dass die Hilfsmittel der kleinen sozialen Einheit oder des einzelnen nicht immer ausreichen und die nächstgrößere Einheit gefordert ist. Insofern ergeben sich über das Subsidiaritätsprinzip auch Anschlussmöglichkeiten an die Entwicklung eines ökologischen Ansatzes in der Heil- und Sonderpädagogik. An dieser Stelle sei nur an das geschachtelte Umweltstrukturmodell von *Bronfenbrenner* (1989) mit seinen verschiedenen ökosystemischen Bezugsebenen erinnert (vgl. den Beitrag von *Alfred Sander* in diesem Band).

Festzuhalten bleibt: Die „Kraft der Kleinen" bedarf der Ergänzung durch den „Schutz der Schwachen" über Maßnahmen der Fremdhilfe und Unterstützung von außen. Bei aller Befürwortung der Autonomieansprüche der kleineren sozialen Einheit werden in modernen Gesellschaften zunehmend gesellschaftliche Unterstützungsleistungen erforderlich. Das Subsidiaritätsprinzip beinhaltet also letztlich einen ethischen Grundsatz für professionelle Hilfeleistungen, in dem die verschiedenen Ebenen sozialen Handelns im Sinne einer optimalen sozialen Größe aufeinander bezogen werden. Im Kern muss das Subsidiaritätsprinzip deshalb als emanzipatorisches Prinzip verstanden werden:

„Die Forderung subsidiärer Reduktion ist die eigentliche Fassung des Prinzips „Hilfe zur Selbsthilfe"; sie schreibt eine Form der Hilfe vor, die auf ihre eigene Abschaffung aus ist und damit Emanzipation erlaubt." (*Menne* 1989, S. 172).

Offen bleibt gegenwärtig noch, ob die Kultusministerkonferenz in ihrem Bezug auf Subsidiarität so weitreichende Vorstellungen entwickelt hat. Gleichwohl erscheint es lohnenswert, die Wirkung dieses Prinzips in der gegenwärtig doch allenthalben konstatierten Umbruchsituation sonderpädagogischer Förderung genauer zu prüfen (vgl. *Opp/Freytag/Budnik* 1997). Eine eigene „Theorie subsidiärer Sonderpädagogik" legt *Hans Wocken* (1994) in Verbindung mit der Diskussion um Sonderpädagogische Förderzentren vor. *Wocken* leitet aus dem Subsidiaritäts-Prinzip die Nachrangigkeit der Sondereinrichtungen ab und begründet damit das Primat der Integration, dem durch ambulante Unterstützungssysteme entsprochen werden soll. *Bach* (*Bach/Pfirrmann* 1994, S. 29ff.) entwickelt und erprobt ein gestuftes System der Förderung als subsidiäres Hilfsangebot. Erst wenn die Möglichkeiten der Regelschule ausgeschöpft sind, sollen weitere Unterstützungssysteme in ambulanter Form mit eingebunden werden. Die Förderschule als vierte Stufe dieses Fördersystems fungiert hier im Range einer *ultima ratio*, gleichsam als letztes Mittel nachdem auch die Möglichkeiten der integrierten Förderung nachweislich ausgeschöpft sind. Man könnte also meinen, dass das Subsidiaritätsprinzip in der sonderpädagogischer Förderung eine neue Idee ist.

Ein Blick in die Geschichte sonderpädagogischer Förderung lehrt jedoch, dass das Subsidiaritätsprinzip bereits bei *Heinrich Kielhorn* zumindest implizit berücksichtigt wird. So stellt *Andreas Möckel* zur damaligen Situation zusammend fest:

„Die Hilfsschule nimmt aus der Volksschule Schüler auf, die nach dem Willen der Gesellschaft in der allgemeinen Grundschule unterrichtet werden sollten. Sie hat eine subsidiäre Funktion." (*Möckel* 1975, S. 13).

Hier wird die vielzitierte Entlastungsfunktion der „Hilfsschule" als Unterstützung für die Volksschule sichtbar, die sich seinerzeit noch in der Phase des Auf- und Ausbaus befindet. So wachsen beispielsweise die Lehrerzahlen in den preußischen Elementarschulen parallel zur Gründungsphase der „Hilfsschulen" allmählich an: von 21.000 im Jahre 1822 auf mehr als 30.000 im Jahre 1858 und schließlich 57.165 im Jahre 1878 (*Tenorth* [2]1992, S. 150). Gleichzeitig entwickelt sich die Anzahl der Schüler pro Lehrer mit der Ausweitung des Schulbesuchs nur langsam zurück: von 90 Schülern pro Lehrer im Jahre 1852 auf 74 Schüler im Jahre 1878 und immerhin noch 56 im Jahre 1906. Trotz starker regionaler Unterschiede steigt die Zahl der Kinder, die von der Schul- und Unterrichtspflicht erfasst werden von ca. 54% im Jahre 1816 auf ca. 78% im Jahre 1846 und 85% im Jahre 1846, jeweils bezogen auf die betroffene Altersgruppe (S. 161). Die preußische Entwicklung muss im europäischen Vergleich seinerzeit als beispielhaft angesehen werden, was sich auch an den vergleichsweise niedrigen Analphabetenquoten zeigt: Sie liegen mit 10,8% bei der männlichen Bevölkerung und 16,4% bei der weiblichen Bevölkerung deutlich niedriger als in benachbarten europäischen Ländern wie England und Frankreich (ebd.). Gleichwohl erhalten unter Berücksichtigung dieser Klassenfrequenzen und unter Einbeziehung des seinerzeit schon vielfach kritisierten Frontalunterrichts die Selbstzeugnisse der frühen Hilfsschulpädagogen eine gewisse Plausibilität. So begründet *Kielhorn* etwa die Notwendigkeit von

„Hilfsklassen" eindeutig aus dem Versagen der sog. „Bürgerschulen" gegenüber „schwachsinnigen" Kindern bzw. Kindern mit besonderen Förderbedürfnissen, wie wir heute sagen würden:

„... so bleiben dann die Schwachen zurück, die Begabteren dagegen eilen voraus. Die Folge dieser Thatsache ist, daß der Lehrer keine Zeit hat, sich um ein paar Schwächlinge zu bekümmern; er muß weiter eilen, um an das Klassenziel zu kommen, an welches sein Nachfolger aufs neue anknüpfen soll. Die unglücklichen „Dummköpfe" bleiben daher ewig an derselben Ecke sitzen und dienen den zukommenden Kleinen als abschreckendes Beispiel und als Zielscheibe des Witzes ..." (*Kielhorn* 1883, S. 189).

Heinrich Kielhorn beschreibt den Stigmatisierungsprozess an dieser Stelle bereits recht treffend, dem Kinder mit abweichenden Schulleistungen in der damaligen Elementarschule ausgeliefert sind. In seiner eigenen Elementarschullehrerzeit hat er diese schwierige Lernsituation bereits kennengelernt und versucht, auf diese Kinder einzugehen. Allerdings erkennt er bald, dass die Klassensituation in der damaligen Größenordnung für eine individuelle und kindbezogene Förderung nicht geeignet ist und setzt sich für die Gründung eigener „Hilfsklassen" ein, auch wenn diese dann bei ihrer Eröffnung am 1. Mai 1881 in Braunschweig eher von dem „Geheimen Sanitätsrat" *Dr. Berkhan* politisch durchgesetzt worden sind (*Möckel* 1981, S. 42ff.).

Versuchen wir, uns jedoch einmal der Faszination der Quellen ein wenig zu entziehen und den Gründungsprozess der „Hilfsschulen" theoretisch auf den Begriff zu bringen. Auch im Hinblick auf die Entwicklung des preußischen Schulsystems zeigt sich hier, dass sich die damalige Bildungs- und Erziehungspolitik auf die Modernisierungsschübe der Gesellschaft des 19. Jahrhunderts sowie die damit einhergehenden neuen Bildungs- und Erziehungsbedürfnisse einzustellen beginnt. Dabei entscheidet sie sich *nolens volens* zunehmend für das Modell der „funktionalen Differenzierung": Der Problemlösungsdruck im seinerzeit sprunghaft sich ausweitenden Elementarschulsystem steigt derart stark an, dass sowohl Lehrende als auch Schulbehörden und Ärzte sich dafür aussprechen, die offenbar zu hohe Komplexität in diesem System zu reduzieren und ein Teilsystem „Hilfsschule" auszudifferenzieren. Damit ist auch die Auslagerung von Problemlösungskompetenzen verbunden, die sich Teile der Volksschullehrerschaft (ganz besonders auf dem Lande) bereits in der Erziehung von Kindern mit besonderen Bedürfnissen erworben haben. Gleichzeitig wird eine Verfeinerung der Selektionsmechanismen in der Kennzeichnung der Schülerinnen und Schüler erforderlich, was in der Diskussion über die Zielgruppe der „Hilfsklassen" zu jener Zeit sehr dezidiert zum Ausdruck kommt (Unterscheidung von „Vollidioten" und „Halbidioten" bzw. „Schwachsinnigen" und „Schwachbefähigten" usw. in der Auseinandersetzung zwischen *Kielhorn* und *Piper*, vgl. *Bleidick* 1981, S. 237ff.). Gerade die historische Betrachtungsweise macht so die Relevanz systemtheoretischen Denkens in der Heil- und Sonderpädagogik sichtbar, bietet sie doch insbesondere ein schlüssiges Erklärungsmodell für die bildungsorganisatorischen Prozesse, die sich in der Gründungsphase der „Hilfsschulen" abspielen (s. auch *Kanter* 1994, S. 35). Es ist deshalb nur naheliegend, wenn sich auch die heil- und sonderpädagogische Historiographie im Anschluss an *Luhmann/Schorr* (1979, S. 14) und *Tenorth* (^{2}1992, S. 28) der systemtheoretischen Betrachtungsweise zunehmend bedient (vgl. *Werner* 1999; *Ellger-Rüttgardt* 1997, S. 249). Die Folge dieses veränderten Blickwinkels ist insbesondere, dass die Organisationsformen sonderpädagogischer Förderung unter dem Gesichtspunkt der Kontingenz betrachtet werden können. Das bedeutet mit Blick auf die monopolartige Angebotsform „Sonderschule" vor allem: Sonderpädagogische Förderung könnte auch ganz anders – nämlich auch integrativ – organisiert sein. Zu bedenken ist allerdings bezogen auf die Kontingenz-Debatte, dass in der Heilpädagogik mit einer wie auch immer gearteten postmodernen Beliebigkeit wohl kaum die drängenden Gegenwartsaufgaben einer pädagogischen Behindertenhilfe einschließlich der integrativen Förderansätze zu bewältigen sein dürften.

Bezogen auf das „Subsidiaritätsprinzip" müssen wir zunächst folgern, dass es in der Gründungsphase der „Hilfsschule" gleichsam auf den Kopf gestellt wird. Die „größere soziale Einheit" Elementarschule ist offenbar noch nicht in der Lage, auch auf Kinder mit besonderen Bedürfnissen einzugehen. Es wird deshalb als erforderlich angesehen, die „kleinere soziale Einheit" Hilfsschule organisatorisch abzuspalten (zunächst in eigenen Schulklassen für diese Kinder, später auch in eigenständigen, mehrzügigen Schulsystemen). Dieser Prozess muss im übrigen keineswegs mit dem Einstieg in die Aussonderung gleichgesetzt werden. *Alfred Sander* hat ganz im Gegenteil darauf aufmerksam gemacht, dass die Sonderschulen im historischen Rückblick „ein wichtiger Schritt auf dem Weg zur Integration" (*Sander* 1995, 94) gewesen sind. Und auch *Möckel* bestätigt dies im Grundsatz:

„Die Geschichte der Heilpädagogik hat mit der Geschichte der Erfindung von Unterrichts- und Erziehungsmethoden begonnen, mit deren Hilfe immer neue Gruppen von Kindern Schulunterricht erhielten." (*Möckel* 1988, S. 192).

Die Möglichkeit der Veränderung des Unterrichts in der Volksschule im Sinne eines gemeinsamen Unterrichts ist angesichts der damaligen Rahmenbedingungen zunächst noch utopisch. Zu berücksichtigen ist allerdings auch, dass neben der Forderung nach eigenständigen „Hilfsschulen" der Gedanke des Nachhilfeunterrichts bereits seit Beginn des 19. Jahrhunderts bekannt ist (so etwa bei *Traugott Weise* (1793-1859) in Zeitz) und sich bis in die Berliner Nebenklassen zu Anfang des 20. Jahrhunderts erhält (vgl.

Kanter 1985, S. 310f.). Damit ist gleichzeitig das Spannungsverhältnis von Aussonderung und Integration in der systemischen Entwicklung der sonderpädagogischen Förderung benannt. Offenbar gilt schon für die Gründungsphase der „Hilfsschulen", dass der Weg der Aussonderung keineswegs unumstritten war.

Subsidiarität sonderpädagogischer Förderung beinhaltet also ein Plädoyer für optimale soziale Größen ihrer Organisationsformen und zwar eingebunden zwischen den Möglichkeiten der Selbsthilfe auf der einen Seite und den Ansprüchen auf gesellschaftliche Unterstützung andererseits. Dies macht flexible Unterstützungssysteme erforderlich, die in das Gesamtsystem der Erziehung und Bildung kooperativ eingebunden bleiben.

Das Subsidiaritätsprinzip führt in der sonderpädagogischen Förderung deshalb dazu, dass wir die Organisationsformen zur Disposition stellen und im Verhältnis zu den jeweiligen Herausforderungen der gesellschaftlichen Modernisierung neu ausrichten müssen. Deshalb soll nun in einem zweiten Schritt sonderpädagogische Förderung unter organisationstheoretischen Aspekten betrachtet werden.

2. Strukturen verändern ! - Heilpädagogisches Handeln als Organisationshandeln

Es gilt zunächst einmal festzuhalten, dass pädagogisches Handeln (und auch heilpädagogisches Handeln) an bestimmten Orten bzw. räumlichen Zusammenhängen stattfindet und deshalb organisiert werden muss. Dieser Ausgangspunkt ist in der erziehungswissenschaftlichen Diskussion keineswegs selbstverständlich, zumal wenn man die reichhaltige Literatur zum pädagogischen Bezug und die insbesondere von der geisteswissenschaftlichen Pädagogik immer wieder betonte Bedeutung des unmittelbaren Umgangs zwischen Erzieher und Zögling berücksichtigt. Gleichwohl ist auch dieser in den gesellschaftlichen Kontext hineingestellt und wird im 19. Jahrhundert zunehmend im Rahmen eines öffentlichen Bildungs- und Erziehungssystems organisiert. Dies bleibt nicht ohne Folgen für das Erziehungshandeln selbst. „Die Schule - als Institution - erzieht!", so macht *Siegfried Bernfeld* (1967, S. 28) in seinem Hinweis auf die institutionellen „Grenzen der Erziehung" deutlich (neben den psychischen und sozialen Grenzen). Aber was meint nun der Begriff „Organisation" in bezug auf heilpädagogisches Handeln (zum Konzept des heilpädagogischen Handelns vgl. *Heimlich* 1998)?

Die Begriffe „Organisieren" und „Organisation" stammen etymologisch vom griechischen „ÓRGANON" ab, was soviel wie Werkzeug, Gerät bedeutet (vgl. *Meyer* 1997, S. 73f.). Organisationen sind im allgemeinen Sprachgebrauch planmäßige Strukturen, die der Funktionstüchtigkeit einer Institution im Sinne von Hilfsmitteln dienen. Orte heilpädagogischen Handelns werden dann als Organisationen bezeichnet, wenn sie bestimmte Ziele verfolgen, einen umschriebenen Kreis an Mitgliedern mit bestimmten Rollen haben und eine formale Struktur im Sinne eines Systems von Regeln besitzen. Pädagogische Organisationen werden diese Gebilde nun von dem Moment an, in dem sie pädagogische Zielsetzungen im Auftrag der Gesellschaft übertragen bekommen, diese in eigene Handlungsziele übersetzen und an qualifizierte Mitglieder weitergeben (vgl. *Timmermann* 1995, S. 144f.). Die Übertragung dieses weiten Organisationsbegriffs auf die Schule als Institution ist sicher unschwer vorstellbar. Die Schule wird allerdings in den Schultheorien auch als spezieller Organistionstypus charakterisiert.

> So weist *Tillmann* (1988, 30ff., zit. n. *Gudjons* ^{4}1995, S. 260) darauf hin, dass die Schule allgemein als Hochform der Institutionalisierung betrachtet wird, was sich an ihrer konkreten Organisationsstruktur ablesen lässt:
> – Die Lernorganisation ist weitgehend formalisiert.
> – Die Schule wird bestimmt durch Verwaltungsorganisation.
> – Die einzelne Schule ist eingebunden in die Makroorganisation des Bildungswesens.

Gleichzeitig werden auch die Grenzen des Organisationsbegriffs deutlich, da der pädagogische Umgang zwischen Lehrerinnen und Lehrern sowie Schülerinnen und Schülern nicht immer mit dem Anspruch auf Rationalität im Bereich des Organisationshandelns vereinbart werden kann. Außerdem unterliegt die Mitgliedschaft der Schülerinnen und Schüler in der Schule über die Schulpflicht auch dem Zwang (vgl. *Gudjons* ^{4}1995, S. 260). Heilpädagogisches Handeln kann also sicher nicht ausschließlich als Organisationshandeln beschrieben werden. Es findet jedoch zweifellos auch in organisatorischen Zusammenhängen statt, was wiederum auf das Handeln selbst zurückwirkt. Organisationsstrukturen haben nicht-intendierte pädagogische Effekte und müssen deshalb ebenso Gegenstand von pädagogischen Reflexionen sein, wie der vielzitierte „heimliche Lehrplan" unter Beweis zu stellen vermag.

Wenden wir nun diesen Organisationsbegriff auf die Geschichte des sonderpädagogischen Fördersystems an, so entdecken wir auch in der Gründungsphase zunächst eine Vielfalt an Organisationsformen. Neben den Anstalten in der ersten Hälfte des 19. Jahrhunderts mit Internatsunterbringung und privater Finanzierung entstehen etwa ab 1820 mehr und mehr sog. „Nachhilfeklassen" (1820 Zeitz, 1835 Chemnitz, 1859 Halle, 1867 Dresden, 1874 Gera, 1875 Apolda und 1879 Elberfeld). Zunächst werden die Schülerinnen und Schüler mit besonderen Förderbedürfnissen aber nur stundenweise aufgenommen, während sie in der übrigen Zeit in der Volksschule verbleiben. Ziel der „Nachhilfeklassen" war die Aufnahme aller Kinder mit Schulleistungsproblemen und deren Rückführung an die Volksschule. Sie sind also als „Durchgangsklassen" konzipiert und bleiben weiterhin Teil der Volksschulen (vgl. *Myschker* 1983, S. 126). Die „Nachhilfeklasse" in Halle verfügte angeregt durch den Volksschulrektor *Haupt* allerdings bereits über Ansätze eines eigenen Lehrplans und deutet damit den Übergang zur eigenständigen Hilfsschule an. Diese wird dann in der Schrift von *Heinrich Ernst Stötzner* (1832-1910) aus Leipzig zum Thema, „Schulen für Schwachbefähigte Kinder. Erster Entwurf zur Begündung derselben" (1864), erstmalig als Forderung an die Bildungspolitik in einem Gesamtentwurf öffentlich bekannt gemacht - nicht zu verwechseln mit der nicht korrekten Behauptung, dass dies auch die Gründungsurkunde der Hilfsschulen sei (vgl. dazu die kritische Darstellung bei *Myschker* 1969). *Stötzner* schwebte allerdings - begründet durch die schwierigen häuslichen Lebensumstände der Schülerinnen und Schüler - eine Tagesheimschule mit Nachmittagsunterricht vor. Diese Idee überzeugt die Schulbehörden in Leipzig zunächst nicht, weshalb es erst am 19.11.1881 zur Gründung der ersten Leipziger Schwachsinnigenklasse kommt (vgl. *Myschker* 1983, S. 133). Aber sowohl in Leipzig als auch in Braunschweig sind die sog. „Hilfsschulgründungen" zunächst auf einzelne Klassen beschränkt, die wiederum Bestandteil der Volksschule bleiben (vgl. *Richter* 1893). Schulorganistorische Eigenständigkeit im Sinne eines mehrzügigen Schulsystems mit eigenem Schulgebäude und eigener Schulleitung (und somit organisatorische Eigenständigkeit) erwerben diese Klassen größtenteils erst im ersten Jahrzehnt des zwanzigsten Jahrhunderts (vgl. *Myschker* 1983, S. 141). Die monopolartige Angebotsstruktur sonderpädagogischer Förderung in Form der „Hilfsschulen" setzt sich also erst innerhalb der zwanziger Jahre in Deutschland durch mit einer Blütezeit ab 1924. Von diesem Zeitpunkt an kann auch erst von einer zentralisierten Organisationsform sonderpädagogischer Förderung gesprochen werden:

„In allen größeren Orten Deutschlands gab es nun Hilfsschulen. Nur wenige Städte über 20 000 Einwohnern hatten keine Hilfsschulen. Viele Orte zwischen 10 000 und 20 000 Einwohner richteten Hilfsschulen ein, ja, sogar 150 Orte mit einer Einwohnerzahl unter 10 000 leisteten sich Hilfsschulen." (*Myschker* 1983, S. 139).

Allerdings regt sich seit Beginn der Entwicklung eines eigenständigen „Hilfsschulwesens" auch bereits Kritik an der Aussonderung. Im Jahre

1901 formuliert der preußische Kreisschulinspektor *Johann Heinrich Witte*[2] (zit.n. *Klink* 1966, S. 77f.) diese Kritik gegenüber der „Hilfsschule" bereits mit integrationspädagogischer Zielsetzung. Er sieht die Förderung der „Schwachen" weiterhin als Aufgabe der Volksschulen und fordert einen gemeinsamen Unterricht im Sinne des Gesamtunterrichts im Anschluss an *Berthold Otto* (1859-1933). Besonders hebt er hervor, dass die „Hilfsschulen" dazu beitragen,

„... daß die Volksschullehrer in dem Eifer, die Schwachen zu fördern, erlahmen und das Geschick, sie zu fördern, verlieren werden ..." (S. 78).

Systemtheoretisch interpretiert beklagt *Witte* hier die Folgen der Auslagerung von Kompetenzen, die mit der Ausdifferenzierung von Teilsystemen aus dem Bildungssystem einhergehen. Es gibt also auch eine Schattenseite der funktionalen Differenzierung im Bildungssystem, nämlich den Verlust an Problemlösungskompetenzen innerhalb des Systems.

Witte hat im übrigen mit seiner Auffassung kein sonderliches Gehör gefunden. Wie überhaupt die „Hilfsschulpädagogik" in den zwanziger Jahren kritische Stimmen kaum noch zur Kenntnis nimmt, was sich auch am Verhältnis von Reformpädagogik und „Hilfsschulpädagogik" zeigen lässt (vgl. *Hillenbrand* 1994). Ein besonders einprägsames Beispiel einer prinzipiellen Infragestellung der Hilfsschule ist uns im Lebenswerk von *Frieda Stoppenbrink-Buchholz* (1897-1993) erhalten geblieben (vgl. die Biographie von *Ellger-Rüttgardt* [2]1997). Obwohl sie über dreißig Jahre in der „Hilfsschule" in Hamburg tätig ist, bleibt ihr diese Organisationsform ihrer Arbeit nur eine Notlösung, die sie in Kauf nimmt, weil die „Schule der Zukunft" noch nicht realisiert ist (vgl. *Ellger-Rüttgardt* [2]1997, S. 81). Diese Zukunftsvorstellung hängt für sie auf zentrale Weise mit der Pädagogik von *Peter Petersen* (1884-1952) zusammen, bei dem sie in Jena promoviert. So schreibt sie in ihrer Dissertation von 1939:

„Vergleichen wir mit diesen Verhältnissen die Jena-Plan-Pädagogik! Wie sie die Kinder nicht nach Klassen, Ständen und Geschlechtern trennt, so kennt sie auch keine Scheidung der Kinder nach ihrer Begabung. Ihr sind jene „Hilfsschüler", wie ich sie als brauchbar und normal charakterisiert habe, für die Gesamtheit der Schülerschaft genau so wichtig und unentbehrlich wie die Begabten." (*Buchholz* 1939, S. 169).

Damit ist wohl das Bild einer integrationsfähigen Schule gemeint, die von der Heterogenität ihrer Schülerinnen und Schüler lebt und auf der Basis der Konzeption eines offenen Unterrichts, wie ihn *Petersen* praktiziert und be-

---

[2] vgl. Editorial in der Zeitschrift für Heilpädagogik 49 (1998) 9 von *Ditmar Schmetz* und *Peter Wachtel* sowie den Beitrag von *Ireneus Lakowski* (1999)

schrieben hat, in der Volksschule verbleiben können. Festhalten lässt sich somit, dass die eigenständige „Hilfsschule" historisch erst relativ spät organisiert werden konnte und seit ihren Anfängen immer wieder der Kritik und prinzipiellen Infragestellung ausgesetzt ist.

Die kritischen Stimmen zur organisatorischen Weiterentwicklung der „Hilfsschulen" bleiben jedoch seinerzeit noch vereinzelt. Erst nach dem zweiten Weltkrieg kommt es in der Ära der Bildungsreform wieder zu alternativen schulorganisatorischen Entwürfen sonderpädagogischer Förderung. In seinem Gutachten „Zur pädagogischen Förderung behinderter und von Behinderung bedrohter Kinder und Jugendlicher" kommt der *Deutsche Bildungsrat* (1974) zu einer neuen Konzeption, „die eine weitmögliche gemeinsame Unterrichtung von Behinderten und Nichtbehinderten vorsieht..." (*Deutscher Bildungsrat* 1974, S. 16). Die organisatorische Umsetzung umfasste bekanntlich seinerzeit die Vorstellung von einem kooperativen Schulzentrum (vgl. den Beitrag von *Hans Wocken* in diesem Band). Dieses Schulzentrum besteht aus der inneren Differenzierung in der allgemeinen Schule, den Formen der Teilintegration, dem Unterricht in einer Schule für Behinderte und weiteren Unterstützungssystemen wie den pädagogisch-therapeutischen Stationen (a.a.O, S. 78ff.). Auch wenn dieses Modell noch heute viele uneingelöste Hoffnungen enthält, so ist doch davon auszugehen, dass integrative Organisationsformen der pädagogischen Förderung Behinderter seither eine sprunghafte Entwicklung durchlaufen haben.

Mittlerweile hat die Zukunftsvorstellung einer integrationsfähigen Schule konkrete Gestalt angenommen und wird an vielen Orten bereits realisiert. So nimmt der *Arbeitskreis Grundschule* in seinen „Empfehlungen zur Neugestaltung der Primarstufe" mit dem schönen Titel „Die Zukunft beginnt in der Grundschule" (*Faust-Siehl, G.* u.a. 1996) den gemeinsamen Unterricht, das Integrationsklassenteam und auch die sonderpädagogisch Tätigen mit in seinen Zukunftsentwurf hinein. Offenbar stehen wir hier vor einer Gegenbewegung gegen die ursprünglich wirksame „funktionale Differenzierung" im Bildungswesen, die bekanntlich mit einer Auslagerung von professionellen Kompetenzen einhergeht (vgl. *Schöler* 1993 und den Beitrag von *Jutta Schöler* in diesem Band). Die Herausforderungen der Moderne kann die Grundschule gegenwärtig nicht mehr aus sich selbst heraus bewältigen. Sie beklagt immer häufiger die Zunahme der Schüler mit Lern- ,Verhaltens- und Sprachschwierigkeiten, deren veränderte Lernbedürfnisse aufgrund veränderter Lebenssituationen nicht mehr mit herkömmlichen Unterrichtsmethoden und traditionalen Organisationsformen beantwortet werden können. Systemtheoretisch gesprochen findet mit der Integration von sonderpädagogischen Kompetenzen in die Grundschule ein sog. „Wiedereintritt der Differenz" bzw. „re-entry" (*Luhmann* [4]1991, S.

640) statt. Immer dann - so können wir systemtheoretisch formulieren -, wenn die Problemlösungskapazität des Systems zu gering wird, versucht das System durch Re-Integration von Kompetenzen seine Funktionalität aufrechtzuerhalten. *Witte* hat im Jahre 1901 bereits den Kompetenzverlust der Volksschullehrer beklagt. Mit der Integration von sonderpädagogischen Kompetenzen in die Regelschule im Rahmen der Ausweitung des gemeinsamen Unterrichts findet systemisch gesehen eine Kompetenzerweiterung der allgemeinen Schule statt. Insofern taugt die Systemtheorie auch nicht - wie es vielfach angeklungen ist - für eine Legitimation der Aussonderung nach dem Motto: „Sonderschulen sind notwendig, weil ein Bildungssystem nun einmal ständig seine Komplexität reduzieren muss und deshalb eigenständige Strukturen auslagert!" Auch die gegensätzliche Bewegung ist aus systemtheoretischer Sicht erklärbar und zeigt somit erneut, wie beliebig systemisches Denken eingesetzt werden kann, wenn man unkritisch und mit universellem Anspruch damit umgeht. Sonderpädagogische Förderung - so können wir festhalten - findet auch historisch betrachtet in einer Vielfalt von Organisationsformen statt, von denen die zentralisierte Struktur der eigenständige „Sonderschule" erst relativ spät bildungspolitisch durchgesetzt wird und stets der kritischen Kontroverse ausgesetzt bleibt.

Fragen wir nun weiter nach den Zukunftsperspektiven sonderpädagogischer Förderung unter organisationssoziologischer Perspektive, so können wir feststellen, dass wir uns in einer Phase der weiteren Pluralisierung sonderpädagogischer Angebotsformen befinden (*Heimlich* 1996, *Sander* 1996). Dabei entstehen nicht nur in didaktisch-methodischer, sondern auch in bildungsorganisatorischer Hinsicht neue Leitbilder. Ein solches neues Leitbild ist das Netzwerk (vgl. zum Bild des Netzwerkes im systemischen Denken das Werk „Lebensnetz" von *Fritjof Capra* 1996).

3. Kleine Netze knüpfen ! - Integrationsnetzwerke als Organisationsform der Zukunft

Bereits seit längerer Zeit deutet sich in der Neuorientierung sonderpädagogischer Förderung ein Dienstleistungsmodell an. Schon *Eduard W. Kleber* versteht im Jahre 1980 das Aufgabenspektrum der Lernbehindertenpädagogik unter diesem Aspekt:

„In erster Linie ist Sonderpädagogik und auch Lernbehindertenpädagogik ein Dienstleistungsunternehmen, als solches wird sie von der jeweiligen Gesellschaft finanziert und erhält konkrete Dienstleistungsaufgaben." (*Kleber* 1980, S. 30).

Während diese Feststellung seinerzeit noch weitgehend folgenlos bleibt, so wird in den neunziger Jahre das innovative Potential der Diensleistungsorientierung in der sonderpädagogischen Förderung sehr viel deutlicher. Für *Gustav O. Kanter* geht die Vorstellung von der sonderpädagogischen Förderung als Dienstleistung mit einer Veränderung ihrer Organisationsformen einher:

„Andererseits sollte auch kein Zweifel daran bestehen, daß die traditionelle, relativ in sich geschlossene Form der Sonderbeschulung in den nächsten Jahren zu einem offenen und flexibleren pädagogischen Dienstleistungsangebot weiterentwickelt werden muß..." (*Kanter* 1994, S. 38).

Sonderpädagogische Förderung als Dienstleistungsangebot hätte in jedem Fall das Wahlrecht der Betroffenen und ihrer Familien zur Folge. Dienstleistungen kann man in der Regel aus einem größeren Angebot auswählen und sich auch selbst entscheiden, ob man eine Dienstleistung in Anspruch nimmt oder nicht. Hier wären wir wieder beim emanzipatorischen Gehalt des Subsidiaritätsprinzips angelangt. Die Inanspruchnahme von Dienstleistungen eröffnet Spielräume für autonome Entscheidungen von Menschen mit Behinderungen. Sie wird folglich das Verhältnis zwischen professionell pädagogisch Tätigen und Menschen mit Behinderungen nachhaltig verändern. Darauf hat auch *Walter Thimm* hingewiesen:

„Der hilfebedürftige Mensch darf nicht Objekt bürokratischen Verwaltungshandelns sein, er ist als Subjekt vielmehr individueller „Kunde" für ein Dienstleistungsangebot." (*Thimm* 1994, S. 118).

Auch wenn der Kunde hier noch in Anführungszeichen steht, so tun wir doch gut daran, einmal das Prinzip „Der Kunde ist König" und seine Auswirkungen auf das Verhältnis des sonderpädagogischen Dienstleistungsangebotes zu seinen Adressatinnen und Adressaten zu reflektieren.

Sicher weist die Dienstleistungsdebatte in der Sonderpädagogik noch weit in die Zukunft. Die Dienstleistungsorientierung vermag allerdings die gegenwärtig noch bestehenden Modernisierungsdefizite im heil- und sonderpädagogischen Fördersystem sichtbar zu machen. Diese Defizite bestehen insbesondere in einer mangelnden Passung zwischen den heil- und sonderpädagogischen Angebotsformen auf der einen Seite und den gewandelten Bedürfnissen von Familien mit behinderten Kindern auf der anderen Seite. Der 5. Familienbericht hat diese Entwicklungstendenzen nochmals eindrucksvoll in den Vordergrund gestellt (*Bundesministerium für Familien und Senioren* 1994). Auf diesem Hintergrund wird nachvollziehbar, dass z.B. von Eltern selbstorganisierte Spielgruppen in der Schule, die Forderung nach der ganzen Halbtagsschule und das wohnortnahe Angebot sonderpädagogischer Förderung in der ambulanten Form keineswegs bloße Relikte einer halb realisierten Schulreform sind. Es handelt sich vielmehr um dringend erforderliche Modernisierungsmaßnahmen im sonderpädagogischen Fördersystem. Eine Entwicklungsmaxime dieser notwendigen Innovationen kann mit dem Stichwort „Dienstleistungssystem" (*Kanter* 1994) umschrieben werden. In der Sozialpädagogik bereits seit längerer Zeit diskutiert (vgl. den 9. Jugendbericht, *Bundesministerium für Familie, Senioren, Frauen und Jugend* 1994, *Rauschenbach* u.a. 1995), geht die Dienstleistungsorientierung in der Heil- und Sonderpädagogik einher mit einer größeren Wohnortnähe. Der 5. Familienbericht der Bundesregierung enthält beispielsweise Angaben über die Verringerung der Einzugsbereiche von Sonderschulen zwischen den Jahren 1960 und 1990.

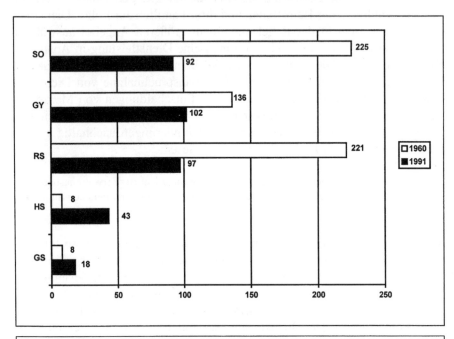

Bemerkungen:
1. Quelle: 5. Familienbericht des BMFuS 1994, 234, Abb. IX/31
2. GS (Grundschule), HS (Hauptschule), RS (Realschule), GY (Gymnasium), SO (Sonderschule)

Abb. 1: Einzugsbereiche von Schulen im Vergleich (qkm)

Vermutlich gehen diese Tendenzen auf den rasanten Ausbau des Sonderschulsystems in den sechziger Jahren zurück. Im Vergleich zur Grundschule sind die Einzugsbereiche von Sonderschulen aber immer noch um das 5-10fache vergrößert (vgl. *Bundesministerium für Familien und Senioren* 1994, S. 234). Das Sonderschulsystem ist auch gegenwärtig noch eine zentralisierte Angebotsstruktur sonderpädagogischer Förderung, eine klassische „Komm-Struktur": die Adressatinnen und Adressaten kommen zum Ort der sonderpädagogischen Förderung nicht umgekehrt.

Wollen wir jedoch in der Zukunft ein wohnort- und familiennahes heil- und sonderpädagogisches Fördersystem für Kinder und Jugendliche bereitstellen, dann müssen wir Bestrebungen zur Integration sonderpädagogischer Förderung in die Regelschule ganz im Sinne der KMK-Empfehlungen zur sonderpädagogischen Förderung von 1994 intensivieren. *Diederichsen* (1995) hat am Beispiel der Stadt Bremen aufgezeigt, dass integrative Förderung von Kindern mit sonderpädagogischem Förderbedarf im Bereich Sprache und Sprechen ein wohnortnahes Modell sonderpädagogischer Förderung nach sich zieht. Ein „Leben in Nachbarschaften", wie *Thimm* (1994) aufbauend auf dem Normalisierungskonzept (*Nirje* 1994) in Verbindung mit Familienentlastenden Diensten (FED) (*Bundesvereinigung Lebenshilfe* 1995) fordert, könnte Leitvorstellung der Weiterentwicklung sonderpädagogischer Fördersysteme sein, auch wenn zu bedenken ist, dass Normalisierung nicht mit Integration per se gleichzusetzen ist (vgl. *Schildmann* 1997). Die organisatorische Antwort auf diese komplizierte Gegenwartsproblematik sonderpädagogischer Förderung ist deshalb auch das Netzwerk. Wir müssen lernen, in Netzen, in dezentralen Strukturen also zu denken. Wir müssen lernen, kleine Netze zu knüpfen, Unterstützungssysteme für Kinder und Jugendliche in benachteiligten Lebensumständen auf regionaler und dezentraler Ebene (*von Lüpke/Voß* 1997). Erst die Netzwerkstruktur verhilft der Subsidiarität sonderpädagogischer Förderung in ihrem emanzipatorischen Gehalt wieder zum Durchbruch.

Erste Erfahrungen mit solchen retikulären (d.h. netzwerkartigen) Strukturen der pädagogischen Förderung von Schülerinnen und Schülern mit Behinderungen beispielsweise in Schleswig-Holstein (*Pluhar* 1998) oder in Brandenburg (*Preuss-Lausitz* 1997) zeigen, dass sich Integrationsnetzwerke in zwei Richtungen entwickeln müssen. Auf einer horizontalen Ebene von Integrationsnetzwerken geht es um die Verknüpfung der vorhandenen regionalen Ressourcen mit dem Ziel der Integration von Schülerinnen und Schülern mit Behinderungen. Hier steht die Intensivierung der Zusammenarbeit der lokalen Bildungs- und Erziehungsinstitutionen und der professionell pädagogisch Tätigen im Vordergrund. Auf einer vertikalen Ebene von Integrationsnetzwerken zeigt sich darüber hinaus, dass diese lokale Strukturen flankiert und unterstützt werden müssen - beispielsweise durch die verschiedenen Ebenen der Schulaufsicht bis hin zu den rechtlichen und finanziellen Rahmenbedingungen auf ministerieller Ebene. Dazu zählt dann auch eine kontinuierliche Fortbildung und Beratung der pädagogisch Tätigen. In Brandenburg hat sich überdies gezeigt, dass sog. „Integrationsberater" in den verschiedenen Landkreisen und kreisfreien Städten entscheidende Unterstützungssysteme für lokale Integrationsnetzwerke darstellen.

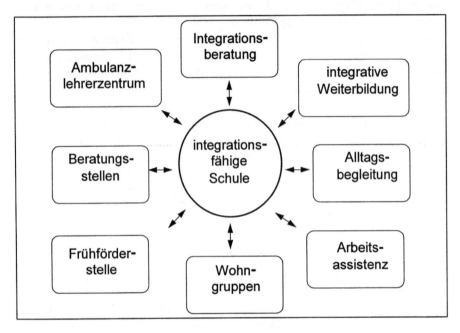

Abb. 2: Regionale Integrationsnetzwerke

Das heil- und sonderpädagogische Fördersystem erhält dann auch unterstützende und helfende Funktion in bezug auf die integrationsfähige Schule im Allgemeinen Bildungs- und Erziehungssystem (*Wocken* 1994; *Heimlich* 1996). Dies kann allerdings nicht als landesweit einheitliches Fördersystem gestaltet werden, wie beispielsweise an der Vielfalt der Organisationstypen im Bereich der Sonderpädagogischen Förderzentren abzulesen ist (*Schmidt/Wachtel* 1996 und den Beitrag von *Hans Wocken* in diesem Band). Dies wäre im systemischen Sinne zu komplex, als dass wir tatsächlich die ungewollten Nebenwirkungen einer solchen neuen Superstruktur managen könnten. Wir benötigen im Gegenteil kleine Einheiten, überschaubare Zusammenhänge mit mehr Autonomie (vgl. *Rolff* 1993) auf kommunaler Ebene, auf der Ebene der einzelnen Schule, auf der Ebene der Kooperation einzelner Schulen vor Ort. In der Konsequenz heißt das nichts anderes als eine Delegation der Verantwortung für solche Innovationsprozesse von oben nach unten, eine Stärkung der Kompetenzen der Schulleiterinnen und Schulleiter (vgl. *Bildungskommission NRW* 1995), gleichsam einen Auftrag an die Region, heil- und sonderpädagogische Förderung neu und vor allem selbst zu organisieren (vgl. auch den Beitrag von *Preuss-Lausitz* in diesem Band).

Auch schulorganisatorisch fordert die Moderne also eine „Redefinition des Lokalen", wie es *Beck* (1997) in „Kinder der Freiheit" bezogen auf die „Zweite Moderne" als Herausforderung formuliert. Solche neuen Organisationsmodelle wären vorzugsweise als „Bringstruktur" heil- und sonderpädagogischer Förderung mit den Schwerpunkten in ambulanter und integrativer Form zu entwickeln: Die heil- und sonderpädagogisch Tätigen kommen zu dem Ort, an dem das Kind mit Lernschwierigkeiten sich bereits in der wohnortnahen Schule, eingebettet in seine Lebenswelt, befindet.

In schulorganisatorischer Hinsicht wird das Separations-Integrations-Kontinuum allerdings auch besonders deutlich, da wir davon ausgehen müssen, dass die demokratische Utopie eines Bildungs- und Erziehungssystems ohne Selektion noch viele Anstrengungen erforderlich macht und deshalb von der Realisierung her sicher langfristig angelegt ist. In mittelfristiger Perspektive wird aber ein heil- und sonderpädagogisches Fördersystem sichtbar, das zwischen Separation und Integration vielfältige Organisationsformen heil- und sonderpädagogischer Förderung ermöglicht. Prüfstein für die Integrationsförderlichkeit dieser Übergangsformen ist die Weiterentwicklung ambulanter Förderkonzepte zu kontinuierlichen Angeboten in der Allgemeinen Schule (z.B. in der Grundschule). In jedem Fall ist eine Erweiterung des Kompetenzbereiches von sonderpädagogisch Tätigen angezeigt, den *Oskar Negt* (1997) recht treffend mit „Organisationsphantasie" bezeichnet hat. Zur Bewältigung zukünftiger Aufgaben in der Weiterentwicklung integrativer Förderangebote benötigen wir auch instrumentelle Kompetenzen im bildungsorganisatorischen Bereich und nicht nur auf dem Gebiet der Didaktik und Methodik.

Zusammenfassend lassen sich vor dem Hintergrund dieser Zukunftsperspektiven sonderpädagogischer Förderung einige organisatorische Strukturmaximen unterscheiden. Sonderpädagogische Dienstleistungssysteme sind gekennzeichnet
- durch regionalisierte und dezentralisierte Angebotsstrukturen im Sinne von nachbarschaftlichen und stadtteilorientierten Lösungen verbunden mit kleinen Einzugsbereichen,
- durch ambulante und integrative Förderangebote, die in der Allgemeinen Schule stattfinden,
- als flexible Unterstützungssysteme, die auf wechselnde Bedarfslagen und heterogene Erfordernisse ihrer Adressatinnen und Adressaten einzugehen vermögen,
- durch netzwerkartige Kooperationsformen mit beteiligten Institutionen, sozialen Diensten und Selbsthilfegruppen.

Literatur

Bach, Heinz/Pfirrmann, Fredy: Reform schulischer Förderung beeinträchtigter Kinder. Mainz: v. Hase&Koehler, 1994

Beck, Ulrich: Kinder der Freiheit. Frankfurt a.M.: Suhrkamp, 1997

Bildungskommission NRW: Zukunft der Bildung - Schule der Zukunft. Neuwied, Kriftel, Berlin: Luchterhand, 1995

Bleidick, Ulrich (Bearb.): Heinrich Kielhorn und der Weg der Sonderschulen. 100 Jahre Hilfsschulen in Braunschweig. Braunschweig: Waisenhaus-Buchdruckerei und Verlag, 1981

Bundesministerium für Familie und Senioren (Hrsg.): Familien und Familienpolitik im geeinten Deutschland – Zukunft des Humanvermögens. Fünfter Familienbericht. Bonn, 1994

Bundesministerium für Familie, Senioren, Frauen und Jugend (Hrsg.): Neunter Jugendbericht. Bonn, 1994

Bundesvereinigung Lebenshilfe für geistig Behinderte (Hrsg.): Familienentlastende Dienste. Selbstverständnis und Konzeption, Arbeitsweisen und Finanzierung. Marburg: Lebenshilfeverlag, 1995

Deutscher Bildungsrat: Zur pädagogischen Förderung behinderter und von Behinderung bedrohter Kinder und Jugendlicher. Stuttgart: Klett, 1974

Diederichsen, Klaus Christian: Zur Standortanalyse von Sonderschule. Die Sprachheilschule im Bremer Verdichtungsraum. In: Zeitschrift für Heilpädagogik 46 (1995), S. 74-79

Ellger-Rüttgardt, Sieglind : Frieda Stoppenbrink-Buchholz (1997-1993). Weinheim: Deutscher Studienverlag, [2]1991

Faust-Siehl, Gabriele u.a. (1996): Die Zukunft beginnt in der Grundschule. Empfehlungen zur Neugestaltung der Primarstufe. Frankfurt a.M.: Arbeitskreis Grundschule, 1996

Gudjons, Herbert: Pädagogisches Grundwissen. Bad Heilbrunn: Klinkhardt, [4]1995

Haeberlin, Urs: Heilpädagogik als wertgeleitete Wissenschaft. Bern, Stuttgart, Wien: Haupt, 1996

Heimlich, Ulrich: Orte und Konzepte sonderpädagogischer Förderung. Ökologische Entwicklungsperspektiven der Heilpädagogik. In: Zeitschrift für Heilpädagogik 47 (1996), S. 46-54

Heimlich, Ulrich: Von der sonderpädagogischen zur integrativen Förderung – Umrisse einer heilpädagogischen Handlungstheorie. In: Zeitschrift für Heilpädagogik 49 (1998), S. 250-258

Hentig, Hartmut von: Die Schule neu denken. Eine Übung in praktischer Vernunft. München, Wien: Hanser, [2]1993

Hillenbrand, Clemens: Reformpädagogik und Heilpädagogik. Bad Heilbrunn: Klinkhardt, 1994

Kanter, Gustav O.: Die Sonderschule regelschulfähig, die Regelschule sonderschulfähig machen - Perspektiven aus Modellversuchen. In: Zeitschrift für Heilpädagogik 36 (1985), S. 309-325

Kanter, Gustav O.: Von der Schule für Lernbehinderte zum Sonderpädagogischen Förderzentrum. In: *Schmetz, Ditmar/ Wachtel, Peter* (Hrsg.): Schüler mit sonderpädagogischem Förderbedarf: Unterricht mit Lernbehinderten. Rheinbreitbach: Dürr&Kessler, 1994, S. 34-42

Kielhorn, Heinrich: Geistesschwache und deren Erziehung. Zwei Betrachtungen ... In: Pädagogische Blätter, hrsg. v. *Karl Kehr*, Gotha. Bd 13 (1884) S. 113-141 (zitiert nach *Bleidick, U.*, 1981, a.a.O.)

Kielhorn, Heinrich: Die Bedeutung eines Verbandes der deutschen Hilfsschulen. In: Zeitschrift für Heilpädagogik 48 (1997), S. 395-396

Kleber, Eduard W.: Grundkonzeption einer Lernbehindertenpädagogik. München, Basel: E. Reinhardt, 1980

Lakowski, Ireneus: Johann Heinrich Witte – Gegner der Hilfsschulbewegung oder Verfechter der integrativen Pädagogik? In: Zeitschrift für Heilpädagogik 50 (1999), S. 332-338

Lüpke, Hans von/Voß, Reinhard: Entwicklung im Netzwerk: systemisches Denken und professionsübergreifendes Handeln in der Entwicklungsförderung. Pfaffenweiler: Centaurus, ^{2}1997

Luhmann, Niklas: Soziale Systeme. Grundriß einer allgemeinen Theorie. Frankfurt a.M.: Suhrkamp, ^{4}1991 (Erstausgabe: 1984)

Luhmann, Niklas/ Schorr, Karl Eberhard: Reflexionsprobleme im Erziehungssystem. Frankfurt am Main: Suhrkamp, 1988 (Erstausgabe: 1979)

Menne, Ferdinand W.: Subsidiäre Solidarität. Die Kraft der Kleinen und der Schutz der Schwachen. In: *Bresser, Hildegard/ Menne, Ferdinand W./ Schulze, Joachim* (Hrsg.): Die Kraft der Kleinen und der Schutz der Schwachen. Dortmund: Berichte und Materialien aus dem Institut für Sozialpädagogik der Universität Dortmund, 1989. S. 168-194

Meyer, Hilbert: Schulpädagogik. Band I: Für Anfänger. Berlin: Cornelsen Scriptor, 1997a

Meyer, Hilbert: Schulpädagogik. Band II: Für Fortgeschrittene. Berlin: Berlin Cornelsen Scriptor, 1997b

Möckel, Andreas: Konzeptionen der Didaktik in der Geschichte der Hilfsschule. In: *Kanter, Gustav O./ Langenohl, Hanno* (Hrsg.): Unterrichtstheorie und Unterrichtsplanung. Berlin: Marhold, 1975, S. 1-18

Möckel, Andreas: Heinrich Kielhorn und die Anfänge der Hilfsschule in Braunschweig. In: *Bleidick, Ulrich* (Bearb.): Heinrich Kielhorn und der Weg der Sonderschulen. 100 Jahre Hilfsschulen in Braunschweig. Braunschweig: Waisenhaus-Buchdruckerei und Verlag, 1981, S. 37-51

Möckel, Andreas: Geschichte der Heilpädagogik. Stuttgart: Klett-Cotta, 1988

Myschker, Norbert: Der Verband der Hilfsschulen Deutschlands und seine Bedeutung für das deutsche Sonderschulwesen. Nienburg/Weser: W. Reßmeyer, 1969

Myschker, Norbert: Lernbehindertenpädagogik. In: *Solarová, Svetluse* (Hrsg.): Geschichte der Sonderpädagogik. Stuttgart u.a.: Kohlhammer, 1983, S. 120-166

Negt, Oskar: Kindheit und Schule in einer Welt der Umbrüche. Göttingen: Steidl, 1997

Opp, Günther/ Freytag, Andreas/ Budnik, Ines (Hrsg.): Heilpädagogik in der Wendezeit. Brüche, Kontinuitäten, Perspektiven. Luzern: SZH, 1996

Pluhar, Christine: Integration von behinderten und nichtbehinderten Kindern und Jugendlichen als Auftrag für die Bildungsverwaltung. In: *Hildeschmidt, Anne/ Schnell, Irmtraud* (Hrsg.): Integrationspädagogik. Auf dem Weg zu einer Schule für alle. Weinheim u. München: Juventa, 1998, S. 89-100

Preuss-Lausitz, Ulf: Integrationskonzept des Landes Brandenburg. In: *Heyer, Peter/ Preuss-Lausitz, Ulf/ Schöler, Jutta*: „Behinderte sind doch Kinder wie wir!" Gemeinsame Erziehung in einem neuen Bundesland. Berlin: Wissenschaft&Technik, 1997, S. 15-31

Rauschenbach, Thomas/Sachße, Christoph/Olk, Thomas: Von der Wertgemeinschaft zum Dienstleistungsunternehmen. Jugend- und Wohlfahrtsverbände im Umbruch. Frankfurt a.M.: Suhrkamp, 1995

Richter, Karl: Die Entwicklung der Leipziger Schwachsinnigenschule. In: *Klink, Job-Günter* (Hrsg.): Zur Geschichte der Sonderschule. Bad Heilbrunn: Klinkhardt, 1966, S. 70-77

Rolff, Hans-Günter: Wandel durch Selbstorganisation. Theoretische Grundlagen und praktische Hinweise für eine bessere Schule. Weinheim u. München: Juventa, 1993

Sander, Alfred (1995): Modellversuch sonderpädagogische Förderzentren: Was hat sich bewegt? Zugleich ein Versuch zu Folgerungen für die weitere Entwicklung. In: Die Sonderschule 40 (1995) S. 94-107

Sander, Alfred: Neue Formen der sonderpädagogischen Förderung in deutschen Schulen. In: Recht der Jugend und des Bildungswesens. (1996) 2, S. 174-187

Schildmann, Ulrike: Integrationspädagogik und Normalisierungsprinzip – ein kritischer Vergleich. In: Zeitschrift für Heilpädagogik. 48 (1997). S. 90-96

Schmidt, Horst-Friedrich/ Wachtel, Peter (Hrsg.): Sonderpädagogische Förderzentren. Grundlegungen, Erfahrungen, Ausblicke. Würzburg: vds, 1996

Schöler, Jutta: Integrative Schule – Integrativer Unterricht. Ratgeber für Eltern und Lehrer. Reinbek b. Hamburg: Rowohlt, 1993

Sekretariat der Ständigen Konferenz der Kultusminister (KMK): Empfehlungen zur sonderpädagogischen Förderung in den Ländern in der BRD vom 06.05.1994

Stötzner, Heinrich-Ernst: Schulen für schwachbefähigte Kinder. Erster Entwurf zur Begründung derselben. Vollständiger Nachdruck der Originalausgabe 1864. Berlin-Charlottenburg: Marhold, 1963

Tenorth, Heinz-Elmar: Geschichte der Erziehung. Einführung in die Grundzüge ihrer neuzeitlichen Entwicklung. Weinheim u. München: Juventa, ^{2}1992

Timmermann, Dieter: Organisation, Management und Planung. In: *Krüger, Heinz-Hermann/ Helsper, Werner* (Hrsg.): Einführung in Grundbegriffe und Grundfragen der Erziehungswissenschaft. Opladen: Leske+Budrich, 1995, S. 139-156

Werner, Birgit: Sonderpädagogik im Spannungsfeld zwischen Ideologie und Tradition. Zur Geschichte der Sonderpädagogik unter besonderer Berücksichtigung der Hilfsschulpädagogik in der SBZ und der DDR zwischen 1945 und 1952. Hamburg: Kovac, 1999

Witte, Johann Heinrich: Die mehrfach bedenkliche Einrichtung von Hilfsschulen als Schulen für schwachbefähigte Kinder. In: *Klink, Job-Günter* (Hrsg.): Zur Geschichte der Sonderschule. Bad Heilbrunn: Klinkhardt, 1966, S. 77-78

Wittmann, Bernhard: Konsequenzen der KMK-Empfehlungen vom 6. Mai 1994 für die sonderpädagogische Förderpraxis. In: *Heimlich, Ulrich* (Hrsg.): Zwischen Aussonderung und Integration. Berlin, Neuwied, Kriftel: Luchterhand, 1997, S. 26-47

Wocken, Hans: Das Sonderpädagogische Förderzentrum. Theorie, Konzept und Kritik. In: *Schmetz, Ditmar/ Wachtel, Peter* (Hrsg.): Schüler mit sonderpädagogischem Förderbedarf: Unterricht mit Lernbehinderten. Rheinbreitbach: Dürr&Kessler, 1994, S. 43-51

Alfred Sander

Ökosystemische Ebenen integrativer Schulentwicklung - ein organisatorisches Innovationsmodell

1. Ökosystemische Schulentwicklung?

Schulentwicklung ist „in". Die Vielzahl der einschlägigen Neuerscheinungen in der Fachliteratur und die große Anzahl entsprechender Fortbildungsveranstaltungen für Schulleitungen und Lehrkräfte belegen die Aktualität des Themas. Das Thema Schulentwicklung steht in engem Zusammenhang mit zahlreichen jüngeren Forschungsarbeiten zur Schulqualität (z.B. *Fend* 1998) und mit den in vielen Ländern vorfindbaren Bestrebungen zur Erhöhung der Schulautonomie (z.B. *Daschner* u.a. 1995). Eins der jüngsten Konzepte, das diese Ansätze in sich vereint, ist das der „selbstwirksamen Schule" (*Brockmeyer / Edelstein* 1997; *Pädagogische Führung* 1998).

Viele Pädagogen und Pädagoginnen stehen diesen Bestrebungen reserviert und skeptisch gegenüber, und zwar hauptsächlich aus zwei Gründen: Erstens gehörte Schulentwicklung bisher noch nie zu den beruflichen Aufgaben von Lehrerinnen und Lehrern, vielmehr war beamtenmäßige Einordnung in die vorhandenen Schulstrukturen verlangt; Schule zu verändern gehörte und gehört nicht zum Lehrerberufsbild - zumal in der älteren Generation. Zweitens argwöhnen viele Betroffene in und außerhalb der Schule, daß autonome und selbstwirksame Schulentwicklungen gegenwärtig von bildungspolitischer Seite vor allem deshalb gefordert werden, weil der öffentlichen Hand die Finanzmittel für allgemeine Verbesserungen im Schulwesen zunehmend ausgehen bzw. die Mittel in andere öffentliche Aufgabenbereiche gegeben werden. Ohne hier erörtern zu können, wie weit der Argwohn berechtigt ist, steht meines Erachtens doch fest, daß Schulentwicklung vor Ort, auch wenn sie überwiegend aus staatlicher Notlage heraus geboren ist, eine angemessene professionelle Aufgabe für Pädagoginnen und Pädagogen und eine reelle Verbesserungschance für die Schülerinnen und Schüler der betreffenden Schule darstellt. Allerdings hat die einzelne Schule unter den gegebenen Verhältnissen nur sehr beschränkte

Möglichkeiten zur Weiterentwicklung. Theoretische Programme der Schulentwicklung, die nur die einzelne Schule in den Blick nehmen und damit ihr die gesamte Last und Verantwortung aufbürden, greifen zu kurz und stoßen meines Erachtens mit Recht auf Mißtrauen bei Schulleitungen und Lehrerkollegien.

Die systemische Sichtweise will solches Zu-kurz-Greifen vermeiden. Es gibt heute viele Modifikationen von Systemtheorie. Gemeinsam ist ihnen, daß sie jedes System einerseits als Einheit, andererseits als Komponente eines größeren Systems betrachten. Es gilt das Axiom, daß alle Einheiten oder Komponenten eines Systems in mittelbarer oder unmittelbarer Wechselwirkung zueinander stehen. Systemisches Denken ist zuerst in den modernen Naturwissenschaften entwickelt worden, hat aber in den zwei letzten Jahrzehnten auch in den Sozialwissenschaften einschließlich der Erziehungswissenschaft Fuß gefaßt. Einige systemische Ansätze in der Pädagogik betonen einseitig die sozialen Beziehungen zwischen den Personen eines Systems und vernachlässigen weitgehend die materiellen, sächlichen, ökologischen Gegebenheiten im System. Der ökosystemische Ansatz versucht, alle relevanten Faktoren eines Systems, seien sie personaler oder materialer Art, in den Blick zu nehmen. Diese Sichtweise geht u.a. auf *Bronfenbrenner* (1979/1989) zurück; sein bahnbrechendes Werk über „Die Ökologie der menschlichen Entwicklung" gab den Anstoß, auch andere Prozesse als die menschliche Individualentwicklung ökosystemisch zu betrachten, z.B. den Prozeß der Integration behinderter Kinder in Regeleinrichtungen (*Sander* 1992; *Hildeschmidt* 1998).

Von Menschen geschaffene Institutionen und Organisationen verändern sich im Laufe der Zeit; man kann die Veränderung als Entwicklung verstehen und in gewünschter Richtung zu beeinflussen versuchen. Auch die Entwicklung von Institutionen erfolgt in Systemzusammenhängen; denn auch Institutionen, beispielsweise Schulen, sind Systeme und zugleich Komponenten umfassenderer Systeme (s. Abb. 1).

Um die Komplexität der theoretischen Analyse zu reduzieren, schlug *Bronfenbrenner* die Unterscheidung von vier Systemebenen vor: Mikro-, Meso-, Exo- und Makrosystem (vgl. auch Abb. 1). Diese Unterscheidung soll den folgenden Überlegungen zur integrativen Schulentwicklung zugrundegelegt werden.

2. Die Mikrosystem-Ebene

Es war vor allem *Helmut Fend*, der schon früh auf die Bedeutung der „einzelnen Schule als pädagogische Handlungseinheit" (z. B. *Fend* 1986) aufmerksam gemacht hat. Spätestens seither kann Schulentwicklung als aktive

Leistung grundsätzlich von jeder einzelnen Schule erwartet werden, und jede Schule muß damit rechnen, unter dem Aspekt ihrer eigenen Weiterentwicklung betrachtet und bewertet zu werden. Aber inwiefern kann eine Schule Handlungseinheit sein? Wie kann sie Akteur ihrer eigenen Entwicklung werden?

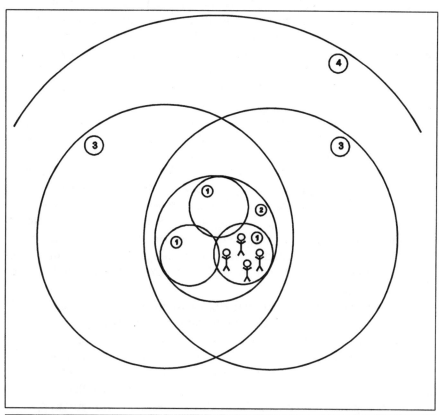

Bemerkungen:
1. Mikrosysteme, 2. Mesosystem, 3. Exosysteme,
4. Makrosystem

Abb. 1: Vier System-Ebenen (nach Bronfenbrenner)

In aller Regel gehen Handlungsimpulse zu reformpädagogischen Weiterentwicklungen nur von einer kleinen Teilgruppe des Lehrerkollegiums aus. Die kleine, meist informelle Gruppe setzt sich aus einigen Lehrerinnen und Lehrern zusammen, die bestimmte Berufsauffassungen gemeinsam haben und auch persönlich miteinander gut auskommen. Daher haben sie im schulischen Alltag untereinander engere Beziehungen und häufigere Kontakte als mit dem übrigen Kollegium. Eine solche Kleingruppe kann als Mikrosystem betrachtet werden. Ein Mikrosystem ist (frei nach *Bronfenbrenner* 1989, S. 38) „ein Muster von Tätigkeiten und Aktivitäten, Rollen und zwischenmenschlichen Beziehungen", die eine kleine Gruppe von regelmäßig interagierenden Personen „in einem gegebenen Lebensbereich mit den ihm eigentümlichen physischen und materiellen Merkmalen erlebt". Der gegebene Lebensbereich ist in unserem Fall eine bestimmte Regel- oder Sonderschule mit ihren sozialen, physischen und materiellen Merkmalen. Die regelmäßigen Interaktionen in einer reformaufgeschlossenen Lehrergruppe auf der Mikrosystem-Ebene erschöpfen sich nicht in Routine-Angelegenheiten des beruflichen Alltags, sondern zielen auch auf Veränderungen, Verbesserungen, Weiterentwicklung.

Ein Blick auf die bisherige Entwicklung der schulischen Integration in der Bundesrepublik Deutschland zeigt, daß es häufig solche kleinen Lehrergruppen aus Regel- oder Sonderschulen waren, die integrative Entwicklungen auf lokaler Ebene einführten und für ihren Ausbau sorgten. Für die weitere Verbreitung war es stets günstig, wenn die Gruppe nicht eine nur randständige Rolle im betreffenden Kollegium spielte. Meistens war es besonders günstig, wenn der Schulleiter oder die Schulleiterin zu der integrationsorientierten Kleingruppe gehörte. Viele Befunde der wissenschaftlichen Organisationsentwicklung betonen seit längerem die Bedeutung der Leitungsebene für Innovationen; das gilt auch bezüglich der Schulleitungen (vgl. *Dalin* u.a. 1995).

Es gibt in der deutschen Integrationsbewegung allerdings auch Erfahrungen, welche zeigen, daß die Schulleitung nicht von Anfang an führend bei der Innovation mitwirken muß. Insbesondere die sogenannte Einzelintegration - Aufnahme eines einzelnen behinderten Kindes in eine Regelschulklasse am Wohnort - ist in vielen Fällen ohne aktive Mitwirkung der Schulleitung, allerdings mit ihrer Duldung und zustimmenden Kenntnisnahme, erfolgreich verlaufen. Natürlich hat die kleine Initiativgruppe der Lehrerinnen und Lehrer es im schulischen Alltag leichter, wenn sie bei ihrer Reformarbeit mit Unterstützung durch die Schulleitung rechnen kann. Das Saarland ist eins der Bundesländer, in denen die gemeinsame Unterrichtung behinderter und nichtbehinderter Kinder hauptsächlich in der Form von Einzelintegrationen stattfindet (vgl. *Sander* u.a. 1998, S. 16); hier war es in einigen Fällen sogar möglich, daß Regelschullehrkräfte gegen den latenten Widerstand ihrer Schulleitungen Integration begannen und erfolgreich fortführten, und auch Sonderschullehrkräfte ließen sich entgegen der Politik ihres Schulleiters zur stundenweisen Integrationsunterstützung in Regelschulen abordnen. Solche Arbeitsbeziehungen zwischen Schulleitung und Lehrperson kosten allerdings viele Kraft und sind höchstens soweit verantwortbar, wie die pädagogische Arbeit mit den Kindern nicht darunter leidet. Reformimpulse gehen fast immer von Klein- oder Kleinstgruppen aus und rufen Auseinandersetzungen im Kollegium hervor; das inhaltliche Anliegen darf jedoch nicht zum permanenten Streitfall verkommen.

Integrative Schulentwicklung wird auf der Mikrosystem-Ebene nicht immer von Lehrergruppen angestoßen, sondern in zahlreichen Fällen auch von Elterngruppen. In vielen deutschen Bundesländern spielten lokale Elterninitiativen sogar die ausschlaggebende Rolle. Häufig handelte es sich um kleine Gruppen von Eltern nichtbehinderter und behinderter Kinder, die gemeinsam den Kindergarten besuchten und beim Schuleintritt auseinandergerissen werden sollten. Die Eltern haben während der Kindergartenzeit gute Erfahrungen mit integrativer Erziehung gemacht, und einige von ihnen haben sich aus diesem Zusammenhang heraus auch weitergehende theoretische und politische Überzeugungen bezüglich Integration und Separation gebildet. So sind viele kleine, örtlich sehr aktive Elterngruppen entstanden, die die zuständige Grundschule bedrängten, alle Schulneulinge gemeinsam aufzunehmen und die integrative Erziehung fortzusetzen. Eine Reihe von Grundschulen hat darauf in unterschiedlicher Art positiv reagiert; in der Schulleitung und im Lehrerkollegium haben mehrere das Anliegen der Eltern als vernünftig und pädagogisch sinnvoll akzeptiert und daher unterstützt. Auf diese Weise kamen in vielen Fällen Formen integrativer Schulentwicklung durch Anstoß von „außen" zustande. Eltern sind keine schulfremden Außenstehenden, sondern die Erziehungsberechtigten der Schulkinder und daher nach den Schulkindern die wichtigsten Bezugspersonen der Lehrerinnen und Lehrer. Sie sind für ihre Kinder in weit umfassenderem Sinne verantwortlich als die Lehrpersonen, daher ist es ohne Frage legitim, wenn sie in „ihre" Schule hineinwirken und Entwicklungen fordern, anstoßen und kritisch begleiten. Die lokal aktiven Elterngruppen in der Integrationsbewegung bestehen in der Regel aus einer nur kleinen Anzahl von Eltern, die auch andere private Beziehungen miteinander pflegen (Mikrosysteme) und die bei Bedarf, etwa um politische Beachtung zu finden, größere Elterngruppen mobilisieren können. Daß viele lokale Elterninitiativen sich schon länger zu Landesarbeitsgemeinschaften und diese wiederum sich zu einer Bundesarbeitsgemeinschaft (s. Abschnitt 4) zusammengeschlossen haben, greift weit über die Mikrosystem-Ebene hinaus.

Das Verhältnis der lokalen Eltern-Kleingruppen, die sich für integrative Schulentwicklung einsetzen, zu den schulrechtlich vorgeschriebenen Elternvertretungen ist von Ort zu Ort verschieden; es reicht von Distanz bis zu teilweiser Personalunion.

Es sind nicht immer die Eltern, die einer in dieser Hinsicht untätigen Grundschule den Anstoß zur integrativen Aufnahme eines behinderten Kindes geben. Manchmal sind die Erziehungsberechtigten zu wenig informiert, zu wenig durchsetzungsfähig oder auch zu wenig an Schule interessiert. Wenn das Kind vorher einen integrativ arbeitenden Kindergarten besucht hat, kann auch von dort der Anstoß zur Fortsetzung der integrativen Förderung ausgehen. Im Kindergartenteam oder im Team der betreuenden sonderpädagogischen Frühförderstelle oder - in einigen Bundesländern - im Team der betreuenden „Arbeitsstelle für Integrationshilfe im Elementarbereich" entstehen öfters Kleingruppen von Mitarbeiterinnen, die sich mit dem Abbruch der Integration am Ende des Elementarbereiches nicht zufrieden geben. Die Art ihrer Aktivitäten hängt sehr stark von den lokalspezifischen Möglichkeiten und Verbindungen ab, auch von den schulrechtlichen Bestimmungen des betreffenden Bundeslandes. Fast immer sind längere Bemühungen erforderlich, bis in der Schule sich etwas bewegt, und fast immer ist es sehr nützlich, Kontakte zu anderen integrationsorientierten Kleingruppen aufzunehmen.

3. Die Mesosystem-Ebene

Kontakte zu anderen Kleingruppen im näheren Umfeld stellen eine Erweiterung in Richtung Mesosystem dar. Nehmen wir an, aus der integrationsaktiven Kleingruppe von Grundschullehrerinnen und -lehrern hat eine Person Kontakte zur Elternkleingruppe, die sich für Integration einsetzt; dann wird über diese Person ein gewisser Austausch von Informationen und Handlungsplanungen stattfinden, das heißt, die beiden Mikrosysteme treten in eine Wechselbeziehung, die dem Ziel der integrativen Schulentwicklung gilt. Vielleicht hat eine andere Person der Lehrergruppe Kontakte zu einer Sonderschullehrkraft, die einer reformorientierten Gruppe angehört, oder zu einer Erzieherin des an der Integrationsfortsetzung interessierten Kindergartenteams; dann besteht die Möglichkeit zu mehrseitigen zielgerichteten Wechselbeziehungen zwischen den Gruppen. Bestehen solche Wechselbeziehungen über längere Zeit hinweg, so kann man sie als Mesosystem bezeichnen.

„Ein Mesosystem umfaßt die Wechselbeziehungen zwischen den Lebensbereichen", an denen Mitglieder einer mikrosystemischen Kleingruppe aktiv beteiligt sind; „ein Mesosystem ist somit ein System von Mikrosystemen" (*Bronfenbrenner* 1989, S. 41).

Das Mesosystem kann Teil eines Netzwerkes sein (vgl. den Beitrag von *Preuss-Lausitz* in diesem Band), es besteht aber stets nur zwischen Kleingruppen, in denen einzelne Mitglieder aufgrund persönlicher Kontakte die Wechselbeziehungen aufrechterhalten.

In integrationsorientierten Bundesländern haben Lehrerfortbildungsinstitute auf regionaler Ebene schon mehrfach dauerhafte Arbeitsgemeinschaften zu Fragen der Integrationspraxis eingerichtet. Lehrpersonen aus lokalen Kleingruppen, die an solchen regionalen Integrations-Arbeitsgemeinschaften teilnehmen, stellen dadurch eine wichtige mesosystemische Verbindungslinie her. Integrations-Arbeitsgemeinschaften arbeiten öfters auch als TZI-Gruppen oder Supervisionsgruppen. Effektive Rückwirkungen auf integrative Entwicklungen in den einzelnen Schulen ihrer Mitglieder entstehen erfahrungsgemäß am ehesten dann, wenn die Mitglieder in ihren Schulen nicht „Einzelkämpfer" sind, sondern zu einer lokalen Kleingruppe gehören. Integrations-Arbeitsgemeinschaften können auch in Trägerschaft von Lehrerverbänden oder der Gewerkschaft bestehen, manchmal auch in simultaner Trägerschaft von mehreren Seiten; das hat den Vorteil, daß die Integrationsbewegung nicht mit einer bestimmten politischen Richtung gleichgesetzt wird und andere ausgrenzt oder abschreckt. Gute Erfahrungen gibt es nach meinem Überblick auch mit Integrations-Arbeitsgemeinschaften, die ein Schulrat oder eine Schulrätin im Aufsichtsbezirk auf freiwilliger Basis ins Leben gerufen hat und an der er bzw. sie nach Möglichkeit auch selbst teilnimmt - nicht im Sinne von Schulaufsicht, sondern von kooperativer Beratung.

Integrations-Arbeitsgemeinschaften von Lehrerinnen und Lehrern sind besonders wichtig für den gemeinsamen Unterricht in Schulen der Sekundarstufe, weil hier noch mehr Skepsis und Erfahrungsmangel besteht als auf der Primarstufe. Aber Mesosysteme aus einer Kleingruppe von integrationsorientierten Lehrpersonen der abgebenden Grundschule, einer Kleingruppe von interessierten Eltern, einer Lehrerkleingruppe an der Sekundarschule und mit Unterstützung aus einer regionalen Integrations-AG sind oft auch im Sekundarbereich stark genug, um Schulentwicklung in Gang zu setzen.

Integrative Entwicklungen an einer Schule tragen zum Schulprofil bei, sie können sogar zum bestimmenden Element des Profils einer Schule werden. *Jakob Muth* hat schon Mitte der achtziger Jahre anregende Überlegungen dazu vorgetragen (*Muth* 1986, S. 119 f.):

- „Der Begriff Profil impliziert den einmaligen Charakter einer Schule, die sich in ihrer Binnenkultur um eine Aufgabe zentriert" (a.a.O., S. 122).
- „Die Integration von Behinderten in den Unterricht und das Schulleben ist eine solche Aufgabe" (a.a.O., S. 120).
- „Das Profil einer Schule gewährt Lehrern und Schülern die Möglichkeit, sich mit ihr zu identifizieren, sie zu bejahen, zu akzeptieren, zu ihr zu stehen. Das gilt für Eltern oder Menschen in einem Dorf, einer Stadt oder einem Stadtteil in gleicher Weise. Diese Einstellung hat Rückwirkungen auf das Handeln der Lehrer und der Schüler" (a.a.O., S. 120 f.).
- „Das Profil der Schule beeinflußt die Einstellung und das Handeln der Lehrer und Schüler außerhalb des Unterrichts und im Unterricht" (a.a.O., S. 121).

— „An dem humanen Geist, der sich in der Gemeinsamkeit von Behinderten und Nichtbehinderten einer Schule zeigt, orientieren sich andere. Sie ist Beispiel für andere" (a.a.O., S. 120).

Offenkundig hat *Jakob Muth* schon in den Anfangsjahren der modernen Schulqualitätsforschung eine relevante Verbindung zwischen Schulentwicklung und Integrationsförderung erkannt und für integrative Schulprofile geworben. Ein solches Schulprofil darf aber nicht zu der Konsequenz führen, daß andere Schulen in der Region keine Integrationsentwicklung mehr anstreben; vielmehr soll die Aufnahme und gezielte Förderung behinderter Kinder und Jugendlicher zu einer Aufgabe aller Schulen werden. Das schließt Profilbildungen einzelner Schulen nicht aus. Durch Kooperation von mikrosystemischen Gruppen auf mesosystemischer Ebene können kleinere oder größere Entwicklungsfortschritte in einer Schule erreicht werden; ob sie im eigentlichen Sinne profilbildend sind, hängt von den Relationen im Umfeld ab.

4. Die Ebenen der Exosysteme und des Makrosystems

Im Mikro- und im Mesosystem sind Angehörige der sich entwickelnden Schule selbst aktiv und oft sogar die maßgeblichen Akteure der Entwicklung. Anders im Exo- und im Makrosystem: Das sind Bedingungsfelder in der weiteren Umgebung, auf die die einzelne Schule bzw. ihre Angehörigen keinen direkten Einfluß haben.

- *Exosystem*

In Anlehnung an *Bronfenbrenner* (1989, S. 42) verstehen wir unter Exosystem „einen Lebensbereich oder mehrere Lebensbereiche", an denen Personen der mikrosystemischen Kleingruppe nicht selbst beteiligt sind, „in denen aber Ereignisse stattfinden, die beeinflussen, was in ihrem Lebensbereich geschieht, oder die davon beeinflußt werden". Nehmen wir an, Mitwirkende in der integrationsorientierten Kleingruppe gehören als einfache Mitglieder einigen Lehrerorganisationen oder Fachverbänden an; dann sind die Organisationen relevante Exosysteme insofern, als sie Stellungnahmen und Beschlüsse zu sonderpädagogischen und integrationsbezogenen Grundsatzfragen veröffentlichen, dadurch die Schulpolitik mehr oder weniger stark beeinflussen und somit mittelfristig auch in den Tätigkeitsbereich („Lebensbereich") der mikrosystemischen Kleingruppe hineinwirken. Hält eine Organisation der Exosystem-Ebene sich mit entsprechenden

Stellungnahmen zunächst zurück, etwa um die Entwicklungen in der Praxis beobachten und Erfahrungen zusammentragen zu können, so kann die Beeinflussung in umgekehrter Richtung verlaufen: Die Erfahrungen der Organisationsmitglieder aus örtlichen Integrationsaktivitäten beeinflussen die offizielle Stellungnahme der Organisation. Die praktischen Erfahrungen des einzelnen Organisationsmitgliedes sind dabei naturgemäß nur von geringem Gewicht. Ihr Gewicht kann sich erhöhen, wenn sie zu den bildungspolitischen Grundpositionen der Organisation passen.

Andere relevante Exosysteme für die integrative Entwicklung einer bestimmten Schule sind die Gemeinde- oder Stadtverwaltung, das Schulamt und die sonstigen Schulaufsichtsbehörden. Wenn die Gemeinde Schulträger ist, können die materiellen Ressourcen und die sozialpolitischen Einstellungen der Gemeindeverwaltung integrative Entwicklungen in der Schule beeinflussen, weil für bestimmte Integrationsmaßnahmen einige zusätzliche Lehr-, Lern- und Arbeitsmittel benötigt werden, oder weil beispielsweise für ein rollstuhlfahrendes Kind eine Fahrrampe neben der Eingangstreppe errichtet werden muß. Erfolgreiche Integrationsmaßnahmen wirken in aller Regel positiv auf das Exosystem Gemeindeverwaltung zurück, besonders wenn die Medien darüber berichten; die Gemeinde oder Stadt ist dann stolz darauf, Träger einer solchen Schule zu sein, und wird künftige integrationsbezogene Ausstattungswünsche umso freundlicher behandeln. Für andere Schulträger, etwa Landkreise oder Schulzweckverbände, gilt erfahrungsgemäß weitgehend dasselbe.

Die Schulaufsichtsbehörde stellt aus der Sicht der einzelnen Schule oder der integrationsorientierten Lehrerkleingruppe ein besonders wichtiges Exosystem dar. Schulaufsicht kann kleinmütig und buchstabengetreu gehandhabt werden oder reformbereit und entwicklungsoffen; sowie in allen dazwischen liegenden Abstufungen. In den bisherigen 25 Jahren der Integrationsgeschichte in Deutschland sind alle Abstufungen schon vorgekommen, selbstverständlich auch intensive Unterstützung durch die Schulaufsicht. In einigen Orten waren es sogar Schulrätinnen oder Schulräte, die ihnen vertrauten Lehrpersonen den Anstoß gaben, mit Integration in bestimmten Fällen zu beginnen.

Die Schulgesetze und sonstigen schulrechtlichen Bestimmungen in den einzelnen Bundesländern lassen der Schulaufsicht unterschiedlichen Spielraum für integrationsorientiertes Handeln. Aber es gibt Schulaufsichtsbeamtinnen und -beamte, die zwischen amtlichem Handeln und persönlichem Tolerieren unterscheiden. Wenn ein Schulrat weiß, daß er einer bestimmten Schule oder einer bestimmten Lehrergruppe fachlich und menschlich vertrauen kann, so kann er ihre reformpädagogischen Initiativen wohlwollend tolerieren, auch wenn sie nicht mit dem Buchstaben des Landesschulrechts übereinstimmen. Schulentwicklung vor Ort braucht Spielräume. Erfolgreiche integrative Entwicklungen in einer Schule wirken auf die Schulaufsicht zurück, indem sie dort die Bereitschaft zur Duldung und vielleicht sogar zur Unterstützung neuer Entwicklungen erhöhen. Schulaufsichtspersonen befinden sich ständig auf einer Gratwanderung zwischen neuen Entwicklungen in der Schulpraxis und traditionellen Bestimmungen im Schulrecht.

- *Makrosystem*

Das landesweite Schulrecht ist eine Erscheinung des Makrosystems. Das Makrosystem umfaßt (frei nach *Bronfenbrenner* 1989, S. 42) die in einer Kultur oder Gesellschaft bestehenden Mikro-, Meso- und Exosysteme „einschließlich der ihnen zugrundeliegenden Weltanschauungen und Ideologien". Das Bildungswesen eines Landes und die darin zum Ausdruck kommende separations- oder integrationsorientierte Ideologie sind Fakten auf der Makrosystem-Ebene. Sie beeinflussen die Schulentwicklung vor Ort mehr oder weniger stark; sie determinieren die Entwicklung aber nicht im einzelnen, weil auf den unteren Systemebenen lokal auch mehr oder minder eigenständige Prozesse ablaufen können. In jüngster Zeit wird in der Theorie der Schulentwicklung die Makrosystem-Ebene wieder stärker gewichtet, nachdem zehn Jahre lang die Einzelschule als pädagogische Handlungseinheit im Zentrum des theoretischen Interesses gestanden hat. *Helmut Fend*, einer der führenden Schulqualitätsforscher im deutschsprachigen Gebiet, wählte für ein Kapitel seines jüngsten Buches die Überschrift:

„Nicht auf die einzelne Schule, auf die Gesamtgestaltung des Bildungswesens kommt es an" (*Fend* 1998, S. 199).

Zwar relativiert er diese einseitige Aussage in seinen weiteren Ausführungen, eine neue Gewichtung der makrosystemischen Einflüsse bleibt dennoch erkennbar.

Beginnend mit dem Saarland 1986 haben bis heute neun deutsche Bundesländer ihre Schulgesetze dahingehend geändert, daß Integration behinderter Kinder in Regelschulen wenigstens grundsätzlich vorgesehen ist, wenngleich durch unterschiedliche Bedingungen eingeschränkt; und die deutsche Kultusministerkonferenz hat 1994 in ihrer vielzitierten sonderpädagogischen Empfehlung festgehalten, daß sonderpädagogische Förderung behinderter Kinder und Jugendlicher „nicht an Sonderschulen gebunden" ist, sondern „auch in allgemeinen Schulen, zu denen auch berufliche Schulen zählen, vermehrt" stattfinden kann (*KMK* 1994, Abschn. I, Abs. 5). Insoweit sind die makrosystemischen Bedingungen für integrative

Schulentwicklung seit Mitte der achtziger Jahre wesentlich günstiger geworden. Nach meiner Einschätzung ist das ganz überwiegend als Ergebnis vorausgegangener Entwicklungen auf den unteren Systemebenen zu werten. Die Entwicklungen wurden nicht von der Kultusministerkonferenz und in vielen Bundesländern auch nicht vom Landesparlament angestoßen, sondern von Initiativen auf mikro- und mesosystemischer Ebene.

Zum Makrosystem der integrativen Schulentwicklung gehören nicht nur Parlament und Kultusministerium, geschriebenes Schulrecht und bildungspolitische Ideologie, also nicht nur Erscheinungsweisen des Staates, sondern auch die Politik der Lehrerorganisationen und Fachverbände auf Landes- und Bundesebene, da sie die pädagogische Kultur ein Stück weit mitbestimmen und viele von ihnen sich auch differenziert zu Fragen integrativer Förderung äußern (vgl. *Schnell* 1998). Auf der Makrosystem-Ebene spielen Elternorganisationen ebenfalls eine nicht zu unterschätzende Rolle, hier vor allem die Landesarbeitsgemeinschaften sowie die Bundesarbeitsgemeinschaft „Gemeinsam leben - gemeinsam lernen / Eltern gegen Aussonderung" (vgl. *Rosenberger* 1998).

Einen wichtigen makrosystemischen Hintergrund für integrative Schulentwicklungen stellt schließlich auch die vorherrschende Meinung der Öffentlichkeit dar, die gesellschaftliche Einstellung zu behinderten Menschen. Die Massenmedien Presse, Funk und Fernsehen haben mit ihrer Berichterstattung und Kommentierung großen Einfluß darauf.

5. Komplexe Koevolution

Die skizzierten vier Ebenen ökosystemischer Betrachtung sind lediglich Analysehilfen; sie sollen bei der Analyse der komplexen Zusammenhänge von integrativer Schulentwicklung helfen und damit den Entwicklungsprozeß beeinflußbar machen. Sie bilden keine konstanten Faktoren im Prozeß, sondern wirken bei jeder Schulentwicklung in unterschiedlichen Relationen mit. Die Einflußstärken der vier Systemebenen können sich auch im Verlauf eines einzelschulischen Entwicklungsprozesses untereinander verschieben. Mikro-, Meso-, Exo- und Makrosystem beeinflussen einander. Nachhaltige Entwicklungen des einen führen zu mehr oder weniger starker Mitentwicklung (Koevolution) des anderen Systems. Integrative Schulentwicklungen müssen nicht immer von der Mikrosystem-Ebene, sondern können auch von anderen Ebenen ausgehen.

Insgesamt gesehen befindet sich das deutsche Schulwesen hinsichtlich der Förderung behinderter Kinder gegenwärtig „zwischen Aussonderung und Integration" (*Heimlich* 1997) und entwickelt langsam immer mehr Möglichkeiten und Formen integrativen Schulbesuchs. Es nimmt damit teil am internationalen Entwicklungstrend zu einem non-separativen Bildungswesen.

Literaturverzeichnis

Brockmeyer, Rainer / Edelstein, Wolfgang (Hrsg.): Selbstwirksame Schulen. Wege pädagogischer Innovation. Oberhausen: Laufen, 1997
Bronfenbrenner, Urie: Die Ökologie der menschlichen Entwicklung. Natürliche und geplante Experimente. Frankfurt/M.: Fischer, 1989 (Originalausgabe: 1979)
Dalin, Per / Rolff, Hans-Günter / Buchen, Herbert: Institutioneller Schulentwicklungs-Prozeß. Hrsg. vom Landesinstitut für Schule und Weiterbildung. Soest: Landesinstitut, ²1995
Daschner, Peter / Rolff, Hans-Günter / Stryck, Tom (Hrsg.): Schulautonomie - Chancen und Grenzen. Impulse für die Schulentwicklung. Weinheim u. München: Juventa, 1995
Fend, Helmut: „Gute Schulen – schlechte Schulen". Die einzelne Schule als pädagogische Handlungseinheit. In: Die Deutsche Schule 78 (1986) 3, S. 275-293
Fend, Helmut: Qualität im Bildungswesen. Schulforschung zu Systembedingungen, Schulprofilen und Lehrerleistung. Weinheim u. München: Juventa, 1998
Heimlich, Ulrich (Hrsg.): Zwischen Aussonderung und Integration. Schülerorientierte Förderung bei Lern- und Verhaltensschwierigkeiten. Neuwied u.a.: Luchterhand, 1997
Hildeschmidt, Anne: Integrative Beratung - Theoretische Grundlagen und Praxis. In: *Sander, Alfred / Hildeschmidt, Anne / Schnell, Irmtraud*, a.a.O., S. 177-199
KMK: Empfehlungen zur sonderpädagogischen Förderung in den Schulen in der Bundesrepublik Deutschland. Beschluß der Kultusministerkonferenz vom 6. Mai 1994. Bonn: Sekretariat der KMK, 1994
Muth, Jakob: Integration von Behinderten. Über die Gemeinsamkeit im Bildungswesen. Essen: Neue Deutsche Schule, 1986
Pädagogische Führung, Zeitschrift für Schulleitung und Schulberatung, 9 (1998) 2, Schwerpunktthema „Selbstwirksame Schulen"
Rosenberger, Manfred: Eine Elternbewegung ist entstanden: „Gemeinsam leben - gemeinsam lernen / Eltern gegen Aussonderung". In: *Rosenberger, Manfred* (Hrsg.): Ratgeber gegen Aussonderung. Heidelberg: Edition Schindele, ²1998, S. 13-25
Sander, Alfred: Integration behinderter Schüler und Schülerinnen auf ökosystemischer Grundlage. In: *Sander, Alfred / Raidt, Peter* (Hrsg.): Integration und Sonderpädagogik. Referate der 27. Dozententagung für Sonderpädagogik in deutschsprachigen Ländern im Oktober 1990 in Saarbrücken. Saarbrücker Beiträge zur Integrationspädagogik, Bd. 6. St. Ingbert: Röhrig, ²1992, S. 41-47
Sander, Alfred / Hildeschmidt, Anne / Schnell, Irmtraud: Integrationsentwicklungen. Gemeinsamer Unterricht für behinderte und nichtbehinderte Kinder und Jugendliche im Saarland 1994–1998. Saarbrücker Beiträge zur Integrationspädagogik, Bd. 10. St. Ingbert: Röhrig, 1998
Schnell, Irmtraud: Die Bewegung für gemeinsames Lernen von Schülerinnen und Schülern mit und ohne Behinderung und Positionen von Organisationen der Lehrerinnen und Lehrer auf Bundesebene und im Saarland. In: *Sander, Alfred / Hildeschmidt, Anne / Schnell, Irmtraud* (Hrsg.), a.a.O., S. 249-281

Ulf Preuss-Lausitz

Integrationsnetzwerke - Zukunftsperspektiven eines Bildungs- und Erziehungssystems ohne Selektion

1. Historische Wende

Am Ende des 20. Jahrhunderts deutet sich an, dass die über 100 Jahre alte Abspaltung der Sonderschule als eines bis in zehn Schulformen ausdifferenzierten, vom allgemeinen Schulwesen abgeschotteten Extrasystems für die Beschulung von Kindern mit Behinderungen sich historisch als überwindbar zeigt. Dieses System separater sonderpädagogischer Förderung kann als ein nach 1945 in beiden deutschen Staaten irritierend lang festgehaltener „deutscher Sonderweg" angesehen werden. Was in Deutschland immer als das besonders fürsorgliche und hilfreiche System der Sonderschulunterrichtung anderen Ländern vorgehalten und zur Nachahmung empfohlen wurde, gilt inzwischen in Europa – ja weit darüber hinaus – zunehmend als überholt, als ineffektiv, als sozial unerwünscht und nicht zuletzt als zu teuer im Verhältnis zu seiner Wirkung. Auch wenn, wie 1973 durch den *Deutschen Bildungsrat* und fast 20 Jahre später, 1994, durch die *Kultusministerkonferenz*, nun auch die allgemeine Schule für die Unterrichtung behinderter Kinder[1] zumindest als ein gleichwertiger Lernort definiert wird (*Heimlich* 1998), so ist doch die Langsamkeit, mit der in den Bundesländern die integrative Unterrichtung fast durchweg additiv realisiert wird, Zeichen dafür, dass ein komplexes System von institutionalisierten Interessen nach wie vor eine umfassende Reform behindert. Der Reformstau ist unübersehbar. Dennoch oder gerade deshalb ist davon auszugehen, dass der Trend zur gemeinsamen Unterrichtung auch in Deutschland voranschreiten wird; dies setzt jedoch zugleich ein komplexes

---

[1] In diesem Text wird überwiegend von „Kindern mit Behinderung" gesprochen, um sich abzugrenzen von einer Sprache, die das behindernde Merkmal in den Mittelpunkt menschlicher Definition („Behinderte") rückt. Dennoch ist zuweilen abkürzend auch von „behinderten Kindern" oder technisch von „Schülern mit sonderpädagogischem Förderbedarf" synonym die Rede. Damit sind jene Kinder gemeint, in denen durch ein festgelegtes Verfahren ein zusätzlicher schulischer (in der Regel sonderpädagogischer) Förderbedarf festgestellt wurde.

Unterstützungsystem voraus, das weit über eine veränderte Didaktik im Sinne eines „integrationspädagogischen Unterrichts" hinausgeht. Einige Bundesländer wie Schleswig-Holstein und Brandenburg haben in diesem Sinn schon erste Strukturen entwickelt, die einen Übergang in eine systemische sonderpädagogische Förderung ohne Sonderschulen ermöglichen.

Die am Bestehenden festhaltenden Interessen beruhen zum einen darin, dass Sonderschulen Angst um den Verlust „ihrer" Institution, genauer: die Lehrkräfte Sorge um ihren Arbeitsplatz zumindest in der jetzigen Form - als Klassenunterricht in einer kleinen Sonderschulklasse - haben. Zweitens hat sich eine spartendifferenzierte Sonderpädagogik als Wissenschaft über Jahrzehnte darum bemüht, sich als eine von allgemeinen schulpädagogischen Erziehungszielen, Didaktiken und Methoden abhebende Sonder-Erziehungswissenschaft zu etablieren. Die Sonderschule erscheint in diesen Theorien als Schonraum, in denen defizitäre Kinder vor den Leistungsansprüchen der allgemeinen Schule und den Abwertungen anderer Kinder geschützt werden sollen. (Dies gilt übrigens auch für die Sonderpädagogik der ehemaligen DDR, vgl. *Liebers* 1997.) Die Schonraumtheorie zeichnete zwar immer schon ein verklärendes Bild der Realität in Sonderschulen, entlastete jedoch nicht zuletzt die allgemeine Schule, so dass alle Beteiligte mit dem Segen der sonderpädagogischen Wissenschaft über Jahrzehnte die Aussonderungspraxis der allgemeinen Schule vertreten konnten. Drittens gab und gibt es sonderpädagogische Fachverbände, die sich lange Jahre, vor allem in den siebziger und achtziger Jahren, mehrheitlich bemühten, entweder integrative Versuche zu ignorieren, sie abzuwerten oder aus wissenschaftlichen Begleituntersuchungen zur gemeinsamen Erziehung die für ihre – sonderschulverteidigende – Argumentation gerade passenden „Beweise" herauszufiltern. In den neunziger Jahren herrscht eine Haltung vor, die zwar einerseits Integration billigt, andererseits jedoch an dem ausdifferenzierten Sonderschulsystem festhält.

Nicht zuletzt führt in denjenigen Bundesländern, die eine strukturkonservative Bildungspolitik betreiben, die Nichtzulassung „zieldifferenter" Integration[2] schon in der Grundschule (etwa in Baden-Württemberg und Bayern), aber auch die Beschränkung der gemeinsamen Erziehung in der Sekundarstufe (wie etwa in Nordrhein-Westfalen) dazu, dass oft nur bil-

---

[2] Mit „zieldifferenter" Integration ist die integrative Unterrichtung von Kindern gemeint, die in der allgemeinen Schule nach dem Rahmenplan der Sonderschule für Lernbehinderte/Allgemeinen Förderschule oder nach dem Rahmenplan der Schule für Geistigbehinderte unterrichtet werden. In manchen Bundesländern ist die Zuordnung zu einem bestimmten Rahmenplan vor Beginn der Integration erforderlich, obwohl die Praxis belegt, dass in allen Fächern durchgehende „Zieldifferenz" häufig nicht gegeben ist oder in einzelnen Fächern sich verändert.

dungsstarke, mit widerständiger Bürokratie erfahrene Eltern ihre behinderten Kinder auf allgemeine Schulen bringen konnten. Es ist daher kaum erstaunlich, dass in manchen Bundesländern der Anteil der integrierten Kinder mit „nachgewiesenem sonderpädagogischem Förderbedarf", die also ohne Integration in einer Sonderschule wären, kaum über einem Prozent liegen, in anderen Bundesländern, die die gesetzlichen und andere Rahmenbedingungen geschaffen haben, ihr Anteil ein Viertel schon übersteigt (vgl. dazu *Heyer* 1997, *Rosenberger* 1998).

Der bildungspolitische Kompromiss drückt sich derzeit in der Verständigung der Kultusminister von 1994 aus: Alles ist möglich, oder, wie etwa das Berliner Konzept formuliert, alle „Säulen" der sonderpädagogischen Förderung sind gleichwertig und, vor allem, alle müssen angeboten (und damit aufrechterhalten) werden: die Sonderschulen mit ihren bis zu zehn Spartenschulen, die sonderpädagogische Kleinklasse für Verhaltensauffällige und für Sprachbehinderte an allgemeinen Schulen, die Dehnungsklasse als Sonderschulklasse an Körperbehindertenschulen, die Einzelintegration bei Sinnes- und Körperbehinderten und die Integrationsklasse.

Wenn die Bildungspolitiker – oder ihre Referenten für Sonderpädagogik in den Ministerien - geglaubt haben sollten, mit der Kompromissformel von 1994, die faktisch alles beim Alten belässt und gemeinsame Erziehung als zulässig hinzufügt, sei ein dauerhaftes Ende der fachlichen und öffentlichen Debatte um den richtigen Lernort erreicht – ein Ende, das auch gern von Verbandsvertretern eingefordert wird –, so dürften sie sich getäuscht haben. Die Gründe hierfür liegen in einer tatsächlich veränderten Situation sowohl der allgemeinen wie der Sonderpädagogik, sie liegen in veränderten Aufwachsbedingungen aller Kinder, also auch der Kinder mit Behinderungen, sie liegen in der öffentlich stärker eingeforderten ökonomischen und pädagogischen Effizienzkontrolle in allen schulischen Bereichen und sie liegen in einem zunehmend breiter werdenden Verständnis der Komplexität von Unterstützungssystemen im Horizont der Lebenswelt von behinderten Kindern und ihren Familien, aber auch von Lehrern[3]. Es ist meine Absicht, im Folgenden diese veränderte Situation darzustellen und danach eine Perspektive für ein Unterstützungssystem vorzuschlagen, von dem ich glaube, dass es Sonderschulen überflüssig macht und der ganzheitlichen Förderung von Kindern mit Behinderungen und ihren Eltern – und Lehrern – besser hilft.

---

[3] In diesem Text spreche ich von „Lehrern" und meine damit selbstverständlich Frauen und Männer gleicherweise, verwende also das Genus (die Rolle), nicht additiv den Sexus. Das gilt auch für „Schüler". Auf geschlechterbezogene Begriffe greife ich dann zurück, wenn die Unterscheidung inhaltlich an dieser Stelle wichtig ist.

2. Kinder mit Behinderungen in der Schule der „Zweiten Moderne"

Kinder mit kognitiven und/oder physischen Beeinträchtigungen wachsen in den neunziger Jahren unseres ausgehenden Jahrhunderts unter den gleichen Rahmenbedingungen und Erwartungen auf wie andere Kinder auch: Sie sind allererst Konsum- und Krisenkinder in der Risikogesellschaft, ihre Familien sind genau so stark von Trennungen, von Wiederverheiratungen, von Ein-Elternschaft usw. geprägt wie andere. Auch ihre Eltern verlangen nun Selbständigkeit als oberstes Erziehungsziel von früh auf, sie versuchen wie andere, partnerschaftlichen Umgang mit ihren Kindern zu praktizieren, auch ihr Erziehungsstil hat sich von der „Befehlserziehung" zur „Verhandlungserziehung" verändert (*Preuss-Lausitz* u.a. 1990; *du Bois-Reymond* 1994). Auch von behinderten Kindern wird wie von allen anderen Kindern unserer Konsumgesellschaft erwartet, dass sie modisch gekleidet, sportlich und attraktiv sind. Soweit sie Mädchen sind, sollen sie nun genau so aktiv und selbstbewusst sein, wie dies von Jungen erwartet wird, und soweit sie Jungen sind, sollen sie nun genau so kommunikativ und einfühlsam sein, wie dies von Mädchen erwartet wird. Sie wachsen auf mit einer ausgeprägten Gleichaltrigenorientierung, wie sie heute unter Schulkindern und Jugendlichen vorherrscht, mit einer differenzierten Musik-, Kleidungs-, Fernseh- und Verabredungskultur. Sie erleben in ihrem Alltag und durch die Medien, dass heute normativ, ethnisch-kulturell und sozial-ökonomisch eine breite Palette von Lebensformen, Familienstilen, Weltauffassungen usw. existiert, erleben also das, was wir Pluralismus nennen, und sie erfahren, dass zumindest in einer breiten Öffentlichkeit diese Vielfalt als „normal" akzeptiert wird. Das gilt zunehmend auch für sichtbare körperliche Behinderungen oder Besonderheiten. Mit anderen Worten: In einer breiten Öffentlichkeit wird „Behinderung" als Teil der allgemeinen „postmodernen" Vielfalt angesehen, und sie kann von den Betroffenen selbst so eingeordnet werden.

Dass Kinder mit Behinderungen bzw. ihre Eltern manche Ansprüche teilweise, auch aus ökonomischen Gründen, nicht erfüllen können, ändert nichts daran, dass die entsprechenden Wünsche und Wertvorstellungen sich im Kopf der Eltern und der Kinder - und als Erwartung auch bei anderen Kindern und ihren Eltern - festgesetzt haben. Sie sind also auch „Kinder der Freiheit" in der Zweiten Moderne (*Beck* 1997), wie sie von zahlreichen Kindheitsforschern empirisch beschrieben wurden und werden (vgl. u.a. *Preuss-Lausitz* u.a. 1983, 1990, 1993; *Büchner* u.a. 1996; *Honig* u.a. 1996; *Zinnecker/Silbereisen* 1996).

Diese wenigen Hinweise auf „veränderte Kindheit" werden hier eingebracht als Hinweis darauf, dass Kinder mit Behinderungen sozialisationstheoretisch weniger denn je als etwas Gesondertes anzusehen sind. Andere Kinder – und deren Familien – akzeptieren Kinder mit Behinderung vor allem mit dem Argument, sie seien ja auch „Kinder wie wir" (*Preuss-Lausitz* 1997), betrachten sie also erst einmal als Kinder mit den gleichen Wünschen und Problemen, und das „besondere Merkmal" im Sinne der Stigmatheorie Goffmans wird als ein Additum angesehen, das eben eines von vielen sei, wie sie auch selbst Besonderheiten hätten.[4] Sehr treffend ist die Bemerkung einer Schülerin über einen körperbehinderten – integrierten – Mitschüler: „Peter ist doch wie wir, nur ein bißchen anders!" (*Preuss-Lausitz* 1998a). Der gesellschaftliche Pluralisierungs- und Individualisierungsprozess führt - vor allem wenn gemeinsame außerunterrichtliche und außerschulische informelle Kontakte vorhanden sind – zu einer selbstverständlichen Integration in die kindlichen sozialen Netzwerke.

Auf diese veränderte Situation von Kindern mit Behinderungen kann, ja muss die Pädagogik – die der allgemeinen Schulpädagogik wie die der bisherigen Sonderpädagogik – reagieren, und zwar als zusammenwachsende Theorie der Vielfalt und zugleich der Gemeinsamkeit (*Preuss-Lausitz* 1993; *Prengel* 1993). Nicht nur lerntheoretisch, sondern auch empirisch wird immer deutlicher, dass Lehrer in der heutigen Schule mit oder ohne behinderte Kinder die gleichen Konzepte haben müssen, wollen sie lerneffektiv, erzieherisch unterstützend, die Pluralisierung in der Lerngruppe produktiv aufgreifend und ganzheitlich vorgehen. Das zeigen alle Erfahrungen in integrativen Schulen (etwa *Heyer* 1990, *Heimlich* 1998). So wird die integrationspädagogische Didaktik gleichsam die zukunftsorientierte Didaktik sowohl der allgemeinen Schule als auch der sonderpädagogischen Blickrichtung, weil sie die Vielfalt der Kinder in den Lernvoraussetzungen, in den sozialen und kulturellen Hintergründen und in den körperlichen Bedingungen berücksichtigt, aber zugleich die Gemeinsamkeit der Kinder demokratisch und solidarisch fördert und täglich didaktisch herstellt, etwa durch Morgenkreise, Wochenpläne, Projektarbeit, Feiern, Spiele und gemeinsame Auswertungen individueller oder kleingruppenartiger Lernarbeit. *Eberwein* (1996) bestreitet in diesem Zusammenhang, dass eine gesonderte Sonderpädagogik - zumindest für sogenannte Kinder mit Lernbehinderun-

---

[4] Gesunde Kinder in Schulen für Lernbehinderte oder mit entsprechendem sonderpädagogischen Förderbedarf in allgemeinen Schulen werden von diesen selbst und von anderen Kindern nicht als „behindert" definiert, sondern gegebenenfalls als Kinder, die Probleme beim schnellen Begreifen haben. Das gilt zuweilen auch für Kinder mit Hörschäden oder starken Sehbehinderungen; auch bei diesen Kindern wird oft gesagt, dass sie nicht behindert seien, sondern eben schlecht hörten oder sähen. Immer geht es um das Festhalten an der gemeinsamen Figur „Kinder wie wir".

gen - theoretisch noch irgend einen Sinn mache. In der Tat stellt sich die Frage, was denn noch für eine spartenbezogene „Lernbehindertenpädagogik" übrig bleibt, wenn man alle jene lebensweltorientierten[5] und reformpädagogischen Ansätze betrachtet, wie sie in den letzten dreißig Jahren zumindest in der Grundschulpädagogik (und in vielen Grundschulen) rezipiert und modernisiert wurden. Die allgemeine modernisierte Schulpädagogik und die Sonderpädagogik fallen hier in eins. Sie orientieren sich zunehmend an den gleichen historischen (reformpädagogischen) Vorbildern, wie etwa an *Freinet, Montessori, Dewey* und *Kilpatrick* und sie greifen einzelne Anregungen von *Freire, Otto, Kerschensteiner* und *Gaudig* und vielen anderen auf. In den meisten dieser reformpädagogischen Konzepte ist das Eingehen auf die Individualität verbunden mit einer freiheitlichen Betonung des Gemeinsamen. Dabei wird also nicht versucht, einer Kollektivität das Wort zu reden, die alle über einen gleichen Kamm schert (wobei Kinder mit Behinderung ebenso wie Schnelllerner nur scheitern können) noch einem extremen Individualismus zu frönen, der nur noch das einzelne Kind und dessen Erfolg im Blick hat.

Neben einer veränderten Kindheit und einer darauf bezogenen veränderten Schulpädagogik sind jedoch heute auch stärker als je zuvor Fragen nach der Effizienz des schulischen Lernens in den Horizont der Aufmerksamkeit gerückt. Bislang konzentriert sich die öffentliche Sorge auf die Effektivität der allgemeinen Schule, und hier auf die des mathematischen, naturwissenschaftlichen und fremdsprachlichen Unterrichts (vgl. die TIMS-Studie von *Baumert* u.a. 1997). Da der Unterricht in der Sonderschule bekanntlich, aufgrund geringerer Klassenfrequenzen und einer erhöhten Lehrerwochenstundenzahl pro Klasse, teurer ist als der allgemeine Unterricht, rückt die Frage ihrer Effektivität im kognitiven wie im sozialen - und im politischen - Bereich zunehmend auch in bildungspolitische Debatten. *Hildeschmidt/Sander* haben (1996) nochmals die vergleichsweise geringen Lernerfolge der Schule für Lernbehinderte belegt. Das muss für die Anhänger dieser Schulform um so deprimierender sein, als die Hilfsschule[6] vor

---

[5] *Andreas Hinz* (1998) macht zu Recht darauf aufmerksam, dass Konzepte der Vielfalt nicht einem naiven Individualismus verhaftet bleiben dürfen, sondern berücksichtigen müssen, dass ein großer Teil der Kinder mit sonderpädagogischem Förderbedarf aus armen, subproletarischen Familien und/oder aus Immigrantenfamilien mit ländlich-proletarischem Hintergrund stammen. In Begriffen von „Lernbehinderung" im Sinne einer individuellen Lernschwäche sind diese Kinder nicht angemessen zu beschreiben. Apolitische, individualistische Förderkonzepte müssen daher scheitern.

[6] Die Hilfsschule erhielt in den sechziger Jahren in der alten Bundesrepublik den Namen Schule für Lernbehinderte, die DDR behielt den Begriff Hilfsschule bis 1990 bei. In den neunziger Jahren führen manche Bundesländer für sie die Bezeichnung Allgemeine Förderschule ein.

100 Jahren einzig dafür geschaffen wurde, damit die dort unterrichteten Kinder mehr lernen. Aber auch die politische Wirkung der Sonderschulsozialisation ist – etwa in Bezug auf die Akzeptanz anderer Behinderter oder Ausländerkinder, also auf Toleranz – durchaus fragwürdig (*Wocken* 1993; dazu *Preuss-Lausitz* 1998b). Und nicht zuletzt wird von kaum noch jemandem bestritten, dass die weiten Wege zu den Sonderschulen – im Vergleich zu denen der Grundschule – die Verwirklichung von Kinderfreundschaften, die heute weitgehend über die eigene, wohnortnahe Schule geschieht (*Preuss-Lausitz* 1999), erheblich erschweren. Mit anderen Worten: Die Sonderschule für Lernbehinderte versagt in den zentralen Funktionen, die Schule heute erfüllen muss – Lernen, Sozialisation, soziale Kohäsion, demokratische politische Bildung- oder ist dabei mindestens der allgemeinen Schule unterlegen. Das kann übrigens auch für die übrigen Sonderschularten vermutet werden; nur fehlende entsprechende empirische Vergleichsuntersuchungen begründen, warum diese Frage bislang nicht so eindeutig wie für die Sonderschule für Lernbehinderte beantwortet werden kann.

Die Sonderschule wird sich also künftig – ebenso wie von Anfang an die gemeinsame Erziehung – einer verstärkten Effektivitätskontrolle stellen müssen, wobei die bislang fachöffentliche Diskussion eine breitere Öffentlichkeit erreichen wird, vor allem jene, die auf die möglichst effektive Mittelzuweisung der öffentlichen Hand zu achten hat.[7]

Nicht zuletzt hat das gewandelte Verständnis über die Aufgaben der heutigen öffentlichen Schule auch die Förderung der Kinder mit Behinderungen erreicht. Wenn es wichtiger geworden ist, in der allgemeinen Schule neben Wissen das Lernen des Lernens, Selbständigkeit, Teamfähigkeit, Kooperationsfähigkeit und Toleranz zu erlernen, also „learning to know", „learning to do", „learning to be" und „learning to live together" (*Delors* 1996) gleichwertig in den Mittelpunkt zu rücken, dann wird dies am besten gelingen, wenn alle Schülerinnen und Schüler, gleich welcher Herkunft, kognitiver und physischer Voraussetzungen in eine gemeinsame Schule gehen. Die individuelle besondere – sonderpädagogische – Förderung einzelner Kinder in diesem Verbund ist dann Teil der pluralistischen Schule als Lern- und Lebensort. Die Schule wird so für alle Kinder wichtigster sozialer Ort von Erfahrungen und Bildungsprozessen.

---

[7] Diese Debatte wird häufig verengt auf Personalkosten bei Integration bezogen, wobei die Einspareffekte und die betriebswirtschaftlich betrachteten Kosten von Sonderschule ebenso wenig berücksichtigt werden wie ihr Zusammenhang mit den kognitiven, sozialen und sozialisatorischen Wirkungen (vgl. dazu *Preuss-Lausitz* 1996).

3. Schule als Netzwerk - sonderpädagogische Fördersysteme und systemische Schule

Der Weg von der Unterrichtung in Sonderschulen hin zu ihrer Überwindung und zum gemeinsamen Unterricht kann perspektivisch nur durch ein komplexes Verständnis von Schule und ihrer Verzahnung mit außerschulischer Unterstützung beschritten werden. Die arbeitsteilige Ausbildung und Professionalität verhindert, dass wir alles können, was für Kinder mit Behinderung (und ihre Eltern) wichtig ist: Lehrer können gut unterrichten, aber sie sind oft ungeeignet als Sozialpädagogen, ja, sie kennen oft gar nicht die gesetzlichen Grundlagen (etwa das Bundessozialhilfegesetz oder das Kinder- und Jugendhilfegesetz, die entsprechenden Kommentare, Anlaufstellen, Verfahren der Beantragung usw.). Sozialpädagogen haben selten Kenntnis von behinderungsspezifischen Bedingungen des Lernens oder den Alltagserfahrungen etwa eines Querschnittgelähmten. Sonderpädagogen sind oft die „normalen" Kinder und die Leistungsansprüche der allgemeinen Schule eher fremd, und weil sie sich gern auf die einzelnen Kinder konzentrieren, ist ihnen der kommunale bildungspolitische Rahmen oft unbekannt. Dies alles sind nur Beispiele dafür, dass Vernetzung von Unterricht, Schulleben, familiärer Unterstützung, außerschulischen Therapien, kommunaler Verwaltung, Freizeitaktivitäten der Kinder mit und ohne Behinderung usw. nicht bedeutet, die fachlich unterschiedlichen Kompetenzen, die beruflich unterschiedliche Sicht oder die differenten Alltagserfahrungen zu überwinden, sondern zu respektieren, ernst zu nehmen, aber produktiv miteinander zu verbinden.

Diese Vernetzung kann auf unterschiedlichen Ebenen erfolgen:
- Im Unterricht: Unterricht im Team zwischen Regelschullehrer/Fachlehrer und Sonderpädagoge[8]. Der Netzwerkgedanke überwindet die Vorstellung, dass die Sonderpädagogen für die Kinder mit Behinderung zuständig seien („Weiße-Kittel-Pädagogik"), die Regelschullehrer für die „normalen" Kinder, womöglich in Klassen- und Gruppenraum getrennt. Abgesehen vom stigmatisierenden und lerntheoretisch ineffektiven Verfahren paralleler Förderung von Kindern mit Behinderung würde der Synergieeffekt der Teamarbeit von Pädagogen mit teilweise unterschiedlichen Qualifikationen eben nicht zur Reform des gesamten Unterichts führen, sondern an einer - wie gesagt ineffektiven - Paralle-

---

[8] Dies sind verkürzende, aber verbreitete Begriffe. Ansonsten gilt: Auch Sonderschulen sind juristisch Regelschulen, und auch Sonderpädagogen haben immer ein „normales" Fach, sind also auch Fachlehrer. Gerade dies macht im übrigen auch den Wechsel möglich: die Sonderpädagogen können im Team auch als Fachlehrer fungieren, die „Fachlehrer" übernehmen die Förderung nach Einarbeitung.

lität festgehalten. Klassen mit Netzwerk-Teams sind stattdessen als Ellipsen mit zwei Polen zu denken, durch die das Lernen aller Kinder einen doppelten Bezug hat.
- Im Schulleben: Netzwerkdenken verbindet die Planung für integrationspädagogische Unterrichtsformen, spezielle Fördergruppen usw. der einzelnen Parallelklassen. Es führt zur Kooperation zwischen Lehrern in integrativen Klassen und ggf. vorhandenen Sozialpädagogen/ Sozialarbeitern oder anderen Unterstützern für Freizeitangebote und Beratung. Es zentriert die schülereigenen Aktivitäten in der „polis" Schule (*v. Hentig* 1993) auf die Frage, wie die Schülerschaft gemeinsam mit den behinderten Kindern deren Interessen im schulischen Alltag berücksichtigen und durchsetzen können - bei der Gestaltung von Schulgebäude und Schulgelände, bei Feiern und Festen, bei Sportveranstaltungen, bei außerunterrichtlichen Angeboten, in der Disco usw.
- In der Programm- und Profilbildung der Schule: Netzwerkdenken führt in Schulen, die Kinder mit Behinderung haben, die integrationspädagogischen Aktivitäten der einzelnen Klassen mit denen anderer Klassen zusammen, so dass die Schulleitung und das gesamte Kollegium in einen dauerhaften Diskurs über die Einzelaktivitäten in den Klassen, aber auch im außerunterrichtlichen Bereich einbezogen sind. In solchen Schulen werden diese Aktivitäten in die Programmdarstellung der Schule nach außen aufgenommen.
- In der Fortbildung: Im Unterschied zu der verbreiteten separaten Fortbildung führt Netzwerkdenken zur gemeinsamen Fortbildung unterschiedlicher Berufs- und Qualifikationsgruppen (Lehrer, Schulpsychologen, Sozialpädagogen, Schulräte, Schulärzte, kommunal oder staatlich beschäftigte Sozialarbeiter, Elternvertreter usw.). Gemeinsame Themen könnten z.B. im Bereich der Sozialen Dienste, der gesetzlichen Grundlagen von Förderprogrammen für bestimmte Behinderungsbereiche, in den Beantragungs- und Ablaufprozessen, in behinderungsspezifischen Fallanalysen, in der Aneignung von Freizeit- und Kulturangeboten, aber auch in der Diskussion integrationspädagogischer Unterrichtsformen liegen.
- In der gemeinsamen Dokumentation und Werbung für behinderungsfreundliche Angebote und Aktivitäten der eigenen und von benachbarten Schulen, von Kirchen, Vereinen, der Kommune, von privaten Anbietern, von Kultureinrichtungen usw. Die vernetzte Information führt zur Ausschöpfung aller vorhandenen Angebote in einem Stadtteil oder einer Region, so dass die Kinder und ihre Eltern ein viel umfassenderen Überblick über Möglichkeiten erhalten.
- In der Beratung für die Eltern durch ein gemeinsames „Bürgerbüro" in der Schule oder schulnah in einer kommunalen Einrichtung. Dort

könnten die Erziehungsberechtigten von Vorschulkindern, von schulpflichtig werdenden Kindern mit dem Schulpsychologen, Sonderpädagogen, Grundschullehrern, Kindergärtnerinnen, Sozialarbeitern des Sozialamts, dem Schularzt, der Behindertenfürsorge, ggf. auch mit Vertretern von Therapieangeboten usw. sprechen. Solche Einrichtungen gibt es. So sind die „Förderzentren" (ohne Schüler) in Berlin-Wilmersdorf und Berlin-Steglitz solch querschnittsorientierte Einrichtungen der Bezirksämter, die Mitarbeiter aus verschiedenen Ressorts mit sogar unterschiedlichen Dienstvorgesetzten (Schule, Soziales, Jugend) umfassen und von einem koordinierenden Leiter geführt werden (*Dudka* 1990; *Kreische* u.a. 1990). Eltern müssen nicht verschiedene Orte und Ämter aufsuchen, sondern erhalten Beratung und Unterstützung gebündelt, und falls ihnen, neben der Mitwirkung an Förderausschüssen für die integrative Beschulung, auch andere Unterstützungsformen empfohlen werden, so können dort die Anträge am gleichen Ort gestellt und bearbeitet werden.

– In der Vernetzung von Schule und sozialpädagogischen Angeboten: Häufig stammen die Kinder mit sonderpädagogischem Förderbedarf aus Familien, die eine größere soziale und/oder ethnische Distanz zu den üblichen Freizeit- und Kulturangeboten der öffentlichen und privaten Anbieter haben. Deshalb bietet sich eine Vernetzung sozialpädagogischer Einrichtungen mit der Schule an. Ein sehr schönes Beispiel ist etwa die „Oase" einer Berliner Grundschule, eine gleichsam schülereigene, aber auch betreute Einrichtung im Tiefparterre mit Werkstatt, Disco, Sitz-, Lese- und Plauderraum, der auch nachmittags für alle offen ist, die - nicht nur bei Regentagen und im Winter - mit ihren Freunden etwas basteln, reparieren, proben, anhören oder einfach ungestört zusammen sein wollen (vgl. *Sörensen* 1995). Aber auch die Verbindung von außerschulischem Kinderclub, Jugendheim und anderen Angeboten der offenen Freizeitarbeit öffentlicher und privater Träger mit der integrationspädagogischen Arbeit einer Schule kann Teil solcher Netzwerke sein.

– Zum Netzwerk gehört die Möglichkeit, als Integrationslehrer sich mit anderen Integrationslehrern – auch außerhalb der eigenen Schule – austauschen zu können, Verständnis für Fragen zu finden, die man ungern im Lehrerkollegium öffentlich macht, Rückenstärkung zu erfahren, Tipps zu hören, andere Konfliktlösungswege kennen zu lernen. Im Land Brandenburg ist in diesem Netzwerksinne in jedem der Landkreise (und kreisfreien Städte) eine AG Integration geschaffen worden. Alle integrationspädagogisch tätigen Lehrkräfte eines Kreises werden zu diesen Treffen, die etwa alle 6-8 Wochen stattfinden, eingeladen, man lernt sich an einem längeren Nachmittag kennen, man kann sich auch außerhalb dieser Treffen aufeinander verlassen, wenn einmal ein schneller persönlicher (telefonischer) Rat und Trost nötig ist. Wird ein Thema gemeinsam als wichtig angesehen, holt man sich Referenten, die hierzu etwas zu sagen haben. Da diese Referenten vom Land (über das Fortbildungsprogramm) bezahlt werden, sind diese Arbeitsgemeinschaften nicht nur offiziell gefördert, sondern eine produktive Mischung aus privat-informeller Rückenstärkung und offiziellen Fortbildungsangeboten. Daran wird deutlich: Netzwerke können sich „von unten" bilden, aber sie sollten auch „von oben" unterstützt werden, ja, „oben", d.h. Schulaufsicht und Bildungsministerium sollten sich selbst als Teil eines Netzwerkes sehen.

— Ein Ausdruck solch eines behördlichen Verständnisses vernetzter Förderung auf unterschiedlichen Ebenen ist die Einrichtung von Koordinatoren für die integrationspädagogische Beratung und Abstimmung. Auch hier hat das Land Brandenburg eine Vorreiterrolle übernommen[9]: Für die Klassen 1-6 sind pro Kreis (bzw. kreisfreie Stadt) zwei, für die Klassen 7-9 eine Lehrerin bzw. eine Sekundarstufenlehrkraft über ein Jahr fortgebildet worden, um danach mit 5 Stunden Ermäßigung von der Unterrichtstätigkeit für koordinierende und beratende Tätigkeiten freigestellt zu werden. Sie haben innerhalb eines Kreises den Überblick über die Kinder, über die Integrationslehrer und -klassen, wissen, wo es Schwierigkeiten gibt und welche das sind, können den für die Entscheidungen über die Förderstunden zuständigen Schulrat beraten, aber auch die Erziehungsberechtigten und die Lehrer und Schulleiter. Sie leiten die oben genannten Arbeitsgemeinschaften für Integration und halten den Kontakt zu den regionalen Fortbildungs-Außenstellen. Sie werden auch oft von der regionalen Presse, den kommunalen Schulausschüssen oder den Elternselbsthilfegruppen angesprochen, weil und wenn sie engagierte Integrationsvertreter sind und gute Kenntnisse haben. Nicht zuletzt haben sie sich selbst – über alle Landkreise und kreisfreien Städte hinweg – vernetzt und treffen sich mindestens ein Mal jährlich, um ihre Erfahrungen auszutauschen und ihre Empfehlungen für die weitere Entwicklung im Land mit den eingeladenen Vertretern des Bildungsministeriums zu diskutieren. Durch solche Diskussionen sind schon erhebliche Verbesserungen (etwa im Bereich von Informationsbroschüren, von Verordnungen oder von Fortbildungsthemen) erarbeitet worden.

---

[9] Zum brandenburgischen Konzept der gemeinsamen Erziehung bzw. der sonderpädagogischen Förderung vgl. *Preuss-Lausitz* 1995 und die Gesamtdarstellung bei *Heyer/ Preuss-Lausitz/Schöler*, 1997.

- Ein anderes Modell der Vernetzung hat Schleswig-Holstein eingeführt: das Förderzentrum ohne Schüler, das als Schule die Stellen für die Sonderpädagogen in den Regelschulen führt, deren Einsatz koordiniert und die fachliche Kommunikation untereinander sichert (*Otte* 1996; *Pluhar* 1995, 1996). Der Vorzug dieses Konzepts liegt in der Beibehaltung überregionaler Einrichtungen, die den Weg in die flächendeckende gemeinsame Erziehung organisatorisch und fachlich sichern können.
- Nicht zuletzt führt vernetztes Denken dazu, dass die Prüfung des individuellen (sonderpädagogischen) Förderbedarfs und der möglichen Lernorte kooperativ zwischen Sonderpädagogen, Schularzt, Regelpädagogen und – soweit sinnvoll – Schulpsychologen in multiprofessionellen Teams unter Einbeziehung der Erziehungsberechtigten erarbeitet wird. In Brandenburg findet dies in den Förder- und Beratungsstellen statt, die auch die quantitative Übersicht innerhalb eines Kreises bzw. einer kreisfreien Stadt haben. Die Integrationsberater gehören mit ihrer Arbeit diesen Beratungsstellen an (*Obenaus* 1997). Die multiprofessionellen Teams mit ihren sehr unterschiedlichen Zugängen und Fachsprachen - und die Anwesenheit der Eltern in den Förderausschusssitzungen - verringern die Gefahr, dass die Förderung mit einer verengten behinderungsspezifischen - womöglich defizitorientierten, individualistischen - Sicht beraten und empfohlen wird. Vielmehr kann im optimalen Fall tatsächlich eine systemische, das Umfeld des Kindes einbeziehende, schulische und ausserschulische Förderung verbindende Förderung entworfen und bewilligt werden.

Ich habe eine Reihe von Ebenen und Beispielen vernetzter Förderung genannt, denen sich weitere hinzufügen ließen. Entscheidend ist die Bereitschaft der beteiligten Personen und ihrer Institutionen, sich nicht abzuschotten, sondern zu verstehen, dass die notwendige Arbeitsteilung uns alle in die Gefahr einseitiger Sichtweisen (und Handlungen) führen kann, und es deshalb auch für uns selbst wie für die zu fördernden Kinder hilfreich ist, wenn wir uns auf die Erfahrungen und Kompetenzen anderer beziehen können. Kooperationsbereitschaft ist also die Grundvoraussetzung, um vernetzte Förderung umzusetzen.

Kooperationsbereitschaft muss aber nicht nur von Personen, sondern auch von Institutionen gezeigt werden. Von der Schulleitung über die Schulaufsicht, vom Sozialamt und der Behindertenfürsorge bis zum Jugendamt, vom Sportverein und der Kirche bis zum Landkreis und dem Ministerium müssen die Voraussetzungen geschaffen werden, damit sich ein nichtselektives Schulsystem durchsetzen und eine ganzheitlich orientierte Schul- und Bildungssituation für die Kinder mit Behinderungen auch tatsächlich einstellen kann. Zu solchen Voraussetzungen gehören die Schaffung von Einrichtungen wie etwa die oben genannten Integrationsmoderatoren oder die Förderzentren ohne Schüler, die Klarheit in den personellen und materiellen Rahmenbedingungen für gemeinsamen Unterricht, die Beachtung lokaler Besonderheiten, aber auch die Schaffung entsprechender Gesetze, Verordnungen, schriftlicher Informationen und Hilfen und Fortbildungsangebote. Ein systemisches Modell des flächendeckenden Übergangs in gemeinsame Erziehung für alle Kinder und Jugendliche mit Behinderung kann also nicht allein von einem veränderten - integrationspädagogischen - Unterricht aus entwickelt werden, wenngleich dieser das Zentrum des gemeinsamen Lernens und Lebens ist.

4. Wege des Wandels zu einer integrativen Schule für alle

Ausgang meiner Argumentation war die These, dass die Aufwachsbedingungen heutiger Kinder in der pluralistischen Gesellschaft, die größere Akzeptanz von Menschen mit Behinderungen, anderen Lebensstilen und differenten kulturellen Herkünften[10], die reformpädagogische Veränderung einer von der Grundschule ausgehenden individualisierenden Didaktik und die Erwartungen der Gesellschaft an demokratiestärkende und auf Selbständigkeit und Teamfähigkeit gleichzeitig bestehende Schulerziehung die Sonderschulen überflüssig werden und den gemeinsamen Unterricht für alle Beteiligten, auch die sogenannten Nichtbehinderten, als die beste Perspektive sichtbar werden lassen. Ich habe versucht, eine auf verschiedenen Ebenen vernetzte Förderung anhand von Beispielen als einen Weg darzustellen, der die vorhandenen Unterstützungssysteme und personellen Qualifikationen für eine ganzheitliche, eltern- und kinderfreundliche Förderung bündelt.

Wenn das so ist, muss der gegenwärtige Zustand, einerseits Integration – begrenzt – zuzulassen, andererseits das gesamte bisherige Sonderschulsystem aufrechtzuerhalten, überwunden werden. Dieses Sonderschulsystem ist schon gegenwärtig wenig effektiv, wie dargestellt. Es ist vor allem für die Qualifikationen, die selbständige Menschen mit Behinderung in unserer Gesellschaft brauchen, im beruflichen, im sozial-privaten und im kulturell-politischen Bereich eher weniger geeignet. Die hohen Geldaufwendungen, die unsere Gesellschaft für die schulische Sondererziehung erbringt - die

---

[10] Die Pressemeldungen über Fremdenfeindlichkeit, Angriffe auf Behinderte und auf Homosexuelle zeigen, dass es einerseits in bestimmten Teilen der Republik und bei bestimmten Bevölkerungsgruppen ein aggressives Festhalten an Begriffen von „Normalität" gibt, sie zeigen aber auch, dass dieses Verhalten in der Regel von einer kleinen Gruppe von „Modernisierungsverlierern" (*du Bois-Reymond* u.a. 1994) stammt, denen die Mehrheit und auch die öffentliche Meinung protestierend gegenüber steht.

Kosten liegen pro Schüler in der Regel um das Zwei- bis Vierfache über dem Aufwand für andere Schüler (*DIW* 1998)[11] - sollen nicht verringert, sie sollen jedoch verlagert und effektiver eingesetzt werden. Auch diese Verlagerung und ihr möglichst sinnvoller Einsatz kann nur in Kooperation zwischen Schulträgern, Schulaufsicht, Eltern, Verbänden und Einzelschulen funktionieren. Dazu ein Beispiel: Eine Kommune - als Schulträger - hat erkannt, dass es für sie kostengünstiger ist, wenn sie ihre Schule für Lernbehinderte schließen würde (d.h. jährlich keine neuen 1./2. Klassen zulässt) und die Kinder der Primarstufe wohnortnah verteilt in den Grundschulen, und die Schüler der Sekundarschule innerhalb einer benachbarten Gesamtschule unterrichten ließe. Sie unterstützt deshalb jeden einzelnen Integrationsfall. Aber für die staatliche Schulaufsicht bzw. für das Land ist jedes „Integrationskind" erst einmal eine zusätzliche finanzielle Belastung, weil und solange die Klassen in der Sonderschule aufrechterhalten werden: Denn es müssen ja nicht nur weiterhin die Leitung der Sonderschule (und ein Sekretariat), sondern auch die immer kleiner werdenden Sonderschulklassen mit den gleichen Unterrichtsstunden wie bisher, und zusätzlich die Integrationsstunden für die schon integrierten Kinder bestritten werden. Der Träger der Beförderungskosten wiederum dürfte die Bemühungen der Kommune unterstützen, denn diese Kosten, die pro Schüler bei DM 5.000.- bis DM 6.000.- (in Preisen von 1995) liegen *(Preuss-Lausitz* 1996), verringern sich bei wohnortnaher integrativer Beschulung erheblich. Mit anderen Worten: Es gibt nicht nur das Land als Kostenträger der Lehrerkosten, sondern weitere Beteiligte, die an einem sinnvollen Kostenaufwand Interesse haben.[12] Unterschiedliche Interessen können jedoch nur ausgeglichen werden, wenn die Konfliktpartner miteinander sprechen und einen Interessenausgleich verhandeln. Das könnte in unserem Fall so aussehen: Der Schulträger übernimmt bei Schließung ganzer Schulen zumindest zeitweise einen Teil der Personalkosten, die durch die wohnortnahe integrative Beschulung entstehen[13]. Solche freiwilligen Ausgleiche beziehen das Einsparinteresse

---

[11] Errechnet wurden für durchschnittliche Personal- und Sachausgaben bei Sonderschulen in Berlin, Bremen und Hamburg rd. DM 20.000.- bis 22.000.- pro Schüler.
[12] Es könnten auch Eltern protestieren, die ihr Kind auf einer Sonderschule unterrichtet sehen möchten. Rechtlich gesehen kann der Gesetzgeber eine Schulform (etwa eine Sonderschulform, aber auch eine andere Schulform) schließen, wenn der Bildungsgang für ein Kind (auch für ein behindertes Kind) gesichert ist. Der Schulträger, für die Grundschulen die Kommune, für die Sonderschulen oft der Kreis bzw. die kreisfreie Stadt, für die Oberschulen die Kommune und/oder der Kreis, kann eine konkrete Schule schließen, wenn in zumutbarer Entfernung der nachgefragte Bildungsgang angeboten wird. Eine integrative allgemeine Schule erfüllt diese Bedingung.
[13] Das kann etwa durch teilweisen Verzicht auf die üblicherweise vom Land zugewiesenen Schülerkosten für behinderte Schüler geschehen. Brandenburg gibt pro behinder-

mit ein, wobei die Qualität des Lernens und die Qualität des sozialen Lebens nicht beeinträchtigt, sondern, wie oben dargestellt, gesteigert wird.

In der Regel finden solche, das Eigeninteresse von Institutionen aufgreifenden Absprachen bislang nicht statt. Vielmehr handelt jede einzelne Institution so lange allein, wie sie nicht durch die Öffentlichkeit, durch Eltern oder durch politische Kritik in ihrem Handeln aufgeschreckt wird. Es ist daher wenig verwunderlich, dass beispielsweise die Kultusminister der Länder in ihren Schulgesetzen durchweg einen Finanzvorbehalt für Integration aufnehmen ließen, der sich real ausschließlich auf Lehrerstellen bezieht und Einspareffeke etwa im Bereich der Beförderungskosten oder der Gebäude- und Betriebskosten der Schulträger außer Acht lässt. Vernetztes Denken ist also auch im finanziellen Sektor erforderlich.

Die Schule der Zukunft ist nicht zuletzt auch eine selbst-reflektive Schule, eine Schule, die – im Rahmen der staatlich-parlamentarischen Vorgaben – sich allgemeine Ziele und für einige Jahre ein darauf bezogenes Programm gibt, das auch in seiner „Zielerreichung" überprüfbar ist und die diese Überprüfung dann auch selbst durchführt. Selbstkontrolle steht allerdings immer in der Gefahr, nur „gute Nachrichten" nach außen dringen zu lassen. Um diesem Verdacht entgegen treten zu können, einem Verdacht, der beispielsweise zuweilen von Sonderschulvertretern gegenüber engagierten Integrationslehrern geäußert wird oder von mißtrauischen Schulaufsichtsbeamten gegenüber einzelnen Schulen oder gar einer skeptischen Presse und Elternschaft gegenüber den Lern- und Erziehungsleistungen heutiger Schule, ist es notwendig, qualitative Selbsteinschätzungen mit quantifizierbaren Verfahren der Leistungsmessung im kognitiven Bereich, aber auch bei handwerklichen, ästhetischen und sozialen Leistungen zu verbinden. Solche Instrumente können einzelne Kollegien nur sehr begrenzt selbst entwickeln. Hilfreich könnten hier die Landesinstitute für Fortbildung und Schulentwicklung sein, wenn sie solche selbstkontrollierenden qualitativen und quantitativen Verfahren für alle Bereiche schulischer Lernprozesse mit einzelnen Lehrer-Projektgruppen gemeinsam entwickelten. Jährlich könnte dann in den einzelnen Schulen berichtet und mit Eltern, Schülern, Schulträgern, Schulaufsicht und breiter Öffentlichkeit erörtert werden, wie sich die Schulziele im Jahresprogramm niederschlagen und in welcher Weise die Schülerinnen und Schüler real davon profitierten. In besonderer Weise könnte dann auch über die Entwicklung der Kinder mit Behinderungen, aber etwa auch über sozial benachteiligte oder besonders talentierte Schüler berichtet werden. Diese Art selbstreflektive und auf die Verbesserung der Arbeit gerichtete Berichterstattung bezieht alle Be-

---

tes Kind (im Sinne eines anerkannten sonderpädagogischen Förderbedarfs) rd. DM 800.- (1997) an den Schulträger. Bei 125 Kindern sind das DM 100.000.-.

teiligte ein, wird von allen erörtert und motiviert alle Beteiligte. Bei solch einem Verfahren kann auf nationale und landesweite Leistungstests, die Lehrer und Schüler externen Vergleichen aussetzt und Kindern mit Behinderung kaum gerecht werden kann, verzichtet werden (vgl. *Demmer* 1998). Nationale Leistungsmessung, die vorwiegend nur quantifizierbare Ergebnisse abbilden kann, kann zwar aufrütteln, gibt aber in der Regel keine Hinweise, wie denn nun bestimmte pädagogische Schritte gewirkt haben; sie stellen eine Art Black-Box-Forschung dar (*Preuss-Lausitz* 1999c). Für den Weg zur integrativen Schule ist die schulnahe Selbstbewertung nach gemeinsam erarbeiteten Kriterien wirkungsvoller.

Die integrative Schule für alle, in der Vielfalt und Gemeinsamkeit Leitprinzipien sind, ist also nicht nur Schule: Sie ist Teil eines Netzes familiärer, kultureller, lokaler und autonomer Kindheits- und Jugendaktivitäten, in dem die Autonomie auch der Kinder mit Behinderungen ebenso im Mittelpunkt steht wie die Förderung von sozialen, beruflichen und kulturellen Netzwerken.

Literatur

Baumert, Jürgen / Lehmann, Rainer u.a.: TIMSS - Mathematisch-naturwissenschaftlicher Unterricht im internationalen Vergleich. Opladen: Leske+Budrich, 1997

Beck, Ulrich (Hrsg.): Kinder der Freiheit. Edition Zweite Moderne. Frankfurt: Suhrkamp, 1997

Bildungs- und Förderungswerk der GEW im DGB e.V.: TIMSS und BIJU. „Als Munition im Schaukampf ungeeignet." Texte zur Kritik eines Medienspektakels. Verantwortlich Marianne Demmer. Frankfurt/M.: Bildungs- und Förderungswerk e.V.

Bois-Reymond, Manuela du u.a.: Kinderleben. Modernisierung von Kindheit im interkulturellen Vergleich. Opladen: Leske+Budrich, 1994

Büchner, Peter /Fuhs, Burkhard / Krüger, Heinz-Hermann (Hrsg.): Vom Teddybär zum ersten Kuss. Wege aus der Kindheit in Ost- und Westdeutschland. Opladen: Leske+Budrich, 1996

Delors, Jaques u.a.: Learning: The Treasure Within. Report to UNESCO of the International Commission on Education for the Twenty-first Century. Paris 1996

DIW (Deutsches Institut für Wirtschaftsforschung): Ausgaben für Schulen in den Stadtstaaten - ein Vergleich. Gutachten im Auftrag der Fraktion Bündnis 90/Die Grünen im Abgeordnetenhaus von Berlin. Berlin April 1998

Dudka, Wolfgang: Beratungs- und Förderzentrum Wilmersdorf. Skript Berlin 1990

Eberwein, Hans: Zur Kritik und Revision des lernbehindertenpädagogischen Paradigmas. In: Ders. (Hrsg.): Handbuch Lernen und Lern-Behinderungen. Weinheim und Basel: Beltz, 1996, S. 11-18

Heimlich, Ulrich: Von der sonderpädagogischen zur integrativen Förderung - Umrisse einer heilpädagogischen Handlungstheorie. In: Zeitschrift für Heilpädagogik 49 (1998), S. 250-258

Hentig, Hartmut von: Die Schule neu denken. München und Wien: Hanser, 1993

Heyer, Peter: Zum Stand der Integrationsentwicklung in Deutschland. In: Die Grundschule H. 2 (1997), S. 12-14

Heyer, Peter / Preuss-Lausitz, Ulf / Schöler, Jutta (Hrsg.): „Behinderte sind doch Kinder wie wir!" Gemeinsame Erziehung in einem neuen Bundesland. Berlin: Wissenschaft&Technik, 1997

Heyer, Peter: Integrativer Unterricht und Schulleben. In: *Heyer, Peter / Preuss-Lausitz, Ulf / Zielke, Gitta*: Wohnortnahe Integration. Gemeinsame Erziehung behinderter und nichtbehinderter Kinder in der Uckermark-Grundschule in Berlin. Weinheim u. München: Juventa, 1990

Hildeschmidt, Anne / Sander, Alfred: Zur Effizienz der Beschulung sogenannter Lernbehinderter in Sonderschulen. In: *Eberwein, Hans* (Hrsg.), a.a.O., 1996, S. 115-134

Hinz, Andreas: Pädagogik der Vielfalt - ein Ansatz auch für Schulen in Armutsgebieten? In: *Hildeschmidt, Anne / Schnell, Irmtraud* (Hrsg.), a.a.O., 1998, S. 127-144

Honig, Sebastian / Leu, Hans Rudolf / Nissen, Ursula (Hrsg.): Kinder und Kindheit. Weinheim u. München: Juventa, 1996

Keische, R. u.a.: Konzeption Förderzentrum Steglitz. Skript Oktober 1990, Berlin

Kultusministerkonferenz: Empfehlungen zur sonderpädagogischen Förderung v. 6. 5. 1994

Liebers, Katrin: Sonderpädagogik und Sonderschulwesen der DDR als Ausgangssituation für gemeinsame Erziehung nach der Wende in Brandenburg. In: *Heyer, Peter / Preuss-Lausitz, Ulf / Schöler, Jutta* (Hrsg.): „Behinderte sind doch Kinder wie wir!" Gemeinsame Erziehung in einem neuen Bundesland. Berlin: Wissenschaft&Technik, 1997, S. 53-78

Obenaus, Harald: Realisierung der Integration 1991 - 1996. Die Verzahnung der äußeren und inneren Schulreform. Die quantitative Entwicklung und die Finanzierung der Integration. In: *Heyer, Peter* u.a., a.a.O., 1997, S. 33-52

Otte, Gerhild: Weiterentwicklung der kleinen Förderschulen zu Förderzentren ohne eigene Schülerschaft. Dargestellt am Beispiel des Förderzentrums Leezen. In: Zeitschrift für Heilpädagogik 47 (1996), S. 420-422

Pluhar, Christine: Erfahrungen mit der Weiterentwicklung der Sonderschulen zu Förderzentren in Schleswig-Holstein. In: Die Sonderschule 40 (1995), S. 130-142

Pluhar, Christine: Auf dem Weg verbesserter Kooperation zwischen Schule und Kostenträgern bei der Integration behinderter Schülerinnen und Schüler. In: Recht der Jugend und des Bildungswesens H. 2 (1996), S. 216-222

Prengel, Annedore: Pädagogik der Vielfalt. Verschiedenheit und Gleichberechtigung in interkultureller, feministischer und integrativer Pädagogik. Opladen: Leske+Budrich, 1993

Preuss-Lausitz, Ulf / Rülcker, Tobias / Zeiher, Helga (Hrsg.): Selbständigkeit für Kinder - die große Freiheit? Kindheit zwischen pädagogischen Zugeständnissen und gesellschaftlichen Anforderungen. Weinheim u. Basel: Beltz, 1990

Preuss-Lausitz, Ulf: Die Entwicklung der Integration in Brandenburg als mehrstufige System-Innovation. In: Zeitschrift für Heilpädagogik 45 (1994), S. 302-309

Preuss-Lausitz, Ulf u.a.: Kriegskinder, Konsumkinder, Krisenkinder. Zur Sozialisationsgeschichte seit dem Zweiten Weltkrieg. Weinheim u. Basel: Beltz, ^{1}1983, ^{4}1994

Preuss-Lausitz, Ulf: „Weil die behinderten Kinder genauso sind wie wir, nur ein bißchen anders!" Argumente von Grundschülern für und gegen gemeinsame Erziehung. In: Behindertenpädagogik 37 (1998a), S. 180-188

Preuss-Lausitz, Ulf: Bewältigung von Vielfalt. Untersuchungen zu Transfereffekten gemeinsamer Erziehung. In: *Hildeschmidt, Anne / Schnell, Irmtraud* (Hrsg.): Integrationspädagogik. Auf dem Weg zu einer Schule für alle. Weinheim u. München: Juventa, 1998b, S. 223-240

Preuss-Lausitz, Ulf: Demokratische Selbstvergewisserung anstelle von Black-Box-Messungen. In: *Brügelmann, Hans* (Hrsg.): Was leisten unsere Schulen? Seelze-Velber: Kallmeyer, 1999c, S. 54-59

Preuss-Lausitz, Ulf: Die Kinder des Jahrhunderts. Zur Pädagogik der Vielfalt im Jahr 2000. Weinheim und Basel: Beltz, 1993

Preuss-Lausitz, Ulf: Integration Behinderter zwischen Humanität und Ökonomie. Zu finanziellen Aspekten sonderpädagogischer Unterrichtung. In: Pädagogik und Schulalltag, 51 (1996), S. 17-31

Preuss-Lausitz, Ulf: Integration und Toleranz - Erfahrungen und Meinungen von Kindern innerhalb und außerhalb von Integrationsklassen. In: *Heyer, Peter* u.a., a.a.O., 1997, S. 171-204

Preuss-Lausitz, Ulf: Schule als Schnittstelle moderner Kinderfreundschaften - Jungen und Mädchen im Austausch von Nähe und Distanz. In: Zeitschrift für Soziologie der Erziehung und Sozialisation 19 (1999), S. 163-187

Rosenberger, Manfred (Hrsg.): Schule ohne Aussonderung - Idee, Konzepte, Zukunftschancen. Neuwied, Berlin: Luchterhand, 1998

Sörensen, Bernd: Projekt Oase – eine sozialpädagogische Einrichtung. In: *Valtin, Renate/ Portmann, Rosemarie* (Hrsg.): Gewalt und Aggression: Herausforderungen für die Grundschule. Frankfurt/M.: Arbeitskreis Grundschule, 1995, S. 161-164

Wocken, Hans: Bewältigung von Andersartigkeit. Untersuchungen zur sozialen Distanz in verschiedenen Schulen. In: *Gehrmann, Petra / Hüwe, Birgit* (Hrsg.): Forschungsprofile der Integration von Behinderten. Essen: Neue Deutsche Schule, 1993, S. 86-106

Zinnecker, Jürgen / Silbereisen, Rainer K. (Hrsg.): Kindheit in Deutschland. Aktueller Survey über Kinder und ihre Eltern. Weinheim u. München: Juventa, 1996

Kapitel 2:

Integrative Organisationsformen sonderpädagogischer Förderung

Jutta Schöler

Integrationsklassen in nicht-aussondernden Schulen

Auf dem Weg in eine dritte Grundschulklasse in Berlin. Ich bin mit der Klassenlehrerin und der Sonderpädagogin verabredet, die in einer Integrationsklasse gemeinsam ein gehörloses Mädchen unterrichten. Die Klasse ist nach den Sommerferien in einen neuen Raum umgezogen, den ich noch nicht kenne. Bei unserer telefonischen Verabredung hatte mich niemand auf den Umzug aufmerksam gemacht. Ich bin etwas verspätet. Da mich die Kinder und die Lehrerinnen jedoch kennen, betrete ich den mir vertrauten Klassenraum und merke sofort: Hier bin ich falsch!

Ich frage nach der Klasse von Frau *Widmer* und nach *Jana*. (Die Namen aller beteiligten Personen wurden geändert. Über *Jana* habe ich bereits in zwei anderen Veröffentlichungen berichtet: *Schöler* 1993b, S. 115 – 128 und *Schöler* 1995a.) Die mir unbekannte Lehrerin, die ich unbeabsichtigt gestört habe, erklärt mir, wo ich die Klasse, die ich suche, finden kann. Eine Schülerin ruft in die Klasse: „Die Integrationsklassen sind auf dem anderen Flur; wir sind eine normale Klasse!"

Leicht „verdattert" schließe ich wieder die Tür. Draußen, auf dem Flur geht mir durch den Kopf: Was ist eine „normale" Klasse? Warum war es wohl diesem etwa zehnjährigen Kind offensichtlich wichtig zu betonen, dass es eine „normale" Klasse besucht und keine Integrationsklasse?

Bevor über den Anspruch der Integration von Kindern und Jugendlichen in die allgemeinbildenden Schulen gründlicher nachgedacht wird, erscheint es sinnvoll, sich bewusst zu machen, was im deutschen Schulsystem als Normalität akzeptiert wird.

Mit meinem Beitrag möchte ich Anregungen geben, darüber nachzudenken, weshalb es im deutschen Schulsystem als normal angesehen wird, dass ca. 10% der Schülerinnen und Schüler nicht ihrem Alter entsprechend eingeschult, sondern vom Schulbesuch zurückgestellt werden, weshalb ca. 10% keinen Schulabschluss erhalten und weshalb knapp 5% eine besondere Schule besuchen, nämlich eine Schule, die sich dadurch auszeichnet, dass die Kinder dort andere Kinder treffen, die dieselben Defizite aufweisen wie sie selbst. Zur Alltagserfahrung der deutschen Schulkinder gehört die Angst vor und bzw. die Akzeptanz von Aussonderungen.

Wolfgang Klafki verwies bereits 1971 darauf, dass im Zusammenhang mit der Gesamtschulreform die schulpolitische Diskussion in Deutschland „endlich den Anschluß an internationale Entwicklungen gefunden hat." (*Klafki* 1971, S. 136).

Er verweist auf die Ergebnisse einer Erziehungs-Kommission, die 1946 im Auftrag der amerikanischen Besatzungsmacht zahlreiche deutsche Schulen besucht und mit Bildungsexperten gesprochen hatte. Damals wurde das selektive deutsche Schulsystem als einer der entscheidenden Strukturmängel benannt und festgestellt:

„Dieses System hat bei einer kleinen Gruppe eine überlegene Haltung und bei der Mehrzahl der Deutschen ein Minderwertigkeitsgefühl entwickelt, das jene Unterwürfigkeit und jenen Mangel an Selbstbestimmung möglich machte, auf denen das autoritäre Führerprinzip gedieh." (Erziehung in Deutschland, Bericht und Vorschläge der Amerikanischen Erziehungs-Kommisssion, zit. n. *Klafki* 1971, S. 150).

Der Anschluss an die internationale Schulentwicklung hat bis 1998 in Deutschland, Österreich und der Schweiz immer noch nicht stattgefunden. In zahlreichen westlichen Industrienationen ist es seit Jahrzehnten üblich, dass alle nichtbehinderten Kinder und Jugendlichen für die Dauer der Pflichtschulzeit eine gemeinsame Schule besuchen und erst danach verschiedene, zu unterschiedlichen Abschlüssen weiterführende Bildungsgänge einschlagen (vgl. *Schöler* 1993a). Seit Mitte der 70er Jahre hat in Australien, Kanada, Neuseeland und den USA (vgl. *Jülich* 1996) und etwa zeitgleich in Groß-Britannien, den skandinavischen Ländern und in Italien eine allgemeine Schulreform begonnen, welche Kinder mit Behinderungen oder Benachteiligungen aus dem allgemeinen Schulsystem nicht mehr ausschloss. Diese Schulreform wurde seit Anfang der 80er Jahre zunehmend mehr auch von Schulreformern aus den deutschsprachigen Ländern als Vorbild gesehen (vgl. *Schöler* 1998b). Bei diesen Vergleichen kann jedoch leicht übersehen werden, dass die Integration von Kindern und Jugendlichen mit Behinderung in den deutschsprachigen Ländern im Widerspruch zu einem aussondernden Schulsystem entwickelt werden muss, während in den oben genannten Ländern (insbesondere in den skandinavischen Ländern und in Italien) jede Integrationsklasse in der Sicherheit eines nichtaussondernden Schulsystems eingebunden ist.

Die nachfolgenden Gedanken und Forderungen mögen vielen Leserinnen und Lesern, die das Schulsystem der deutschsprachigen Länder als Normalität begreifen, als Utopie erscheinen. Dies sind jedoch keine Utopien, sondern in zahlreichen Ländern seit Jahrzehnten gesellschaftliche Realität.

Ich werde an zehn Strukturmerkmalen des Schulsystems der deutschsprachigen Länder verdeutlichen, dass aussondernde Normalität von Schule überwunden werden muss, um den Paradigmenwechsel hin zu einer nicht-aussondernden Schule zu erreichen. In einer solchen kindgerechten Schule können dann Kinder mit Behinderung nicht mehr störend sein (vgl. *Roser* in *Schöler* 1998b, S. 87).

1. Schulreife

In Deutschland ist es nicht selbstverständlich, dass Kinder in einem bestimmten Alter eingeschult werden. Nicht der Geburtstag entscheidet letztlich, ob ein Kind im Alter von sechs Jahren eingeschult wird, sondern eine vage Vorstellung von „Reife". Für Kinder mit Behinderung und vor allem für deren Eltern wirkt sich der Selektionsdruck der normalen Schule bereits in der frühen Kindheit aus. Krankengymnastik, Logopädie und Ergotherapie stehen jahrelang unter dem zeitlich festgelegten Erfolgszwang: „Werden wir es schaffen, bis zum amtlichen Einschulungstermin die Kriterien von Normalität zu erfüllen?" Oft habe ich die bangen Fragen von Eltern zwei- oder dreijähriger behinderter Kinder gehört, die sich nach der Entscheidung für einen gemeinsamen Kindergartenbesuch mit nichtbehinderten Kindern (was z. B. in Berlin nahezu ausnahmslos bereits die Normalität ist) begannen, mit der nächsten institutionellen Hürde zu beschäftigen. „Wenn das Kind zu Schulbeginn noch nicht normal sprechen kann, was dann? Wenn es noch gewindelt werden muss? Wenn es noch nicht links und rechts unterscheiden oder mit der Schere umgehen kann?" Mütter geben ihre Berufstätigkeit auf, um die zahlreichen Therapietermine einzuhalten; Therapeutinnen werden gewechselt, weil ein Erfolg sich kurzfristig nicht deutlich genug zeigt.

Ein Jahr vor dem Einschulungstermin beginnen die nächsten Entscheidungsprobleme: „Soll für das Kind eine Zurückstellung beantragt werden? Soll bei einer Einschulungsuntersuchung auf die besonderen Lernbedürfnisse aufmerksam gemacht werden, soll ein Förderausschuss beantragt werden oder wird versucht, das Kind ‚einfach so' einzuschulen? Oft wird für Kinder mit Lern- oder Verhaltensproblemen versucht, „unter der Hand" einen Platz in einer Integrationsklasse zu erhalten, ohne dass die Eltern sich dem aufwendigen (und oft auch mit dem Risiko einer Sonderschulüberweisung verbundenen) Förderausschussverfahren auseinandersetzen müssen.

Wie viele Konflikte wären vermeidbar, wie viele Verunsicherungen könnte man den Eltern und den Kindern ersparen, wenn die Schule als Institution sich auf die folgende Normalsituation einrichten würde: Alle Kinder, die zwischen zwei Stichtagen ein bestimmtes Alter erreichen, werden zum jeweiligen Einschulungstermin ihren Platz in der Schule ihres Wohnortes einnehmen. Die Schule wird sich auf diese Kinder einrichten; die

Schule wird reifen für die Kinder, die andere Schwierigkeiten haben als die Mehrheit der gleichaltrigen Kinder.

2. Vierjährige oder sechsjährige Grundschule?

Vier Jahre gemeinsamer Schulbesuch für nichtbehinderte Kinder – das ist normal in den meisten Bundesländern der Bundesrepublik Deutschland und in Österreich. Danach trennen sich die Wege. Sechs Jahre sind normal in den Bundesländern Berlin und Brandenburg sowie in den meisten Kantonen der Schweiz; in Japan sind acht gemeinsame Schuljahre normal (mit Ausnahme geistig behinderter und schwermehrfachbehinderter Kinder), in Italien haben alle (auch schwerbehinderte Kinder) das Recht auf einen gemeinsamen achtjährigen Schulbesuch; in den skandinavischen Ländern gilt dieselbe Regelung für neun, z. T. auch zehn Schuljahre.

Im Sommer 1998 ist die Frage der Dauer des gemeinsamen Schulbesuchs für nichtbehinderte Kinder in Deutschland, insbesondere in Berlin, besonders heftig diskutiert worden, denn: Mit dem Umzug der Bonner Regierungsbeamten nach Berlin steht für deren Kinder die Frage an, ob sie sich an die seit Kriegsende in Berlin (West) übliche Regelung der sechsjährigen Grundschule anpassen oder ob für „die Bonner" eigene 5. und 6. Klassen an Gymnasien eingerichtet werden, und ob diese Klassen dann auch für „alteingesessene" Schülerinnen und Schüler geöffnet werden oder nicht. Kommentare und Leserbriefe füllten die Tageszeitungen, Unterschriftenlisten kursieren für die eine oder die andere Möglichkeit (vgl. hierzu *Evers* 1998).

Auffallend an diesen Diskussionen ist die Tatsache, dass die Situation von Kindern mit Behinderungen in diesen Diskussionen völlig ausgespart bleibt und dass nur selten die Realität in anderen Ländern beachtet wird. Weltweit hat sich in demokratischen Ländern die Vorstellung durchgesetzt, dass die Kinder als zukünftige gleiche Bürger auch eine gleiche Bildung erfahren sollen. Diese Einheitsschulen sind nicht anders als die deutschen Schulen damit konfrontiert, dass die Kinder mit unterschiedlichen Bildungsvoraussetzungen zum Unterricht kommen; sie gehen jedoch produktiver damit um: Die Unterschiedlichkeit der Kinder ist eine Herausforderung, die zur bewältigenden Aufgabe für Lehrer, Eltern und Schüler wird.

In Deutschland, Österreich und den deutschsprachigen Kantonen der Schweiz wird die Verteilung auf verschiedene Schulzweige immer noch an eine pessimistische Begabungsideologie gebunden, bei der davon ausgegangen wird, dass bestimmte Leistungsansprüche des Gymnasiums den Real- oder Hauptschülern nicht zuzumuten seien (und unausgesprochen: schon gar nicht den Sonderschülern!). Als Zielperspektive wird dabei immer noch die „Verwertbarkeit" im späteren Arbeitsleben, d. h. die Zugangsmöglichkeit zu mehr oder weniger prestigeträchtigen Berufen gesehen. Weder die Diskussionen der 60er Jahre in Deutschland, als es um die „Ausschöpfung der Bildungsreserven" ging, noch die Diskussionen am Ende des 20. Jahrhunderts, wo die zunehmende Jugendarbeitslosigkeit (auch von Schülerinnen und Schülern mit höheren Schulabschlüssen) zum gesellschaftlichen Problem wird, haben bisher in Deutschland ein Bewusstsein geschaffen, dass alle Kinder vorbereitet werden müssen auf eine demokratische Gesellschaft. Verständigungsgrundlage sollte sein: Prinzipiell haben alle Menschen dieselben demokratischen Grundrechte und sind ihr Leben lang dem optimistischen Anspruch ausgesetzt, auch nach einem Versagen ihre Lebenssituation selbst neu in die Hand zu nehmen. Auf der Grundlage einer bereits in früher Kindheit angelegten unbegrenzten Entwicklungsfähigkeit, die nicht an formale Abschlüsse gebunden ist, wird lebenslanges Lernen zu einer echten Perspektive. Wie oft begegnet uns heute das Argument: „Das kann ich nicht machen, ich habe ja kein Abitur!" Oder, noch verhängnisvoller: „Ich habe ja nicht einmal einen Hauptschulabschluss!" – Am ungünstigsten sieht die Perspektive für lebenslanges Lernen und autonomes Leben für die Menschen aus, die von sich sagen müssen: „Ich bin nie in eine normale Schule gegangen!"

Dass das mehrgliedrige deutsche Schulsystem zu besseren Leistungen führt als einheitliche Schulsysteme, konnte bisher nicht bewiesen werden (vgl. *Baumert* 1997).

Dort, wo in den deutschsprachigen Ländern in Integrationsklassen Kinder mit Behinderungen gemeinsam mit nichtbehinderten Kindern lernen dürfen, ist es ein wesentlicher Unterschied für sie selbst und für alle Erwachsenen, die sie auf ihrem Weg begleiten, ob die Sicherheit einer sechsjährigen gemeinsamen Schule zur Verfügung steht oder ob bereits nach vier Jahren entschieden werden muss, dass sich die Wege aller Kinder trennen. Am günstigsten sind zweifellos die Perspektiven für alle Kinder dort, wo auf der gemeinsamen Grundschule aufbauend auch eine Gesamtschule zur Verfügung steht (wie z. B. in Berlin, in Hamburg und im Land Brandenburg).

3. Sitzen bleiben

Das Wiederholen einer Klassenstufe wegen nicht ausreichender Leistungen (zumeist in zwei oder mehr Fächern) wird immer noch in deutschen Schulen als eine Form praktiziert, Kinder unter Druck zu setzen, von denen angenommen wird, dass sie „freiwillig" nicht (genügend) lernen. Auf die allgemeine Unsinnigkeit dieses Verfahrens will ich hier nicht eingehen. Dort, wo „Sitzenbleibenlassen" jedoch als Normalität von schulischem Lernen praktiziert wird, erweist sich die gemeinsame Unterrichtung von behinderten und nichtbehinderten Kindern als besonders schwierig. Dies gilt zunehmend mehr in den höheren Klassen des gegliederten Schulsystems. Diese Tatsache ist mit Sicherheit auch der Grund, weshalb viele Menschen sich die Integration von Kindern und Jugendlichen mit Behinderungen an Gymnasien nur dann vorstellen können, wenn diese die Lernziele des Rahmenplanes uneingeschränkt erreichen können.

Bereits in der Grundschule kann es in einer Integrationsklasse zum Problem werden, wenn als Normalität von Schule verstanden wird, dass Kinder mit Lernschwierigkeiten die Klasse wiederholen müssen.

Müssen diese Kinder die Klasse am Ende des Schuljahres verlassen, während die mit offiziellem „Behindertenstatus" versehenen Mitschülerinnen und Mitschüler auch dann in der Klasse bleiben, wenn sie auf einem niedrigeren Lernstatus sind? Werden in die Integrationsklassen die Schülerinnen und Schüler aufgenommen, die in den normalen Parallelklassen sitzen bleiben würden oder die in den jeweils eine Altersstufe höheren Klassen sitzengeblieben sind? Mit dem Argument, in den Integrationsklassen wären zwei Lehrerinnen (zumindest stundenweise) und unter Verweis auf die besondere Qualifikation der Sonderpädagogin werden in aussondernden Schulen die einzelnen Integrationsklassen dann schnell zu Problemklassen; in der Regel nicht wegen der Kinder mit Behinderung, sondern wegen der Überzahl von Schülern (dies sind zumeist Jungen) mit Lern- und Verhaltensproblemen.

Derartige Fragen werden mir in meinen zahlreichen Gesprächen mit Lehrerinnen und Lehrern, Eltern und auch mit Schülerinnen und Schülern häufig gestellt; sie sind nur verständlich in einem Schulsystem, das Aussonderung als Normalität von Schule akzeptiert hat.

4. Unzuverlässige Halbtagsschule

Ganztagsschulen sind in Deutschland die Ausnahme; normale Schulen sind Halbtagsschulen und diese können eine zuverlässige Halbtagsbetreuung nicht sicherstellen. Für Menschen, die die Selbstverständlichkeit einer Ganztagsschule aus den anglo-amerikanischen oder den skandinavischen Ländern kennen, mutet es als absurd an, dass die „zuverlässige Halbtagsschule" in einigen Bundesländern als Schulversuch eingeführt werden soll.

Kindheit und Jugend ist in allen westlichen Industrienationen zunehmend mehr durch soziale Ungleichheit, unsichere soziale Beziehungen, Arbeitslosigkeit, Wegfall von unmittelbaren Natur- und Umwelterfahrungen gekennzeichnet. Wenn sich die Institution Schule auf den bloßen Unterricht reduziert, bereitet sie auf die sozialen Herausforderungen des späteren Lebens nicht vor. Gegenwärtig wird die Mehrheit der Kinder und Jugendlichen nach Beendigung des Unterrichts in sehr unterschiedliche Nachmittags- und Freizeitsituationen entlassen: Auf einige Kinder wartet zu Hause ein Familienangehöriger (zumeist ist es die Mutter, manchmal auch die Großmutter) und bietet ein warmes Mittagessen, Unterstützung bei den Hausaufgaben an und ist Gesprächspartnerin, um die Konflikte des Vormittags zu besprechen und besser zu verarbeiten. Andere Kinder haben (zumindest in den ersten Schuljahren) einen Platz im Hort oder in einer anderen, privat organisierten, Kinderbetreuungseinrichtung. Wieder andere Kinder sind sich am Nachmittag auf der Straße oder zu Hause (vor dem Fernseher) selbst überlassen. Einige Eltern haben die zeitlichen und finanziellen Ressourcen, damit ihre Kinder anspruchsvolle Freizeitangebote nutzen können, andere Kinder und Jugendliche müssen in ihrer Freizeit arbeiten, um zum Familienunterhalt beizutragen.

Dort, wo Schule mehr als Unterricht bietet, kann gelernt werden, mit sozialen Konflikten ohne Gewalt umzugehen. Als zeitlicher und örtlicher Rahmen ist mehr notwendig als die Zeit des Unterrichts, um Einfühlungsvermögen und Solidarität mit der Lebenssituation von Menschen anderer kultureller Herkunft lernen zu können.

Die Lebenssituation von Kindern und Jugendlichen mit Behinderung wird durch die Tatsache, dass die normale Schule in Deutschland überwiegend als unzuverlässige Halbtagsschule angeboten wird, in besonderem Maße erschwert:

– Die Eltern dieser Kinder stehen vor der Alternative: Zuverlässiges Ganztagsangebot in einer Sonderschule oder unzuverlässiges Halbtagsangebot in der Regelschule.
– Wenn die Kinder wegen ihrer Behinderung den Schulweg nicht alleine bewältigen können, führt jede Stundenplanänderung und jeder unvorhergesehene Unterrichtsausfall zu Organisationsproblemen, welche häufig nicht als Zuständigkeit der Schule betrachtet werden, sondern von der Familie des Kindes gelöst werden müssen.
– Schulen, die sich für die Nachmittags- und die Freizeitgestaltung aller Schülerinnen und Schüler nicht zuständig fühlen, können in der Regel nur in sehr eingeschränktem Maße Kinder mit Behinderung darin unterstützen, in der Freizeit mit nichtbehinderten Gleichaltrigen in Kontakt zu kommen. In den ersten Schuljahren können die Familien dieses Defizit zumeist mit zusätzlichem Engagement ausgleichen, indem Fahrdienste, Übernachtungsbesuche und gemeinsame Veranstaltungen von den Müttern (und selten den Vätern) organisiert werden. Wenn die Jugendlichen mehr und mehr selbst entscheiden, wie sie ihre Freizeit verbringen,

sind die gemeinsamen Freizeitaktivitäten von behinderten und nichtbehinderten Jugendlichen schwieriger zu realisieren.

In einer nichtaussondernden Regel-Ganztags-Schule können notwendige Therapien und erwünschte Freizeitkontakte für Kinder und Jugendliche mit Behinderung erheblich einfacher organisiert werden. Gegenwärtig ist es an den meisten Orten in Deutschland noch das Privileg von behinderten Kindern aus Mittelschicht- und Oberschichtfamilien, wenn sie eine Integrationsklasse besuchen können, denn: Im System der unzuverlässigen Halbtagsschule muss mindestens ein Familienmitglied auf Berufstätigkeit verzichten, um die strukturellen Mängel der aussondernden Regelschule auszugleichen. Alleinerziehende Mütter stehen dann vor der Alternative: Berufstätigkeit weiterführen bedeutet Notwendigkeit des Sonderschulbesuchs für das Kind oder: Integration des Kindes in die Regelschule muss mit dem Verzicht auf eigene Berufstätigkeit verbunden werden, was zumeist Abhängigkeit von Sozialhilfe für Mutter und Kind bedeutet.

5. Dreigliedrige Sekundarstufe

Hauptschule, Realschule und Gymnasium führen zu unterschiedlichen Schulabschlüssen, welche wiederum unterschiedliche Chancen für die Zugänge zu weiterführenden Berufsqualifikationen bieten. Dort, wo Gesamtschulen angeboten werden, werden sie zumeist auch von den Eltern der Jugendlichen mit Behinderungen gewählt. Die Eltern behinderter Kinder streben für die nichtbehinderten Geschwisterkinder zumeist den Schulzweig an, der den höchsten Abschluss ermöglicht. Dies führt zu folgender absurder Situation: Alle Eltern (auch die von Kindern mit Behinderung) akzeptieren (mehr oder weniger freiwillig) das aussondernde System der dreigliedrigen Sekundarstufe; für ihr Kind mit Behinderung wünschen sie sich dann andere Eltern, die ihr Kind mit Gymnasial- oder Realschulempfehlung an die Gesamtschule schicken.

6. Verschiedene Rahmenpläne

Im deutschen Schulsystem wird es als normal angesehen, dass für die jeweiligen Bundesländer jeweils drei verschiedene Rahmenpläne im Grundschulbereich und fünf verschiedene Rahmenpläne in der Sekundarstufe I festgeschrieben werden. (Rahmenpläne für die Grundschule und die Schule für Lernbehinderte sowie die Schule für Geistigbehinderte bzw. Rahmenpläne für die Haupt-, die Realschule und für das Gymnasium neben den Rahmenplänen der Sonderschulen). Diese Regelungen führen dann bei der gemeinsamen Erziehung von behinderten und nichtbehinderten Schülerinnen und Schülern zu der absurden Situation, dass vor Beginn des gemeinsamen Unterrichts festgelegt werden muss, nach welchem Rahmenplan der einzelne Schüler/die einzelne Schülerin unterrichtet werden soll.

Weshalb werden die Rahmenpläne nicht so allgemein formuliert, dass sie letztlich für alle Schülerinnen und Schüler gültig sein können und dann von den Unterrichtenden entsprechend den Lernbedürfnissen der konkreten Schülerinnen und Schüler modifiziert werden?

Meine Antwort auf diese Frage: Ideologischer Hintergrund der verschiedenen Rahmenpläne ist wieder (wie bereits bei der Diskussion um die vier- oder sechsjährige Grundschule angesprochen wurde) die pessimistische Annahme, dass nicht allen Schülerinnen und Schülern dasselbe angeboten werden könnte, weil nicht alle in der Lage seien, dasselbe zu lernen. Mit derartigen zentralen Vorgaben entmündigt man jedoch nicht nur die Kinder und Jugendlichen selbst, sondern auch die Lehrerinnen und Lehrer, die häufig im Zusammenhang mit integrativem Unterricht feststellen können, dass Kinder Ziele erreichen, die ihnen die Erwachsenen zuvor nicht zugetraut hatten.

Integrationsklassen in einer nichtaussondernden Schule sollten auf der Basis eines für alle Schülerinnen und Schüler einheitlichen Lehrplanes arbeiten, der dann jeweils für die Lernbedürfnisse der einzelnen Schülerinnen und Schüler von den Lehrerinnen und Lehrern modifiziert werden muss. Dies ist die bereits seit mehr als zwanzig Jahren festgelegte Normalität in den skandinavischen Ländern und in Italien. Eine solche Forderung in den deutschsprachigen Ländern aufzustellen, erscheint vielen Menschen als Utopie.

7. Ziffernzensuren – orientiert am Klassendurchschnitt

Dort, wo die Leistung von Kindern mit Ziffern bewertet und im Vergleich zur Lerngruppe festgelegt wird, orientieren sich die Schülerinnen und Schüler für die Bildung ihres Selbstwertgefühles an dieser Zensur. Die psychische Entlastung, nicht immer schlechte Zensuren zu bekommen, wird häufig als Begründung für die Überweisung an eine Sonderschule benannt. Es gibt keine Untersuchungen, die belegen könnten, dass leistungsschwache Schülerinnen und Schüler an Schulen für Lernbehinderte wirksamer gefördert werden könnten. Die in der subjektiven Wahrnehmung „bessere" Notengebung an Schulen für Lernbehinderte konnte als einziger positiver

Effekt für das Selbstwertgefühl der Schüler festgestellt werden (vgl. *Tent* 1991).

Bei diesen Untersuchungen wurde allerdings nicht beachtet, ob dieses gestiegene Selbstwertgefühl auch am Nachmittag, an den Wochenenden, in den Ferien wirksam ist. Können Schülerinnen und Schüler stolz sein auf eine gute Zensur, wenn sie selbst und alle Beteiligten wissen, dass diese mit den Zensuren der anderen Gleichaltrigen nicht vergleichbar sind, welche „normale" Schulen besuchen?

In einem aussondernden Schulsystem bleibt es den Kindern und Jugendlichen überlassen, wie sie lernen, mit ihren unterschiedlichen Leistungsfähigkeiten umzugehen. Allenfalls die Eltern oder die Erzieherinnen im Hort können versuchen, die Vergleiche unter den Kindern auf andere Dimensionen als die Zensuren zu lenken.

In einem nichtaussondernden Schulsystem ist es möglich, dass die Leistungen aller Schülerinnen und Schüler an ihrem individuellen Lernfortschritt und an ihren Anstrengungen und Fähigkeiten gemessen werden. Wenn andererseits in Integrationsklassen nur die Kinder mit amtlich festgestelltem sonderpädagogischem Förderbedarf verbale Beurteilungen erhalten und alle anderen mit Ziffernzensuren bewertet werden, ist es nicht verwunderlich, dass oft auch die Kinder mit Behinderung „richtige" Zensuren wünschen. Besonders in der Sekundarstufe sind damit Konflikte vorgezeichnet, die von den einzelnen Lehrerinnen und Lehrern kaum zu bewältigen sind (weiterführend siehe hierzu: *Schöler* 1998a).

8. Fehlende Freizeitangebote und private Hausaufgabenbetreuung

Aufgrund der Tatsache, dass die staatliche Regelschule sich nur ausnahmsweise für die Nachmittagsbetreuung zuständig fühlt, andererseits aber die privat organisierte „Zuarbeit" in Form von Hausaufgaben erwartet, sind alle die Kinder von vorn herein benachteiligt, deren Eltern diese Unterstützungsfunktion nicht leisten können. Selbst die Mütter, die wegen der Behinderung eines Kindes auf eigene Berufstätigkeit verzichten, können zumeist die notwendigen organisatorischen und inhaltlichen Aufgaben nicht übernehmen, welche notwendig wären, um ihrem Sohn oder ihrer Tochter Freizeitkontakte zu ermöglichen, die mit denen der nichtbehinderten Kinder vergleichbar wären.

Selbst dann, wenn die Mütter dies mit großem Aufwand versuchen, ergibt sich aus derartigen Konstellationen ein weiteres Problem, nämlich das der größeren Abhängigkeit des einzelnen Kindes von seiner Mutter und der größeren Schwierigkeit, sich als Jugendliche/Jugendlicher von ihr zu lösen. Oder: Die Mutter überfordert sich permanent, gibt eventuell früher oder später auf zu kämpfen und nimmt (gelegentlich zum Erstaunen der Fachleute) dann doch die Betreuungsangebote von Sonderinstitutionen für ihr Kind in Anspruch. So entschied sich z. B. die Mutter von Falk nach fünf Jahren insgesamt positiver Entwicklung in einer Integrationsklasse, ihren Sohn in eine Schule für Geistigbehinderte umzumelden. Falk, seine Familie und den Kindergarten bzw. die Schule habe ich sieben Jahre lang begleitet und über seine bisherige integrative Entwicklung ausführlich berichtet (vgl. *Schöler* 1997c, S. 271–289). Die Grenzen, welche die Eltern letztlich bewogen, den Integrationsweg zu verlassen, sind eindeutig mit den fehlenden familienentlastenden Diensten und spärlichen Nachmittagsangeboten für Kinder mit Behinderungen zu erklären.

9. Lehrerinnen als Einzelkämpferinnen in der Klasse

Für Lehrerinnen und Lehrer ist es in Deutschland ungewöhnlich und immer noch die Ausnahmesituation, nicht allein vor der Klasse zu stehen. Die berufliche Sozialisation bereitet auf den Status als Einzelkämpferin vor.

Mit der gemeinsamen Erziehung von behinderten und nichtbehinderten Kindern und Jugendlichen ergibt sich zunehmend mehr die Notwendigkeit und die Chance, dass auch Lehrerinnen und Lehrer ihre berufliche Alltagssituation nicht mehr in der Vereinzelung bewältigen müssen. Jedoch selbst dort, wo zusätzliche Stunden für Sonderpädagoginnen oder Schulhelfer zur Verfügung stehen, weichen Lehrerinnen und Lehrer häufig dieser neuen Herausforderung aus: Statt diesen zweiten Erwachsenen als Bereicherung für die eigene Lehrtätigkeit und für eine abwechslungsreichere Gestaltung des Unterrichts in der Klasse und mit allen Kindern zu nutzen, werden oft subtile Formen der Aussonderung praktiziert. An die Stelle der Sonderschule tritt die Sonderbank oder der Gruppenraum. Das einzelne Kind oder die Kleingruppe, welche als „Behinderte" gekennzeichnet ist, muss dann mit dem zweiten Erwachsenen den Klassenraum verlassen, wird separat gefördert, während die Klassenlehrerin oder der Fachlehrer mit der restlichen Klassengruppe den Unterricht durchführt. Es fällt Lehrerinnen und Lehrern in den deutschsprachigen Ländern immer noch sehr schwer, sich als Erwachsene und auch als gemeinsam Lernende zu begreifen und sich gegenseitig in der Unterschiedlichkeit ihrer Personen zu respektieren. (Als Weiterführung zu diesem Aspekt verweise ich auf *Schöler* 1997b.)

Wie in einem Brennglas werden die Probleme der allgemeinbildenden Schule in dem Augenblick deutlich, wo ein Kind wegen der Notwendigkeit einer besonderen Begleitung oder Förderung nicht alleine in der Lage ist, die strukturellen Mängel des aussondernden Schulsystems auszugleichen. Wenn auch die zusätzliche Unterstützung der Familie nicht ausreicht, um die Mängel des Schulsystems nachhaltig zu mildern, wird das Kind zum „Mangelwesen", d. h. zum (lern-)behinderten Kind erklärt.

Die gemeinsame Erziehung von Kindern unterschiedlichster Lern- und Leistungsmöglichkeiten wird erst dann zu einer pädagogisch zu lösenden Aufgabe, wenn es die gesellschaftlich akzeptierte Funktion von Schule ist, alle Kinder gemeinsam entsprechend ihren individuellen Lernvoraussetzungen für die Dauer der Pflichtschulzeit optimal zu fördern. Gegenwärtig erscheint die Integration eines Kindes mit einer Behinderung in den deutschsprachigen Ländern als die Ausnahmesituation in einem selektiven Schulsystem. Der Paradigmenwechsel ist notwendig: Gemeinsames Lernen muss die allumfassende Normalität werden und (zeitlich befristete) Aussonderung die Ausnahme, welche in besonderem Maße begründet und deren absolute Notwendigkeit juristisch überprüfbar nachzuweisen ist.

Literatur

Baumert, Jürgen/Lehmann, Rainer u. a.: TIMSS - Mathematisch-naturwissenschaftlicher Unterricht im internationalen Vergleich. Opladen: Leske und Budrich, 1997

Evers, Carl-Heinz: Geschichtslose Schulpolitik. Anmerkungen zu einer Bonn-Berliner Grundschuldebatte. In: Berliner Lehrerzeitung. Zeitschrift für die Mitglieder der GEW-Berlin 52 (1998) 9, S.12f.

Jülich, Martina: Schulische Integration in den USA. Bisherige Erfahrungen bei der Umsetzung des Bundesgesetzes "Public Law 94-142" - dargestellt anhand einer Analyse der "Annual Reports to Congress". Bad Heilbrunn: Klinkhardt, 1996

Klafki, Wolfgang: Restaurative Schulpolitik 1945 - 1950 in Westdeutschland. Das Beispiel Bayern. In: *Oppolzer, Siegfried/ Lassahn, Rudolf*: Erziehungswissenschaft 1971 zwischen Herkunft und Zukunft der Gesellschaft. Wuppertal: Henn, 1971

Preuss-Lausitz, Ulf/ Maikowski, Rainer (Hrsg.): Integrationspädagogik in der Sekundarstufe. Gemeinsame Erziehung behinderter und nichtbehinderter Jugendlicher. Konzepte - Erfahrungen - Probleme. Weinheim u. Basel: Beltz, 1998

Schöler, Jutta: Gemeinsame Erziehung und gemeinsamer Unterricht in anderen Ländern. In: *Heyer, Peter* u.a. (Hrsg.): Zehn Jahre wohnortnahe Integration. Behinderte und nichtbehinderte Kinder gemeinsam an ihrer Grundschule. Frankfurt a.M.: Arbeitskreis Grundschule 1993a, S. 21-29

Schöler, Jutta: Integrative Schule – Integrativer Unterricht. Reinbek b. Hamburg: Rowohlt, 1993b

Schöler, Jutta: Jana und Klaus gehen allein nach der Schule nach Haus. In: Hörgeschädigte Kinder, (1995a) 3, S. 25 - 35

Schöler, Jutta: Gewaltprävention durch integrative Erziehung. In: Gemeinsam Leben, 3 (1995b), S. 132 - 138

Schöler, Jutta: Die schulische Integration von behinderten Kindern in Dänemark und Italien. In: Recht der Jugend und des Bildungswesens. 44 (1996a) 2, S. 207 - 216

Schöler, Jutta (Hrsg.): "Italienische Verhältnisse" Teil II. Menschen mit Behinderungen auf dem Weg von der Schule in die Arbeitswelt. Berlin: Guhl, 1996b

Schöler, Jutta: Integrative Förderung bei Kindern und Jugendlichen mit besonderen Bedürfnissen – ein Beitrag zu einem Bildungssystem ohne Selektion. In: Die neue Sonderschule, 42 (1997a), S. 225 - 233

Schöler, Jutta: Leitfaden zur Kooperation von Lehrerinnen und Lehrern - nicht nur in Integrationsklassen. Heinsberg: Dieck, 1997b

Schöler, Jutta: Die unterschiedliche Entwicklung einzelner Kinder. In: *Heyer, Peter/ Preuss-Lausitz, Ulf/ Schöler, Jutta* (Hrsg.): „Behinderte sind doch Kinder wie wir!" Gemeinsame Erziehung in einem neuen Bundesland. Berlin: Wissenschaft&Technik-Verlag, 1997c, S. 271- 323

Schöler, Jutta: Flexibler Umgang mit Zensuren – eine notwendige Voraussetzung für Integration in der Sekundarstufe I. In: *Preuss-Lausitz, Ulf/ Maikowski, Rainer* (Hrsg.): Integrationspädagogik in der Sekundarstufe. Zur gemeinsamen Erziehung behinderter und nichtbehinderter Jugendlicher. Konzepte – Erfahrungen – Probleme. Weinheim u. Basel: Beltz, 1998a, S. 81-112

Schöler, Jutta (Hrsg.): Normalität für Kinder mit Behinderungen: Integration. Texte und Wirkungen von Ludwig-Otto Roser. Neuwied, Kriftel, Berlin: Luchterhand, 1998b

Die Schülerschule. Brief an eine Lehrerin. Berlin: Wagenbach, 1970. (Erstveröffentlichung: Lettera a una Professoressa. Florenz 1967) ohne Autor (Don Milani-Comparetti leitete seine Schüler zu diesem Buch an.)

Tent, Lothar u. a.: Ist die Schule für Lernbehinderte überholt? In: Heilpädagogische Forschung. 17 (1991), S. 3-13

Hans Wocken

Ambulanzlehrerzentren – Unterstützungssysteme für integrative Förderung[1]

1. Einleitung

Das Förderzentrum ist zu einem Brennpunkt bildungspolitischer Reformen im Bereich der pädagogischen Förderung behinderter Kinder und Jugendlicher geworden. Obwohl in aller Munde, kann dennoch niemand verbindlich sagen, was denn ein Förderzentrum ist oder sein sollte. Während der Begriff in der Fachdiskussion noch diffus bis kontrovers gehandelt wird, hat er gleichwohl mittlerweile den Marsch durch die Institutionen angetreten und sich ungeachtet seiner Unbestimmtheit und Unklarheit sogar bis in etliche Landesgesetze vorgearbeitet. Ein höchst überraschender Vorgang: Der gewöhnliche Lauf der Dinge wäre eher, dass ein Sachverhalt, bevor er denn als Gesetzestext verhaltensregulierende Kraft annimmt, doch vorab hinlänglich und einvernehmlich geklärt ist. Die wissenschaftlichen Bemühungen um eine konsensuale Begriffklärung hinken also den legislativen Vorgaben hinterher, sie sind nichtsdestoweniger dringlicher denn je (*Sander* 1992; *Sander* 1995). Die folgenden Überlegungen gelten dieser Anstrengung des Begriffs und versuchen, die halbwegs freischwebende und unausgefüllte Worthülse Förderzentrum mittels kategorialer Bestimmungsmerkmale auf den Begriff zu bringen.

2. Vorläufer und Prototypen von Förderzentren

Wann zum erstenmal das Wort Förderzentrum das Licht der Welt erblickte, muss genaueren historischen Recherchen vorbehalten bleiben. Die Sache ist jedenfalls älter als der Begriff. Als prototypische historische Vorläufer kann man das Konzept der Behinderungsspezifischen Hilfe der Bildungskommission, die Pädagogische Station in Essen-Vogelheim und die Schule für Sehgeschädigte in Schleswig benennen. Bei dieser Aufzählung fällt auf, dass von

---

[1] Überarbeitete und ergänzte Fassung des Aufsatzes „Merkmale und Profile von Förderzentren". In: Die Sonderschule 43 (1998), S. 41-50

den ausgewählten drei Vorgängern niemand den Namen Förderzentrum im Schilde führte. Doch gehen wir die Ahnengeschichte von Förderzentren einmal der Reihe nach durch.

- *Deutscher Bildungsrat: Behinderungsspezifische Hilfe*

Die Bildungskommission des *Deutschen Bildungsrates* strebte in den Empfehlungen „Zur pädagogischen Förderung behinderter und von Behinderung bedrohter Kinder und Jugendlicher" „eine weitmögliche gemeinsame Unterrichtung von Behinderten und Nichtbehinderten" (1973, S. 15) an. Zu diesem Zweck schlug die Bildungskommission die Einrichtung von „Kooperativen Schulzentren" vor, in denen Schulen für Behinderte und Allgemeine Schule zu einem flexiblen Förderverbund vernetzt sind.

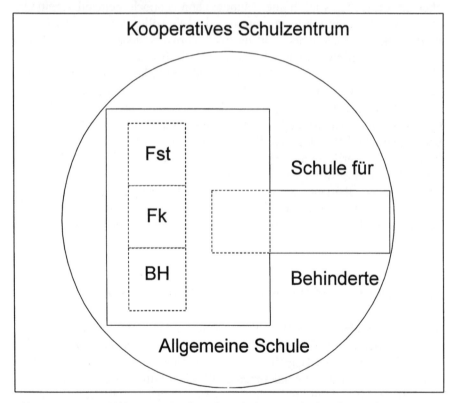

Abb. 1: Deutscher Bildungsrat: Sonderpädagogische Organisationsformen im Kooperativen Schulzentrum (Fst=Förderstunden; Fk=Förderkurse; BH=Behinderungsspezifische Hilfe)

Ein Kernstück des Kooperativen Schulzentrums, das hier nur in relevanten Auszügen vorgestellt werden soll, ist die Organisationsform „Behinderungsspezifische Hilfe". Die Vorstellungen der Bildungskommission sind recht anschaulich und konkret und sollen deshalb mit ihren eigenen Worten wiedergegeben werden:

„Für Schüler, die trotz drohender oder bereits gegebener Behinderung ... gemeinsam mit nichtbehinderten Schülern unterrichtet werden, ist eine behinderungsspezifische Hilfe und -therapie zusätzlich zum allgemeinen Unterricht vorzusehen. So wird zum Beispiel für schwerhörige Kinder ein Artikulationstraining, für körperbehinderte Kinder eine spezifische Bewegungstherapie, für sprachbehinderte Kinder die notwendige Sprachtherapie und für verhaltensgestörte Kinder zuätzlich Verhaltenstherapie gewährleistet.
Diese zusätzlichen und ergänzenden Fördermaßnahmen werden durch Sonderpädagogen der betreffenden Fachrichtungen oder Therapeuten in Einzel- oder Gruppentherapie durchgeführt. ... Das Kollegium der Behindertenschule stellt einen oder mehrere Sonderpädagogen für die behinderungsspezifische Hilfe in der allgemeinen Schule frei" (S. 89).
„Ambulant lassen sich vor allem sprachauffällige und verhaltensauffällige Kinder, aber auch Kinder anderer Behinderungsarten betreuen. Die Sonderpädagogen der jeweiligen Schule für Behinderte in einem Schulbezirk übernehmen die ambulante behinderungsspezifische Hilfe und -therapie für die behinderten und von Behinderung bedrohten Kinder." (S. 90).

Neben der behinderungsspezifischen Hilfe sind als weitere Organisationsformen des Kooperativen Schulzentrums die Förderstunden und Förderkurse für Schüler mit Lern-, Sprach- und Verhaltensproblemen zu nennen.

„Der Förderunterricht in den Förderkursen wird vornehmlich von Sonderpädagogen erteilt, die für Lernbehinderte spezialisiert sind, aber auch von Sonderpädagogen mit den Fachrichtungen Verhaltensgestörten- und Sprachbehindertenpädagogik. Sie können zum einen mit ihrer vollen Wochenstundenzahl im Förderunterrricht eingesetzt werden. Zum anderen ist eine Aufteilung ihrer Wochenstundenzahl für Förderunterricht und allgemeinen Unterricht möglich." (S. 85).

Das Teamteaching von Klassenlehrern und Sonderpädagogen wird von der Bildungskommission nicht als eigenständige Organisationsform genannt und in seiner Bedeutung eher unterschätzt, aber immerhin passager erwähnt:

„Stärker als es bisher üblich war, verlangt die integrative Tendenz dieser Empfehlung, daß mitunter zwei Lehrer im Unterricht einer Klasse präsent sind." (S. 86).

Eine zusammenfassende Charakterisierung der sonderpädagogischen Organisationsformen im Kooperativen Schulzentrum wird vorerst zurückgestellt; sie bleibt der abschließenden Profilanalyse vorbehalten.

- *Die Pädagogische Station Essen-Vogelheim*

Das Schicksal der Empfehlungen ist bekannt (*Muth* 1984). Das Kooperative Schulzentrum wurde nirgendwo realisiert und existiert bis auf den heutigen Tag nur auf dem Papier. Im Zusammenhang mit den Empfehlungen entstanden Ende der 70er Jahre eine Reihe von Schulversuchen, die Fördermaßnahmen zur „Prävention" von Schulversagen im Rahmen einer „differenzierten" Grundschule (*Hinz* 1993, S. 24ff.) erprobten. Exemplarisch soll hier der Schulversuch Essen-Vogelheim dargestellt werden. Der Schulversuch trug den offiziellen Titel: „Pädagogische Stationen in der Grundschule"; erst späterhin fand der Begriff Förderzentrum Verwendung. Die Pädagogische Station Essen-Vogelheim mag sich in unverfälschter Weise mit eigenen Worten präsentieren:

„Das Vogelheimer Modell ist einmalig im Bundesgebiet. Orientiert an der aus Schweden stammenden Schulklinikidee wurde einer regulären Grundschule ein sogenanntes 'Förderzentrum' angegliedert, welches Kinder parallel zu ihrem Klassenunterricht für einige Stunden in der Woche besuchten. In diesem speziellen Förderunterricht, gewissermaßen innerhalb einer ambulanten 'pädagogischen Station' in den Mauern der Grundschule, sollten zum einen durch gezielte Maßnahmen im Bereich Mathematik und Sprache Lernschwächen ausgeglichen werden, zum anderen sollten durch spieltherapeutische Verfahren Verhaltensauffälligkeiten abgebaut werden. Flankierende Maßnahmen waren Elternarbeit, Zusammenarbeit mit den sozialen Diensten im Stadtteil, und die Durchführung von Projekten im Rahmen der ganzen Schule. Das Förderzentrum setzte sich aus zwei Förderlehrerinnen zusammen, die sich um den Leistungsbereich kümmerten und einer Sozialpädagogin und einer Schulpsychologin, die für den therapeutischen und sozialpädagogischen Bereich zuständig waren." (1981, S. 241).

Das Essener Förderzentrum ist „die einfache Konstruktion eines strukturellen Annex an die bestehende Grundschule, der in die herkömmliche Schulorganisation kaum verändernd eingreift und im Grunde ohne großen organisatorischen und personellen Aufwand an jede Schule und jeden Schultyp angegliedert werden kann" (*Springer* 1982, S. 277f.). Die Autorin charakterisiert das Vogelheimer Modell bezeichnerweise auch als „Ankoppelung einer Mini-Sonderschule" (1981, S. 244).

Die Einrichtung einer Mini-Sonderschule in den Mauern einer Grundschule wurde von den beteiligten Lehrerinnen und Lehrer und von der Wissenschaftlichen Begleitung negativ bewertet (*Springer* 1981; *Springer* 1992). Der Essener Versuch vermittelt die bewahrenswürdige Erkenntnis, dass eine integrationsförderliche Unterstützung behinderter Kinder nicht durch eine additive, externe, separierte Organisationsform erfolgen kann. Der Schulversuch wurde hier eben nicht wegen seines vorbildlichen Modellcharakters angeführt, sondern weil er sich selbst als Förderzentrum verstanden und definiert hat. Merke: Nicht alles, was sich Förderzentrum nennt, ist schon per se eine fortschrittliche sonderpädagogische Reform!

- *Die Schule für Sehgeschädigte in Schleswig*

Bis zum Jahre 1983 besuchten die sehgeschädigten Schüler Schleswig-Holsteins die Schule für Blinde und Sehbehinderte in Hamburg. Der Schulbesuch war für jene Schüler, die im Umland Hamburgs wohnten, mit täglich längeren Fahrzeiten, für die anderen mit einem Aufenthalt in dem Internat verbunden. Ein erheblicher Anteil sehbehinderter Schüler in Schleswig-Holstein besuchte freilich eine Schule am jeweiligen Wohnort, allerdings ohne jegliche sonderpädagogische Hilfe. Damit war eine doppelte Problemlage gegeben: Mangel an sehgeschädigtenspezifischer Unterstützung im allgemeinen und fehlende Wohnortnähe im besonderen. Mit der Zielsetzung einer wohnortnahen, mobilen sonderpädagogischen Unterstützung wurde 1983 die „Schule für Sehbehinderte" in Schleswig eingerichtet. Die Arbeitsweise dieser „Schule" soll auch hier aus der Selbstbeschreibung eines Mitarbeiters deutlich werden:

„Die Staatliche Schule für Sehgeschädigte, Zentrum für Beratung und Frühförderung, ist ein überregionales Förderzentrum, das nunmehr seit dreizehn Jahren in ganz Schleswig-Holstein Kinder, Jugendliche und junge Erwachsene mit Sehschädigung durch mobile Beratung am Wohnort unterstützt. Unsere Einrichtung ist häufig als 'Schule ohne Schüler' durchaus zutreffend beschrieben worden.
Tatsächlich suchen wir Mitarbeiter des Förderzentrums die betroffenen Menschen in ihrem angestammten Umfeld, in den Familien, Kindergärten, allgemeinbildenden, Sonder- und Berufsschulen sowie an den Arbeitsplätzen auf, um vor Ort durch Beratung und Unterstützung mitzuarbeiten, daß Menschen mit Sehschädigungen ihren individuellen Bedingungen und Neigungen gemäß so normal wie möglich leben und lernen können. Zu uns nach Schleswig kommen die Betroffenen nur bei speziellem Beratungsbedarf und zu Kursen, die wir in regelmäßigen Abständen anbieten" (*Adrian* 1996, S. 30).

1995 gehörten der Schule für Sehgeschädigte 41 Sonderschullehrer und 13 weitere Fachkräfte (Orthoptistinnen, Orientierungs- und Mobilitätslehrer, Rehabilitationskräfte; Erzieherinnen u. a.) an. Diese 54 Personen mit unterschiedlicher beruflicher Qualifikation waren für die sonderpädagogische Versorgung von 476 sehgeschädigten Menschen (davon 111 mit Blindheit) in den Arbeitsbereichen Früh- und Elementarerziehung, allgemeinbildende Schulen, Sonderschulen und Berufsbildende Schulen im ganz Schleswig-Holstein als „mobiler Dienst" zuständig (*Appelhans und Kollegium* 1993; *Adrian* 1996).

3. Merkmale von Förderzentren

Die Behinderungsspezifische Hilfe im Kooperativen Schulzentrum, die Mini-Sonderschule in Essen-Vogelheim und die Schule für Sehgeschädigte in Schleswig - sie sind je auf ihre Art einzigartige und nahezu unvergleichbare Exemplare für „Förderzentren". Schon die wenigen ausgewählten Beispiele verdeutlichen die beträchtliche Spannweite und Vielfalt von Realitäten, die nur mühsam durch den gemeinsamen Obergriff Förderzentrum zusammengehalten werden. Kein Förderzentrum gleicht auch nur in seinen grundlegenden Zügen einem anderen Förderzentrum. Manche Einrichtungen sind Förderzentren, obwohl sie sich selbst nicht so nennen; und manche Förderzentren sind, obwohl sie explizit diesen Namen tragen, gar keine Förderzentren, sondern nichts weiter als umgetaufte Sonderschulen. Angesichts dieser Sachlage tut Orientierung not, was notwendige und hinreichende Bestimmungsmerkmale von Förderzentren sind und welche Kategorien zu einer möglichst präzisen Beschreibung der Aufgaben und Ziele, der Organisation und Struktur hilfreich sind.

Für die Beschreibung von Förderzentren sind die folgenden Merkmalsdimensionen wesentlich:
1. Fachbezug: disziplinspezifisch - disziplinübergreifend
2. Altersbezug: stufenbezogen - stufenübergreifend
3. Einzugsgebiet: lokal - regional - überregional
4. Klientelbezug: indirekt - direkt
5. Betreuungsort: ambulant - stationär
6. Klientelrekrutierung: aufspürend - aufnehmend
7. Förderauftrag: zielgleich - zieldifferent

- *Fachbezug: disziplinspezifisch - disziplinübergreifend*

Förderzentren unterscheiden sich zunächst einmal in ihrem Förderauftrag und Fachbezug, also darin, für welche Förderaufgaben und Förderschwerpunkte bzw. für welche Personen mit speziellen Förderbedürfnissen sie kompetent und zuständig sind. In einer früheren Arbeit (*Wocken* 1990) wurde für diese Merkmalsdimension das Begriffspaar monoprofessionell-multiprofessionell gewählt:

„Monoprofessionelle Förderzentren bieten ausschließlich für eine bestimmte Behinderungsart fachrichtungsspezifische Hilfen an. ... Multiprofessionelle Förderzentren vereinigen sonderpädagogische Kompetenzen und Ressourcen für alle Behinderungsarten" (*Wocken* 1990, S. 50).

Diese Begriffswahl ist nicht zufriedenstellend und korrekturbedürftig. In der Schule für Sehgeschädigte in Schleswig, einem monoprofessionellen Förderzentrum, sind, wie ausgeführt, neben den Sonderschullehrern der einschlägigen Fachrichtungen eine Reihe weiterer Fachleute tätig, das Kollegium besteht aus einem „sehgeschädigtenspezifischen, aber multiprofessionell zusammengesetzten Team" (*Adrian* 1996, S. 33).

Es ist daher angeraten, das alte Begriffspaar durch passendere Begriffe zu ersetzen. Das Begriffspaar „disziplinspezifisch versus disziplinübergreifend" bezeichnet den Sachverhalt der Konzentration auf einen bzw. mehrere Förderschwerpunkte recht treffend und wird als künftiger Terminus vorgeschlagen. Alternativ könnte man auch von „unidisziplinär" und „multidisziplinär" sprechen.

- *Altersbezug: stufenbezogen - stufenübergreifend*

Ein weiteres Unterscheidungsmerkmal von Förderzentren ist der Altersbezug. Hinsichtlich des Altersbezugs lassen sich stufenbezogene und stufenübergreifende Förderzentren unterscheiden. Förderzentren können ihre Arbeit schwerpunktmäßig auf das Kindes-, Schul-, Jugend- oder Erwachsenenalter ausrichten oder mehrere Altersstufen umgreifen. Durch die Bestimmung der Alters- und Lebensstufe wird zugleich auch das Klientel von Förderzentren eingegrenzt und präzisiert.

In der überwiegenden Mehrzahl werden Förderzentren als schulbezogene Einrichtungen konzipiert. Schulbezogene Förderzentren können wiederum die Betreuung behinderter Schüler in allen Schulstufen, Schularten und -formen übernehmen oder sich auf ausgewählte Stufen konzentrieren. Die „Schule" für Sehgeschädigte in Schleswig verfolgt ein alters- und schulstufenübergreifendes Konzept; sie leistet integrationsunterstützende Maßnahmen von der Früherziehung bis hin zur Berufsvorbereitung. Als eine Begründung wird hierfür angeführt, dass gerade bei den Übergängen, nämlich vom Elementarbereich in die Grundschule, von der Grundschule in die Sekundarstufe, von der Schule in die Berufsausbildung und Erwerbsarbeit eine besonders intensive Unterstützung erforderlich sei. Ein stufenbezogenes Förderzentrum wäre an den krisenhaften Gabelpunkten menschlicher Entwicklung noch nicht oder nicht mehr zuständig und damit konzeptionell verfehlt (*Adrian* 1996).

- *Einzugsgebiet: lokal - regional - überregional*

Mit dieser Beschreibungskategorie wird erfasst, wie groß das Einzugsgebiet ist, für das ein Förderzentrum sonderpädagogische Kompetenzen und Ressourcen vorhält. Sofern etwa eine Grundschule Sonderpädagogen im eigenem Hause hat, könnte man von einem lokalen Förderzentrum sprechen; in diesem Fall, etwa bei den Integrativen Regelklassen in Hamburg, sind die Einzugsgebiete von Grundschule und lokalem Förderzentrum deckungsgleich; die hauseigenen Sonderpädagogen kümmern sich um alle Kinder mit Lern-, Sprach- und Verhaltensproblemen dieser einen Grundschule und dieses Einzugsgebiets, und auch nur um diese und keine weiteren. Von einem regionalen Förderzentrum könnte man dann sprechen, wenn ein Förderzentrum schulübergreifend tätig ist und mehrere Einrichtungen in einem Bezirk versorgt. Die Schleswiger Schule für Sehgeschädigte schließlich ist ein überregionales Förderzentrum mit der Zuständigkeit für ein ganzes Land. Die Übergänge vom lokalen bis hin zum überregionalen Förderzentrum sind nicht genau lokalisierbar, sondern fließend.

So sehr man sich auch eine möglichst wohnortnahe Einrichtung wünschen mag, so wenig kann zwischen lokalen, regionalen und überregionalen Förderzentren frei nach Belieben gewählt werden. Der konzeptionelle Gestaltungsspielraum wird durch einen gesetzeshaften Bedingungszusammenhang eingeengt: Das mögliche Maß der Dezentralisierung von Förderzentren ist eine Funktion der Häufigkeit von Förderbedarfen in einer Region. Die Häufigkeit besonderer Förderbedarfe ist dabei eine kombinierte Größe aus den Variablen „prozentuale Behinderungsquote" (Prävalenzrate) und „regionale Bevölkerungsdichte". Je geringer die Prävalenz von Behinderungen und je dünner eine Region besiedelt ist, desto größer muss auch das Einzugsgebiet von Förderzentren bemessen werden (vgl. *Wocken* 1990).

- *Klientelbezug: indirekt - direkt*

Das Kernstück der Lehrertätigkeit ist der Unterricht. Im Unterricht haben Lehrer unmittelbaren Umgang und direkten Kontakt mit den Schülern. Zur Arbeitszeit von Lehrern gehören über den Unterricht hinaus aber weitere Tätigkeiten, bei denen der Lehrer keinen unmittelbaren und direkten Umgang mit den Schülern hat, sondern nur mittelbar, indirekt für sie arbeitet: Konferenzen, Elternarbeit, Fortbildung, Unterrichtsvorbereitung und anderes mehr.

Vergleichbar kann die Tätigkeit von Sonderpädagogen an Förderzentren grob in zwei Arbeitsbereiche geteilt werden:
1. *Unterrichtsarbeit*
(Unterrichtsarbeit meint pädagogische Arbeit *mit* behinderten Kindern: Mitarbeit im Unterricht, spezielle Förder- und Therapiemaßnahmen, Spielgruppen usw.)
2. *Beratungsarbeit*
(Beratungsarbeit meint pädagogische Arbeit *für* behinderte Kinder: Elternberatung, Mediendienst, Entwicklung von Förderplänen, Koordination sozialer Dienste usw.).

Die Einteilung der Arbeitsbereiche ist nicht trennscharf. Zwischen Unterrichtsarbeit und Beratungsarbeit gibt es Mischformen und fließende Übergänge.

Sonderpädagogische Förderzentren unterscheiden sich zum Teil erheblich in der Art und Weise, ob die professionellen Mitarbeiter in unmittelbarem Kontakt mit der Klientel stehen oder ob sie ihren Tätigkeitsschwerpunkt mehr oder minder auf Beratungsarbeit verlagert haben. In einschlägigen Sammelwerken zum Thema Förderzentrum (*Gers* 1992; *Mohr* 1993; *Schmidt* und *Wachtel* 1996) präsentieren sich auch „Beratungszentren", die mit Kindern selbst kaum noch Umgang haben und sich ganz und gar auf Fortbildung, Öffentlichkeitsarbeit, Innovationsbegleitung und Dokumentation konzentrieren.

Zu welchen Anteilen sonderpädagogische Förderzentren indirekte und direkte Arbeit leisten bzw. Förderung und Beratung anbieten sollten, ist eine offene Frage, die angesichts der jungen Entwicklungsgeschichte dieser Organisationsform noch keine definitive Antwort erlaubt. Vielfältige Beobachtungen von Förderzentren lassen indes einige Feststellungen zu, die eine gesetzmäßige Gültigkeit beanspruchen können: Je geringer der zeitliche Anteil ist, der sonderpädagogischen Unterstützungssystemen für ihre Arbeit zusteht,
1. desto stärker setzt sich eine Orientierung an präventiver, zielgleicher Förderung durch (siehe Punkt „Förderauftrag") und
2. desto größer ist der Anteil indirekter, beratender Tätigkeit zu Lasten der unmittelbaren Förder- und Unterrichtsarbeit. (In extremen Fällen, so die Erfahrungen, beschränken sich die sonderpädagogischen Interventionen auf Diagnose von Schülern und Übermittlung der diagnostischen Befunde an Eltern und Lehrer.)

In der Entwicklung der ambulanten sonderpädagogischen Unterstützungssysteme wird sorgsamst darauf zu achten sein, dass eine problemangemessene Balance von direkter und indirekter Arbeit, von Förderung und Beratung gewahrt bleibt. Es wäre fatal, wenn ambulante Sonderpädagogik sich aus der unmittelbaren Arbeit mit ihrer Klientel zurückzieht und sich auf diagnostische Dienste reduziert.

- *Betreuungsort: ambulant - stationär*

Dieses Bestimmungsmerkmal von Förderzentrum besitzt vermutlich die größte Differenzierungskraft und ist zugleich in der gegenwärtigen Diskussion am meisten umstritten. Hier geht es um die Frage, ob Förderzentren sich als stationäre Einrichtungen verstehen, die ähnlich wie Sonderschulen konstante Lerngruppen als festen Bestandteil führen, oder ob Förderzentren überwiegend mobile Dienste exportieren und der Tendenz nach „Schulen ohne Schüler" sind (*Otte* 1996).

Die Gretchenfrage ist das Wo: Wo findet die sonderpädagogische Unterstützung statt: Vor Ort oder in der Station, am Ort des Bedarfs oder am Ort des Angebots, dezentral oder zentral? Kommt die Sonderpädagogik dahin, wo die Kinder zuhause sind, oder gehen die Kinder dahin, wo die Sonderpädagogik zuhause ist?

Das Begriffspaar ambulant-stationär stammt aus dem Wörterbuch der Medizin. So wird etwa eine ambulante und eine stationäre Geburtshilfe unterschieden. Die medizinischen Begriffe verweisen allerdings nicht nur auf den Ort der Versorgung; in ihnen schwingt zugleich mit, dass eine ambulante Betreuung bei weniger schwerwiegenden Problemen erfolgt und weniger umfänglich und intensiv ist. Derartige Bedeutungsbeimengungen werden hier im sonderpädagogischen Kontext ausdrücklich ausgeschlossen.

Vielfach können Förderzentren sowohl ambulante Dienste wie auch stationäre Förderangebote bereitstellen. Bei der Beschreibung und Beurteilung von Förderzentren wird es daher darauf ankommen, welches Mischungsverhältnis von ambulanten und stationären Anteilen derzeit real gegeben ist und für die weitere Zukunft konzeptionell angestrebt wird.

- *Klientelrekrutierung: aufspürend - aufnehmend*

Bei dieser Merkmalsdimension geht es um die Frage, wie Förderzentren und ihre Klientel überhaupt miteinander in Kontakt kommen und zueinander finden. Zweierlei Alternativen können unterschieden werden: Im ersten Fall verhalten sich die Förderzentren mehr oder minder passiv; sie warten ab und lassen die Dinge auf sich zukommen. Das Klientel kommt aus freien Stücken auf das Förderzentrum zu oder wird von ratsuchenden Personen oder Institutionen, etwa den Eltern oder einer Schule, vorgestellt und angemeldet. Man könnte von einem Anmelde- oder Abrufmodell sprechen. Im anderen Fall wird das Förderzentrum aktiv; es wird aufspürend tätig und sucht in relevanten Einrichtungen und Lebensfeldern, ob sich dort Kinder befinden, die einer besonderen Förderung bedürfen. Beispiele sind etwa der Sozialarbeiter, der zu drogenabhängigen Kids am Hauptbahnhof Kontakt aufnimmt, der Schulhelfer, der den Schulschwänzern nachgeht und sie zur Schule bringt, oder eine Reihenuntersuchung, bei der alle Kinder mit Lern- und Sprachproblemen identifiziert werden sollen.

Auch ohne ausgreifende Erläuterungen wird deutlich, dass es sich bei der Rekrutierungsdimension um eine hochinteressante und brisante Frage handelt. Dabei ist keineswegs von vorneherein ausgemacht, welcher Rekrutierungsmodus als positiv oder negativ einzustufen ist. Jeder Auswahlmodus hat je spezifische Vorzüge und Nachteile. Wahrscheinlich ist ferner, dass für besondere Problemlagen und Problemgruppen jeweils auch ein adressatenspezifischer Rekrutierungsmodus ausgewählt werden muss und es nicht die optimale Lösung für alle Fälle gibt.

- *Förderauftrag: zielgleich - zieldifferent*

Das Begriffspaar zielgleich - zieldifferent ist ein zentrales Bestimmungsmerkmal integrativer Pädagogik. Es ist ein Kriterium, an dem sich die Geister scheiden und das die Grenze zwischen Prävention und Integration markiert. Sofern ein sonderpädagogisches Förderzentrum mit dem Auftrag einer zielgleichen Förderung bedacht ist, kommt der Sonderpädagogik die Aufgabe einer „Verminderung von Sonderschulbedürftigkeit" zu. Das Förderzentrum bietet dann Notfallhilfe oder Nachhilfe an, mit der expliziten Zielsetzung, die Normalität des Schulkindes zurückzugewinnen und seinen Verbleib in der Normalschule sicherzustellen. Aus Förderkindern sollen normale Schulkinder gemacht werden. Kann eine zielgleiche Förderung nicht erreicht werden, ist im gleichen Atemzuge auch das Förderzentrum von seinem Auftrag entpflichtet und die Sonderschule wird zuständig. Der Auftrag einer zielgleichen Unterstützung zieht notwendigerweise auch die Unterscheidung von integrationsfähigen und nicht integrationsfähigen Kindern nach sich.

Das Prädikat einer integrationsunterstützenden Einrichtung kann Förderzentren nur dann zugesprochen werden, wenn die zieldifferente Förderung ein unumstößliches Element des Konzepts ist. Bei zielgleichem Förderauftrag tragen Förderzentren eher dazu bei, die Normalitätserwartung der Regelschule zu stabilisieren; die Akzeptanz von Verschiedenheit wird nicht gefördert, sondern im Gegenteil: Integrationsfähigkeit wird als Normalitätsnorm etabliert und zur Legitimation von Aussonderung verwendet: „Es gibt eben Kinder, die kann man nicht integrieren."

Die Auflistung von Merkmalen sonderpädagogischer Förderzentren soll mit einem ergänzenden Hinweis abgeschlossen werden. Mitunter unterscheiden sich sonderpädagogische Ambulanzen auch darin, ob der Inhalt ihrer Fördertätigkeit eher fachbezogen oder fächerübergreifend ist. In der Praxis ambulanter Lernbehindertenpädagogik etwa finden sich Konzepte, die gezielte Förderung in schulischen Versagensfächern als zentralen Inhalt der Unterstützungsarbeit ansehen und Konzepte, die eher eine nachholende und anregende Förderung der allgemeinen Entwicklung und grundlegender Fähigkeitsbereiche wie Wahrnehmung, Motorik u.a. als vordringlich anstreben.

4. Profile sonderpädagogischer Förderzentren

Für die Beschreibung von Förderzentren wurden sieben Kategorien dargestellt. Zum rechten Verständnis der Kategorien sind zweierlei Hinweise angezeigt:
- Die Merkmale sind nicht als dichotome Kategorien, sondern als Eigenschaftsdimensionen zu verstehen. Die Feststellung von Merkmalen kann in aller Regel nicht nach dem Alles-oder-Nichts-Prinzip mit ja oder nein geschehen, zumeist ist ein bestimmtes Merkmal mehr oder minder stark ausgeprägt und gegeben.
- Die Merkmale verstehen sich als deskriptive Kategorien. Sie enthalten keine Vorannahmen und Voraburteile darüber, was erstrebenswert oder untauglich, besser oder schlechter ist. Für welche Problemlagen ein disziplinübergreifendes Förderzentrum die optimale Lösung ist oder ob ein stufenbezogenes Förderzentrum einem stufenübergreifenden Förderzentrum vorzuziehen ist - diese und ähnliche Fragen können nicht a priori entschieden werden, sondern bedürfen gesonderter Prüfungen.

Mit Hilfe der sieben Merkmalsdimensionen ist es nun möglich, das Profil von einzelnen Förderzentren genau zu beschreiben und auch informativ zu vermitteln. Zur graphischen Repräsentation kann man ein sogenanntes Polaritätenprofil heranziehen. Die einzelnen Beschreibungskategorien sind als polare Merkmalsdimensionen zu verstehen. Auf jeder Merkmalsdimension kann in abgestufter Form eingetragen werden, in welchem Ausprägungsgrad das fragliche Merkmal bei einem Förderzentrum gegeben ist.
In den folgenden Abbildungen sind die Merkmalsprofile der eingangs beschriebenen Förderzentren wiedergegeben. Die Profile haben lediglich Demonstrationscharakter; sie erheben nicht den Anspruch wissenschaftlicher Objektivität, sondern spiegeln die Einschätzungen des Verfassers wider. Die Profile mögen für sich sprechen; wegen der eingangs erfolgten Darstellung kann auf eine erneute Versprachlichung verzichtet werden.

Ambulanzlehrerzentren - Unterstützungssysteme für integrative Förderung

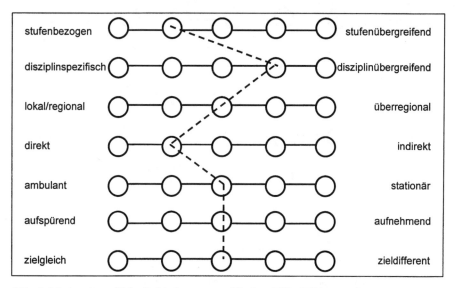

Abb. 2: Merkmalsprofil der Behinderungsspezifischen Hilfe (Bildungsrat)

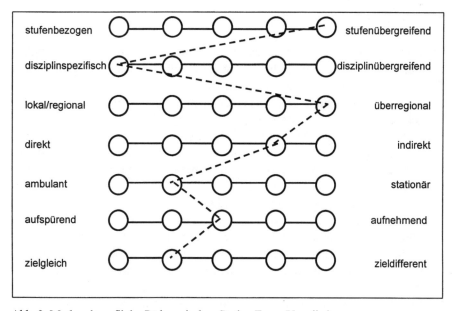

Abb. 3: Merkmalsprofil der Pädagogischen Station Essen-Vogelheim

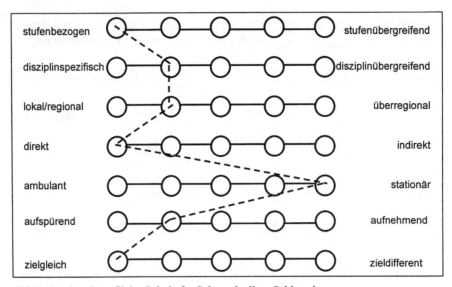

Abb. 4: Merkmalsprofil der Schule für Sehgeschädigte Schleswig

5. Schluss

Was ist der Unterschied zwischen einem Förderzentrum und einer Sonderschule? Bei einer idealtypischen Kontrastierung der beiden Organisationsformen sind folgende Feststellungen zu treffen:

- Sonderschulen sind definitionsgemäß eben Schulen und damit in aller Regel schulbezogen; Förderzentren können schulbezogen sein, sind aber nicht auf bestimmte Altersstufen festgelegt.
- Sonderschulen sind dem Grunde nach immer disziplinspezifisch, auf diesem Konstruktionsprinzip beruht nun einmal „das gut ausgebaute, differenzierte Sonderschulsystem". Förderzentren können sowohl disziplinspezifisch als auch disziplinübergreifend sein.
- Bezüglich des regionalen Bandbreite gibt es zwischen Sonderschulen und Förderzentren keine grundsätzlichen Unterschiede. Für beide gilt unerbittlich das Erfordernis einer hinlänglichen Klientelgröße, damit der ökonomische Aufwand für die speziellen Ressourcen und Kompetenzen vertretbar ist.
- Erziehung, Unterricht und unter Umständen auch Therapie sind primäre Aufgabenfelder von Sonderschulen, die sie nicht an andere Personen und Institutionen delegieren, sondern selbst bewerkstelligen. Förderzentren hingegen sind bezüglich des Klientelbezugs nicht festgelegt und leisten in unterschiedlicher Proportionierung direkte wie indirekte Arbeit.

– Die Merkmalsdimension ambulant-stationär bezeichnet die markanteste Differenz zwischen Sonderschulen und Förderzentren. Sonderschulen sind ohne ambulante Dienste denkbar, Förderzentren nicht. Sonderschulen sind ohne stationäre Lerngruppen nicht denkbar, Förderzentren dagegen durchaus. Für die Sonderschulen sind stationäre Gruppen konstitutiv, für die Förderzentren ambulante Arbeit. Sonderschulen brauchen als Existenzbegründung und -nachweis hauseigene Schüler; Förderzentren können dagegen sehr wohl als Schulen ohne Schüler existieren. Dies ist die alles entscheidende Differenz zwischen Sonderschulen und Förderzentren.
– Sonderschulen werden gelegentlich als aussondernde Schulen gebrandmarkt. Diese Kennzeichnung ist mit Bezug auf den Rekrutierungsmodus unzutreffend. In aller Regel werden Sonderschulen erst auf Anfrage hin tätig, der erste Akt der Aussonderung findet in den Regeleinrichtungen statt. Förderzentren dürften im Unterschied zu Sonderschulen in stärkerem Maße aufspürend ihrer Klientel nachgehen, ambulante Sonderpädagogen suchen vielfach ihre Kinder selbst aus.
– Sonderschulen gehen dem Grunde nach von einer homogenen Schülerschaft aus und streben eine zielgleiche Förderung an. Dieses Konstruktionsprinzip wird gebrochen durch Beobachtungsklassen an Sprachheilschulen oder Mehrfachbehindertengruppen an Schulen für Körperbehinderte oder Geistigbehinderte. Förderzentren dienen der zieldifferenten Unterstützung behinderter Kinder an Regeleinrichtungen; sie verfehlen bei zielgleichem Förderauftrag ihre integrative Bestimmung.

Die Sonderschulen bisheriger Art haben sich wegen der starren Kategorisierung der Behinderungen und wegen der Fixierung auf stationäre Förderung überlebt. Die Zeit der kategorialen Behindertenpädagogik geht unwiderruflich dem Ende entgegen (*Sander* 1985; *Sander* 1988; *Benkmann* 1994; *David* 1994; *Eggert* 1996; *Wocken* 1996). Die Zukunft gehört der subsidären Sonderpädagogik (*Wocken* 1991). Im ausgehenden Jahrhundert geht der Trend unumkehrbar weg von der institutionenbezogenen hin zu einer personbezogenen Förderung (*Kultusministerkonferenz* 1994), weg von stationären hin zu ambulanten Hilfen für Menschen mit Behinderungen. Die Reforminitiative, die mit der Signalwort Förderzentrum angestoßen wurde, zielt auf eine dezentrale, wohnortnahe, integrative sonderpädagogische Unterstützung. Die neuen Förderzentren müssen sich folglich der entscheidenden Prüffrage stellen, ob sie in diesem Sinne einen „Prozeß in Richtung Integration" (*Pluhar* 1995, S. 139) in Gang bringen.

Wenn allerdings die Frage „Was ist der Unterschied zwischen einem Förderzentrum und einer Sonderschule?" lediglich als Scherzfrage begriffen und darauf mit dem Kalauer „Der Name, sonst nichts!" geantwortet würde, dann wäre wohl alles Nachdenken über das Förderzentrum für die Katz gewesen und die Chance einer Erneuerung und Weiterentwicklung der Sonderpädagogik vertan.

Literatur

Adrian, Josef: Mobile Beratung und Unterstützung für Kinder, Jugendliche und junge Erwachsene mit Sehschädigung in Schleswig-Holstein. Arbeit eines überregionalen Förderzentrums. In: *Schmidt, Horst-Friedrich /Wachtel, Peter* (Hrsg.): Sonderpädagogische Förderzentren. Grundlegungen, Erfahrungen, Ausblicke. Würzburg: vds, 1996, S. 30-34

Appelhans, Peter /Kollegium der Staatlichen Schule für Sehgeschädigte in Schleswig: Ein überregionales Förderzentrum: Die Staatliche Schule für Sehgeschädigte, Schleswig (SfS). In: *Mohr, Hans* (Hrsg.): Integration verändert Schule. Konzepte der Arbeit sonderpädagogischer Förderzentren. (Lebenswelten und Behinderung, Band 3) Hamburg: Curio, 1993, S. 201-222

Benkmann, Rainer: Dekategorisierung und Heterogenität - Aktuelle Probleme schulischer Integration von Lernschwierigkeiten in den Vereinigten Staaten und der Bundesrepublik Deutschland. In: Sonderpädagogik 20 (1994), S. 4-13

David, D.: Nonkategoriale Sonderpädagogik In: Sonderpädagogik 24 (1994), S. 108-115

Deutscher Bildungsrat: Empfehlungen der Bildungskommission: Zur pädagogischen Förderung behinderter und von Behinderung bedrohter Kinder und Jugendlicher. Stuttgart: Klett, ²1976

Eggert, Dietrich: Abschied von der Klassifikation von Menschen mit geistiger Behinderung. Der Paradigmenwechsel in der Diagnostik und seine Konsequenzen. In: Behinderte in Familie, Schule und Gesellschaft 19 (1996), S. 43-64

Gers, Dieter (Hrsg.): Förderzentrum und Förderausschuß. Oder gibt es andere Bausteine für ein integratives Schulwesen? 'Beiträge zur Integrations-Diskussion'. (Materialien und Überlegungen zur Weiterentwicklung der Erziehung und Bildung 'behinderter' SchülerInnen, Bd. 2) Soltau: Verlag Schulze-Soltau, 1992

Hinz, Andreas: Heterogenität in der Schule. Integration - Interkulturelle Erziehung - Koedukation. Hamburg: Curio, 1993

KMK (Ständige Konferenz der Kultusminister der Länder in der BRD): Empfehlungen zur sonderpädagogischen Förderung in den Schulen in der Bundesrepublik Deutschland. Beschluß der Kultusministerkonferenz vom 06.05.1994. In: Zeitschrift für Heilpädagogik 45 (1994), S. 484-494

Mohr, Hans (Hrsg.): Integration verändert Schule. Konzepte der Arbeit sonderpädagogischer Förderzentren. Hamburg: Curio, 1993

Muth, Jakob: Die Empfehlungen des Deutschen Bildungsrates von 1973 und ihre Wirkungen. In: *Valtin, Renate /Sander, Alfred /Reinartz, Anton* (Hrsg.): Gemeinsam leben - gemeinsam lernen. Behinderte Kinder in der Grundschule. Konzepte und Erfahrungen. Frankfurt a.M.: Arbeitskreis Grundschule, 1984, S. 17-24

Otte, Gerhild: Weiterentwicklung kleiner Förderschulen zu Förderzentren ohne eigene Schülerschaft - dargestellt am Beispiel des Förderzentrums Leezen (Schleswig-Holstein). In: Zeitschrift für Heilpädagogik 47 (1996), S. 420-422

Pluhar, Christine: Erfahrungen mit der Weiterentwicklung der Sonderschulen zu Förderzentren in Schleswig-Holstein. In: Die Sonderschule 40 (1995), S. 130-142

Sander, Alfred: Zum Problem der Klassifikationen in der Sonderpädagogik: Ein ökologischer Ansatz. In: Vierteljahresschrift für Heilpädagogik und ihre Nachbargebiete 54 (1985), S. 15-31

Sander, Alfred: Behinderungsbegriffe und ihre Konsequenzen für die Integration. In: *Eberwein, Hans* (Hrsg.): Behinderte und Nichtbehinderte lernen gemeinsam. Handbuch der Integrationspädagogik. Weinheim u. Basel: Beltz, 1988, S. 75-82

Sander, Alfred: Überlegungen zu Konzeptionen von Sonderpädagogischen Förderzentren. In: *Gers, Dieter* (Hrsg.): Förderzentrum und Förderausschuß. Oder gibt es andere Bausteine für ein integratives Schulwesen? (Materialien und Überlegungen zur Weiterentwicklung der Erziehung und Bildung 'behinderter' SchülerInnen, Bd. 2) Soltau: Verlag Schulze-Soltau, 1992, S. 57-68

Sander, Alfred: Modellversuch Sonderpädagogische Förderzentren: Was hat sich bewegt? Zugleich ein Versuch zu Folgerungen für die weitere Entwicklung. In: Die Sonderschule 40 (1995), S. 94-108

Schmidt, Horst-Friedrich /Wachtel, Peter (Hrsg.): Sonderpädagogische Förderzentren. Grundlegungen, Erfahrungen, Ausblicke. Würzburg: vds, 1996

Springer, Monika: Was erbringt eine 'Mini-Sonderschule' an der Grundschule? Ergebnisse und Erfahrungen aus einem Schulversuch 'Pädagogische Stationen in der Grundschule'. In: Zeitschrift für Heilpädagogik 32 (1981), S. 241-244

Springer, Monika: Die pädagogische Kompetenz von Lehrern. Was leisten Förderzentren an Grundschulen? Weinheim u. Basel: Beltz, 1982

Wocken, Hans: Ambulante Sonderpädagogik. In: Zeitschrift für Heilpädagogik 42 (1991), S. 104-111

Wocken, Hans: Sonderpädagogisches Förderzentrum. In: *Schuck, Karl-Dieter* (Hrsg.): Beiträge zur Integrativen Pädagogik. Weiterentwicklungen des Konzepts gemeinsamen Lebens und Lernens Behinderter und Nichtbehinderter. Hamburg: Curio, 1990, S. 33-60

Wocken, Hans: Das Sonderpädagogische Förderzentrum. Theorie, Konzept und Kritik. In: *Schmetz, Ditmar /Wachtel, Peter* (Hrsg.): Schüler mit sonderpädagogischem Förderbedarf: Unterricht mit Lernbehinderten. (Texte zur Heilpädagogik. Handlungsansätze.) Rheinbreitbach: Dürr&Kessler, 1994, S. 43-51

Wocken, Hans: Sind Förderzentren der richtige Weg zur Integration? In: Die Sonderschule 40 (1995) 2, S. 84-93

Wocken, Hans: 'Weiterentwicklung' von Sonderschulen zu sogenannten 'Förderzentren'. In: *Schmidt, Horst-Friedrich/ Wachtel, Peter* (Hrsg.): Sonderpädagogische Förderzentren. Grundlegungen, Erfahrungen, Ausblicke. (Materialien) Würzburg: vds, 1996, S. 40-44

Wocken, Hans: Sonderpädagogischer Förderbedarf als systemischer Begriff. In: Sonderpädagogik 26 (1996), S. 34-38

Gérard Bless

Förderklassen – ein Weg zur integrationsfähigen Schule?

1. Einleitende Bemerkungen

Im vorliegenden Beitrag wird der Frage nachgegangen, inwiefern die Förderklasse als schulische Organisationsform als Schritt in Richtung einer integrationsfähigen Schule betrachtet werden kann. Die Beantwortung dieser Frage setzt voraus, dass wir uns über die Begriffe „Förderklasse" und „integrationsfähige Schule" verständigen. Mit ihrer Klärung wird gleichzeitig der Bezugsrahmen offengelegt, auf dessen Hintergrund die nachfolgenden Ausführungen zu verstehen sind.

- *Förderklasse*

Mit Förderklasse ist eine Sonderklasse gemeint, die räumlich nicht wie üblich in einer Sonderschule, sondern in einem Regelschulhaus in enger Nachbarschaft mit den Regelklassen des betreffenden Einzugsgebietes untergebracht ist. Kinder, die eine solche Klasse besuchen, weisen einen besonderen Förderbedarf auf. Sie werden aufgrund der Empfehlungen eines sonderpädagogischen Gutachtens (in der Schweiz aufgrund einer schulpsychologischen Abklärung) diesen Klassen zugewiesen. Trotz der Unterbringung im gleichen Schulgebäude findet eine Aussonderung von der Regelklasse statt. Die betroffenen Kinder durchlaufen ein Selektionsverfahren, das unter schulorganisatorischem Blickwinkel unter anderem das Ziel verfolgt, eine möglichst homogene Schülergruppe zu bilden, auf die, laut Konzept, (sonder)pädagogisch optimal Einfluss genommen werden kann. Denkbar sind beispielsweise Förderklassen für Lernbehinderte, für Sprachbehinderte, für Geistigbehinderte, für Sehbehinderte usw. Die Förderklasse wird von einer Sonderschullehrperson geführt und weist im Vergleich zu Regelklassen eine wesentlich geringere Schülerzahl auf (6-12 Kinder).

Förderklassen sind in der Schweiz sehr verbreitet. Die Mehrheit der Kinder, die den Anforderungen der Regelklasse offenbar nicht genügen, wird nicht etwa in Sonderschulen, sondern in Förderklassen unterrichtet. Die im

Titel gestellte Frage wird deshalb auf dem Hintergrund der in der Schweiz gewonnenen Erfahrungen und Forschungsergebnisse diskutiert. Üblicherweise werden diese Klassen in der Schweiz Kleinklassen genannt, wobei einzelne Kantone andere Bezeichnungen verwenden. Als Nebenbei sei erwähnt, dass die Bezeichnung Kleinklasse in Anbetracht dessen, dass auch in anderen Klassentypen Kinder gefördert werden, diese Organisationsform adäquater beschreibt. Die Förderklassen können, wie der Begriff suggeriert, keinen Anspruch darauf erheben, dass Kinder ausschliesslich in dieser Organisationsform gefördert werden.

- *Integrationsfähige Schule*

Der Begriff der integrationsfähigen Schule ist im Laufe der Integrationsdiskussion schon früh von einzelnen Autoren geprägt worden (vgl. *Muth* 1997, S. 23; *Haeberlin, Bless, Moser, Klaghofer* 1991, S. 149-153 und andere). Er beschreibt den geforderten Perspektivenwechsel der Bildungspolitik bezüglich der Unterrichtung von Kindern mit besonderem Förderbedarf. Perspektivenwechsel insofern, als dass nicht die Integrationsfähigkeit des einzelnen Kindes, sondern die Integrationsfähigkeit der öffentlichen Schule verlangt wird. Es geht nicht darum festzustellen, wie leistungs- und funktionsfähig ein Kind ist, damit es als „integrierbar" gelten kann, sondern um die Frage, wie eine Schule beschaffen, ausgestattet oder organisiert sein muss, damit sie in der Lage ist, ein Kind zu integrieren. Ein solches Verständnis bedeutet, dass sich die öffentliche Schule und alle für sie arbeitenden Spezialistinnen und Spezialisten wie Lehrpersonen, Sonderpädagogen, Logopädinnen, Schulpsychologen, Psychomotorik-Therapeutinnen und andere, entsprechend den Bedürfnissen der vorgefundenen, nicht durch Selektionsmechanismen vorsortierten Schülerschaft zur Erfüllung ihres Auftrages organisieren. Die Integrationsfähigkeit der öffentlichen Schule ist gegeben, wenn sie eine adäquate und wohnortnahe Förderung aller Kinder garantieren kann, ohne dabei auf das unterdessen üblich gewordene Mittel der Aussonderung zurückzugreifen.

Das dargelegte Verständnis macht deutlich, dass hohe Ansprüche zu erfüllen sind, bevor man von einer integrationsfähigen Schule im eigentlichen Sinne sprechen kann. Gleichzeitig wird offensichtlich, dass eine solche Schule, betrachtet man den bisherigen Verlauf der Entwicklung unseres Bildungssystems (Problemlösung durch Schaffung neuer Subsysteme, vgl. *Bleidick* 1985, S. 257-258), nicht von einem Tag auf den anderen realisiert werden kann. Zwischenschritte scheinen auf dem Weg dieses langen Prozesses hin zur integrationsfähigen Schule, welche gerade die umgekehrte Entwicklung, nämlich die Abschaffung von Subsystemen verlangt, unausweichlich zu sein. Doch welche Zwischenschritte führen tatsächlich auf diesen Weg? Stellt die Einrichtung von Förderklassen einen solchen Zwischenschritt dar?

- *Förder- beziehungsweise Kleinklassen im schweizerischen Bildungssystem*

Je nach Kanton wurden Förderklassen für Lernbehinderte, für Verhaltensauffällige, für Immigrantenkinder ohne Kenntnisse der Unterrichtssprache oder für Sprachbehinderte eingerichtet[1], wobei letztere nur vereinzelt im französischsprachigen Teil der Schweiz existieren. Die Organisation verschiedener Kleinklassentypen ist nur in dicht besiedelten Regionen möglich. In den übrigen Gebieten existiert nur ein Kleinklassentyp, in dem sowohl Lernbehinderte, Verhaltensauffällige als auch fremdsprachige Schüler unterrichtet werden. Falls genügend Schülerinnen und Schüler vorhanden sind, werden die Kleinklassen nicht nach dem Jahrgangsprinzip, sondern in vier Stufen organisiert: die Einführungsklasse oder Unterstufe, die Mittel- und Oberstufe sowie auf der Sekundarstufe 1 die Werkklasse. Abbildung 1 weist darauf hin, dass die Kleinklassen unter derselben politischen, administrativen und finanziellen Verantwortung stehen wie die Regelklassen. Die Sonderschulen, die in der Regel Kinder mit schwerwiegenderen Behinderungen aufnehmen, werden vorwiegend von der Schweizerischen Invalidenversicherung (IV) finanziert und haben den Status einer halb-privaten Schule. Sie befinden sich zudem im Gegensatz zu Kleinklassen in eigenen Schulhäusern, denen meistens ein Wohnheim angegliedert ist. Die administrativen Gegebenheiten haben einen entscheidenden Einfluss auf die Realisierung integrativer Schulformen. Integration scheint dort einfacher zu sein, wo die Finanzierungs- und Verantwortungsträger identisch sind (s. Abb. 1).

Im Schuljahr 1996/97 wurden 5,71% der Kinder im schulpflichtigen Alter (ohne Kindergarten) von der Regelklasse ausgesondert und in Klassen mit besonderem Lehrplan (Kleinklassen und Sonderschulen) überwiesen (*Bundesamt für Statistik* 1998). Dies betraf 44.886 Kinder. Die Kleinklassen nahmen davon 71,99% (32.317 Schülerinnen und Schüler) auf. Die

---

[1] Eine Ausnahme bilden die Förderklassen für Geistigbehinderte in den Regelschulen von Martigny, die in sehr enger Kooperation mit den benachbarten Regelkassen stehen und eine integrative Vorgehensweise zu realisieren versuchen (*Lovay, Panchard* 1994). Da sich diese Organisationsform vor allem durch die enge Kooperation mit den Regelklassen sowie durch die Art der Finanzierung von den klassischen Klein- oder Förderklassen unterscheidet, wäre es in diesem Falle passender, von kooperativen Förderklassen zu sprechen.

restlichen 18,01% (12.569) besuchten eine Sonderschule. Diese Zahlen verdeutlichen, dass die grosse Mehrheit der ausgesonderten Kinder in Förderklassen unterrichtet wird. Deshalb dürften schweizerische Erfahrungen, auch wenn es sich fast ausschliesslich um Kleinklassen für Lernbehinderte handelt, im Hinblick auf die Einrichtung von Förderklassen von Interesse sein.

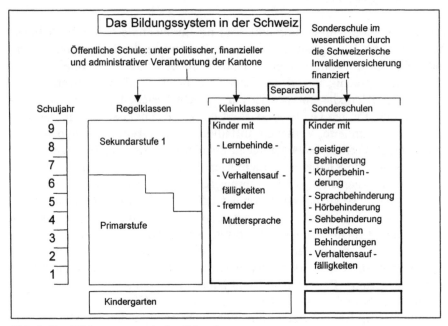

Abb. 1: Das Bildungssystem in der Schweiz

2. Argumente für die Einrichtung von Förderklassen

Im Unterschied zu Sonderschulen, welche Kinder aus einem relativ grossen Einzugsgebiet einsammeln, kann in mittel- bis dichtbevölkerten Regionen mit der Unterbringung von Förderklassen in Regelschulhäusern eine wohnortnahe Unterrichtung der Kinder mit besonderen Bedürfnissen gewährleistet werden. Allerdings gilt dies weder für dünnbesiedelte Regionen noch für Kinder mit schwerwiegenderen und somit seltener vorkommenden Behinderungen. Hierzu wurde beispielsweise in der Schweiz festgestellt, dass jedes dritte lernbehinderte Kind seinen Wohnort verlassen muss, um sich in die Kleinklasse zu begeben (vgl. *Haeberlin, Bless, Moser, Klaghofer* 1991). Bei geringer Bevölkerungsdichte reicht die Anzahl der Schüler mit besonderen Bedürfnissen nicht aus, um in jedem Regelschulhaus Förderklassen einzurichten, was eine wohnortnahe Beschulung in Randregionen unmöglich macht. Trotzdem ist davon auszugehen, dass mit Förderklassen für einen im Vergleich zu Sonderschulen grösseren Teil der Schülerschaft Wohnortnähe geschaffen werden kann. Damit wird das Herausreissen von Kindern aus ihrer Lebensumwelt verhindert. Schulwege werden damit zumutbar, soziale Beziehungen zu gleichaltrigen Kindern des Wohnortes können leichter gepflegt und aufrechterhalten werden, ein „normaleres" Familienleben scheint ohne zusätzlichen organisatorischen Aufwand eher möglich zu sein und anderes mehr. Wohnortnahe Unterrichtung ist meines Erachtens eines der wesentlichen Merkmale und Anliegen einer integrationsfähigen Schule (vgl. Prinzip der Nähe bei *Wocken* 1995, S. 112 und den Beitrag von *Wocken* in diesem Band). Förderklassen können diesem Anliegen teilweise entsprechen.

Die Einrichtung von Förderklassen bietet ausserdem die Möglichkeit, sofern diese genutzt wird, einer organisatorischen Integration von bisherigen Sonderschulklassen. Damit ist eine Integration auf der Ebene der lokalen, regionalen und überregionalen (Bundesland, Kanton) Schulverwaltung gemeint. Der Vorteil dürfte darin liegen, dass die gleichen Instanzen sowohl für Regelschüler als auch für Kinder mit besonderem Förderbedarf in administrativer, finanzieller und schulpolitischer Hinsicht zuständig sind. Damit kann die bereits beschriebene Auslagerung in Subsysteme vermieden werden. Verantwortung zu übernehmen hat unter anderem zur Folge, dass die betroffenen Kinder durch ihre administrative Anwesenheit nicht aus dem Blickwinkel der „Regelschulverwaltung" fallen. Letztere wäre von Amtes wegen gezwungen, ein aktives Interesse am schulischen Werdegang dieser Kinder zu haben. Davon sind einige Vorteile zu erwarten. Beispielsweise dürften die Chancen für eine Rückschulung in die Regelschule zwar nicht spektakulär, aber dennoch leicht erhöht werden. Zur Konkretisierung dieses Gesichtspunktes sei auf die zu geringe Rückschulungsquote von Sonderschulen für Sprachbehinderte[2] hingewiesen, die in der Schweiz noch vereinzelt existieren. Schätzungsweise werden über 90% der Kinder mit einer Sprachbehinderung in der Regelschule unterrichtet, wobei sie zusätzlich zum Unterricht ambulant von logopädischen Fachpersonen betreut werden. Mit der Überweisung eines Kindes in die Sprachheilschule übergeben die Lehrpersonen, die involvierte Logopädin und/oder der Schulpsychologe die Verantwortung für die weitere Schullaufbahn der Sonderschule. Für sie ist der „Fall" mit der Einweisung abgeschlossen, das Dossier

---

[2] Sonderschulen für sprachbehinderte Kinder, sogenannte Sprachheilschulen, sind halb-privat geführte Institutionen, die grösstenteils durch die Invalidenversicherung finanziert werden. Administrativ betrachtet sind sie völlig unabhängig von lokalen und regionalen, jedoch nicht vollständig von kantonalen Schulbehörden.

wird archiviert, das Kind verlässt den Verantwortungsbereich der öffentlichen Schule. Die Sprachheilschule ihrerseits wird über den Zeitpunkt einer Rückschulung entsprechend ihren sonderschulinternen Massstäben entscheiden. Dahinter verbirgt sich die Gefahr, sinnvolle Rückschulungen, aus welchen Gründen auch immer, nicht in die Wege zu leiten (vgl. *Bless* 1997, S. 19). Mit der organisatorischen Integration von Förderklassen in den Regelschulbereich ist zu erwarten, dass Systemfehler der oben beschriebenen Art leichter zu korrigieren sind. Daraus geht hervor, dass die organisatorische Integration von Förderklassen zwar einige Vorteile bringt, die aber in ihrer Wirkung im Hinblick auf eine integrationsfähige Schule nicht überschätzt werden dürfen, sind sie doch relativ bescheiden.

Durch die Unterbringung von Förderklassen in Regelschulhäusern wird eine enge Kooperation mit den benachbarten Regelklassen möglich. Mit enger Kooperation sind nicht das sporadische Durchführen gemeinsamer Turn-, Werk- oder Musikstunden sowie gemeinsamer schulhausinterner Feiern, sondern ernsthafte und vor allem dauerhafte Bemühungen in den verschiedensten Fächern (auch Kernfächern wie Muttersprache und Mathematik) sowie Unterrichtsprojekte gemeint. Kooperationsbemühungen sind weder Eintagsfliegen noch Notlösungen zur Behebung von Personalmangel. Sie sind gemeinsam vorbereitete pädagogische Handlungen, die auf Unterrichtsstrategien des gemeinsamen Lernens zurückgreifen. Die räumliche Nähe der Förderklassen ist eine notwendige, aber keineswegs eine hinreichende Bedingung für das Zustandekommen einer so verstandenen Kooperation. Schweizerische Erfahrungen deuten darauf hin, dass Kooperation, wenn überhaupt, in einem bescheidenen Rahmen stattfindet. Inwiefern die räumliche Nähe dafür genutzt wird, scheint vordergründig von der Bereitschaft der beteiligten Lehrpersonen abzuhängen.

Schliesslich muss auf Ergebnisse der Integrationsforschung hingewiesen werden, in der die Entwicklung vergleichbarer Kinder in integrativen Schulformen mit jener unter separierenden Bedingungen untersucht wird. Evaluationsstudien dieser Art verwenden Kinder aus Sonderschul- beziehungsweise aus Förderklassen als Kontrollgruppe, weshalb zumindest einzelne Befunde aus schweizerischen Untersuchungen Hinweise zur Förderklasse für Lernbehinderte liefern. Einen detaillierten Überblick dazu findet man in *Bless* (1995, S. 17-56). Im vorliegenden Zusammenhang sind Ergebnisse zum Begabungskonzept (Selbstwertgefühl der Kinder bezogen auf ihre eigenen schulischen Fertigkeiten und Fähigkeiten) von Interesse. Im Vergleich zu Lernbehinderten in Integrationsklassen weisen vergleichbare Kinder aus Kleinklassen ein höheres Begabungskonzept auf (*Moser* 1986; *Haeberlin, Bless, Moser, Klaghofer* 1991; *Pierrehumbert* 1992). Dabei muss betont werden, dass das Begabungskonzept einen Teilbereich des allgemeinen Selbstkonzeptes darstellt. Bei anderen Bereichen konnten keine signifikanten Unterschiede gefunden werden oder es liegen widersprüchliche Ergebnisse vor. Das Begabungskonzept bildet sich im Vergleich zur Bezugsgruppe heraus, in der das Kind steht. Kinder in Förder- oder Kleinklassen vergleichen sich leistungsmässig mit ihren Mitschülerinnen und Mitschülern, die bezüglich ihrer schulischen Kompetenzen ähnliche Schwierigkeiten aufweisen. Demgegenüber befinden sich lernbehinderte Kinder in Integrationsklassen in einer anderen Referenzgruppe. Sie vergleichen sich mit zahlreichen Kindern, die bezogen auf die Leistungen keine besonderen oder nur geringfügige Schwierigkeiten aufweisen. In Folge dessen schätzen sie ihre Leistungsfähigkeit trotz grösserer Leistungsfortschritte realistischerweise tiefer ein als Kinder in Kleinklassen. Hier wird das Begabungskonzept sozusagen künstlich durch das Zusammenführen mit leistungsschwächeren Schülerinnen und Schüler (künstlich organisierte Referenzgruppe) hochgehalten. Interessant sind zudem die Ergebnisse von *Krampen* (1983), *Lauth, Wilms* (1982) und *Rheinberg, Enstrup* (1977), wonach das anfänglich hohe Begabungskonzept von Lernbehinderten im Schonraum von Sonderklassen gegen Ende der Schulzeit wiederum deutlich sinkt, was darauf hinweist, dass das Begabungskonzept einem Bezugsgruppeneffekt unterworfen und nicht Resultat einer wirksamen pädagogischen Beeinflussung zu sein scheint. Sicher ist es einerseits aus motivationspsychologischen Gründen zu begrüssen, dass Kinder mit Lernbehinderungen ein höheres Begabungskonzept ausbilden. Trotzdem stellt sich andererseits die Frage, wie gross der Einfluss dieses hohen, künstlich erzeugten und nur in einer bestimmten Bezugsgruppe gültigen Begabungskonzeptes für die Gesamtentwicklung der betroffenen Kinder ist. Deshalb sollte dieser Effekt als Argument für die Einrichtung von Förderklassen nicht überbewertet werden.

3. Argumente gegen die Einrichtung von Förderklassen

Obwohl durch die Unterbringung der Förderklassen in Regelschulhäusern die Kooperation mit Regelklassen erleichtert wird, verbirgt sich hinter der geschaffenen räumlichen Nähe die Gefahr, Kinder mit besonderen Bedürfnissen und insbesondere Kinder mit Lernschwierigkeiten vermehrt von ihren Regelklassen auszusondern. Der Entscheid, ein Kind in die Förderklasse zu überweisen, kann gefällt werden, ohne dass für einen Teil der betroffenen Kinder gleichzeitig eine Entwurzelung aus der Wohnumgebung und somit lange Schulwege mit entsprechendem Bustransfers in Kauf genommen werden müssen. Die Möglichkeit des Verbleibs im gleichen Regelschulhaus hat gleichzeitig eine Herabsetzung der Hemmschwelle für einen Aussonderungsentscheid zur Folge. Die diesbezüglichen Hürden sind wesentlich grösser, wenn ein Kind in eine Sonderschule überwiesen werden muss. Ein Angebot vor Ort zieht unweigerlich eine höhere Nachfrage nach sich; pädagogische Problemsituationen werden an das nahegelegene Angebot delegiert. Als Konsequenz ergibt sich eine über die Jahre kontinuierlich wachsende Anzahl von Kindern in Förderklassen. Dies ist anhand der Schulstatistik auf eindrückliche Weise belegbar. Im Schuljahr 1985/86 besuchten in der Schweiz 2,87% aller Kinder im schulpflichtigen Alter eine Kleinklasse, 1,53% eine Sonderschule, 95,60% eine Regelschulklasse[3]. Im Schuljahr 1996/97 sehen die anteilsmässigen Schülerbestände wie folgt aus: Kleinklasse 4,11%, Sonderschule 1,60% und Regelschulklasse 94,29%. In einer Zeitspanne von lediglich elf Jahren ist die Zahl der Kinder in Kleinklassen trotz der eingesetzten Diskussion um die schulische Integration von behinderten Kindern und trotz zahlreicher Realisierungen integrativer Schulformen kontinuierlich und massiv gestiegen. Im Gegensatz dazu sind die Schülerbestände in den Sonderschulen nahezu gleich geblieben. Vergleicht man die schweizerische Aussonderungsquote mit jener von Deutschland, wo ausgesonderte Kinder mit besonderem Förderbedarf praktisch ausschliesslich in eigenständigen Sonderschulen unterrichtet werden, so ist keine derartige Entwicklung feststellbar. Der Anteil der Sonderschüler (1985/86: 3,8%; 1996/97: 4,0%) bleibt über die Jahre, auch mit der Erweiterung durch die neuen Bundesländer, nahezu stabil[4]. Mit den Förderklassen besteht demnach ein erhöhtes Risiko, eine Organisationsform einzurichten, die über die Jahre eine vermehrte Aussonderung von Kindern mit sich zieht und demnach als separationsfördernde Einrichtung betrachtet werden muss.

Ferner besteht bei Förderklassen, bedingt durch die räumliche Nähe zu Regelklassen, die unübersehbare Tendenz, dass diese Organisationsform über einen längeren Zeitraum teilweise zweckentfremdet wird. Sie übernimmt die Rolle einer Struktur, die mehr und mehr als Auffangbecken für Kinder dient, die den Unterricht in Regelklassen in irgend einer Weise stören oder erschweren. Die Kleinklassen in der Schweiz sind in den letzten 20 Jahren vermehrt dazu missbraucht worden, Schüler im Hinblick auf eine Entlastung und Normalisierung der Regelklassen (vgl. *Kolonko, Krämer* 1992, S. 34) aufzunehmen. Sie wurden zu einer Organisationsform für eine Restgruppe von Kindern, die zwar nicht sonderschulbedürftig sind, aber für Regelklassen dennoch eine besondere pädagogische Herausforderung darstellen. Die Rolle als Auffangbecken kann besonders gut am Beispiel der

---

[3] Die statistischen Angaben für die Schweiz wurden aufgrund von Daten berechnet, die vom (schweizerischen) *Bundesamt für Statistik* zur Verfügung gestellt wurden.

[4] Datenquelle: Internet-Seite des *Statistischen Bundesamtes* (Deutschland): www.statistik-bund.de sowie telefonische Auskunft zum Schuljahr 1985/86.

Entwicklung des Anteils an fremdsprachigen Schülerinnen und Schülern illustriert werden, da die Kleinklasse für Lernbehinderte eigentlich für diese Schülergruppe weder konzipiert wurde noch besondere pädagogische Vorkehrungen getroffen wurden, um Kindern gerecht zu werden, die der Unterrichtssprache nicht in genügendem Ausmass mächtig sind. *Kronig* (1996, S. 69) konnte zeigen, dass über einen Zeitraum von 14 Jahren (Schuljahr 1980/81 bis 1993/94) der Anteil der Kinder mit fremder Muttersprache in Kleinklassen für Lernbehinderte von 23% auf 49,8% zunahm. Unterdessen dürften mehr fremdsprachige Kinder in diesen Klassen unterrichtet werden als Kinder mit Schweizer Pass. Die Kleinklassen für Lernbehinderte nehmen demnach mehr und mehr Kinder auf, die vordergründig nicht im eigentlichen Sinne lernbehindert sind, womit ihre Rolle als Auffangbecken zur „Entproblematisierung" der Regelklassen verdeutlicht wird.

Im Rahmen der bereits angesprochenen Integrationsforschungen konnten einige Ergebnisse gefunden werden, die gegen oder zumindest nicht explizit für eine Einrichtung von Förderklassen sprechen. Leistungsmässig erreichen integriert beschulte Lernbehinderte im Vergleich zu jenen, die in Kleinklassen unterrichtet werden, grössere Lernfortschritte (*Haeberlin, Bless, Moser, Klaghofer* 1991, S. 229-259 und *Bless* 1995, S. 26-29 und 44-46). Bisherige Untersuchungen liefern keinerlei Anhaltspunkte dafür, dass gute Mitschüler in Regelklassen durch die Integration von Lernbehinderten in ihrer Entwicklung benachteiligt werden (*Bless, Klaghofer* 1991). Langzeitwirkungen der Beschulungsart deuten auf Vorteile der Integration hin. Insbesondere scheinen das berufliche Anspruchsniveau sowie das Gelingen eines Berufsabschlusses ehemals integrierter Lernbehinderter deutlich positiver zu sein als jene separierter Kinder (*Riedo* 1998). Bezüglich des emotionalen Wohlbefindens, einzelner Variablen zur Entwicklung der Persönlichkeit sowie des finanziellen Aufwandes konnten keine bedeutsamen Unterschiede zwischen Integrations- und Kleinklassen gefunden werden (vgl. *Bless* 1995, S. 18-40). Die Einstellung der Lehrpersonen gegenüber der Integration muss als ambivalent betrachtet werden. Sie befürworten zwar die Idee der Integration im Grundsatz, äussern sich aber hinsichtlich der konkreten Realisierung eher zurückhaltend (*Bless* 1995, S. 36-39 und 48-51). Bezüglich der sozialen Akzeptanz befinden sich lernbehinderte und verhaltensauffällige Kinder in Integrationsklassen in einer schwierigen Situation. Allerdings muss betont werden, dass dieser Befund für andere Behindertengruppen nicht gilt. Letztere scheinen eine mit ihren Mitschülern vergleichbare soziale Akzeptanz zu erfahren. Zudem konnte festgestellt werden, dass in Kleinklassen für Lernbehinderte vergleichbare Mechanismen wie in Integrationsklassen die Beliebtheitsrangordnung zu determinieren scheinen, weshalb die Aussonderung von Lernbehinderten zur Verbesserung ihrer sozialen Stellung keine Lösung darstellt (*Bless*

1995, S. 18-21 und 41-42). Betrachtet man die dargestellten Ergebnisse der Integrationsforschung insgesamt, so überwiegen die Vorteile einer integrierenden Schulung. Die Einrichtung von Förderklassen würde ohne ausreichende Berücksichtigung der diskutierten Forschungsergebnisse geschehen. Es bleibt zu bemerken, dass sich die hier dargestellten Ergebnisse vorwiegend auf Lernbehinderte beziehen, wobei in diversen Studien ähnliche Ergebnisse auch für geistig-, seh-, hör- sowie körperbehinderte Kinder gefunden wurden.

In Förderklassen wie Sonderschulklassen wird versucht, durch Selektionsverfahren homogene Lerngruppen oder Schülerpopulationen zu bilden. Die Möglichkeit der Homogenisierung von Schülergruppen muss aber grundsätzlich bezweifelt werden. Ausserdem scheint die Annahme besserer Entwicklungschancen in „homogenen" Lerngruppen eher Mythos als Realität zu sein. In diesen Klassen kann unabhängig von der Unterbringung der besonderen Lerngruppe in einem Regelschulhaus oder in einer Sonderschule kein pädagogischer Nutzen aus der Vielfalt und der positiven Anregungen durch das gemeinsame Lernen mit „unauffälligeren" Mitschülerinnen und Mitschüler gezogen werden. An den positiven Einfluss einer anregenden Schülergruppe wird weder gedacht, noch wird er als solcher wahrgenommen. Vielmehr wird implizit davon ausgegangen, dass Lern- und Entwicklungsfortschritte vorwiegend über die pädagogische und/oder therapeutische Beeinflussung durch Fachpersonen zustande kommen. Der Verzicht auf eine anregende Lernumwelt zeugt von einer naiven Überschätzung der pädagogischen Beeinflussungsmöglichkeiten durch das Fachpersonal. Eine systemische Betrachtung pädagogischer Prozesse sollte auch auf die Beeinflussung durch die Peer-Gruppe aufmerksam machen.

Schliesslich kann mit der Einrichtung von Förderklassen die Stigmatisierung, die betroffene Kinder und Eltern durch den Sonderschulbesuch erfahren, nicht überwunden werden. Trotz der Unterbringung in Regelschulhäusern bleiben Förderklassen besondere Klassen für besondere Schüler, was unweigerlich Etikettierungen und damit einhergehende Stigmatisierungen mit sich zieht. Solche Mechanismen dürften in Integrationsklassen eher abgeschwächt werden. Dort scheint es entsprechend dem Slogan „Es ist normal verschieden zu sein" eher möglich, Normabweichungen zu tolerieren. In einer integrationsfähigen Schule werden im Vergleich zu Förderklassen Normabweichungen nicht durch das Vorhandensein einer besonderen schulischen Organisationsform herausgestrichen und institutionalisiert. Untersuchungen von *Wocken* (1993) und *Preuss-Lausitz* (1998) zur sozialen Distanz gegenüber andersartigen Kindern stützen diese Annahme. Ferner sollte diesbezüglich auch die kontrollierte Längsschnittuntersuchung von *Riedo* (1998) berücksichtigt werden, in der deutlich wird, dass Abgänger von Förder- beziehungsweise Kleinklassen im Vergleich zu ehemals integrierten Lernbehinderten beim Einstieg in die Berufsausbildung stark benachteiligt zu sein scheinen. Obwohl letztere in den Abschlussstufen der Kleinklassen speziell und sorgfältig auf den Berufseinstieg vorbereitet werden, nimmt die Berufswelt eher Jugendliche auf, die nicht das Etikett der Kleinklasse tragen. Auf Benachteiligungen dieser Art kann verzichtet werden; sie sind überflüssig.

4. Ausblick

Zusammenfassend können folgende Gesichtspunkte angeführt werden, die die Einrichtung von Förderklassen als Organisationsform auf dem Weg zur integrationsfähigen Schule teilweise stützen:
- wohnortnahe Beschulung für einen im Vergleich zu Sonderschulen grösseren Anteil der Kinder,
- organisatorische Integration ins Regelschulsystem,
- Erleichterung der Kooperationsmöglichkeiten mit den benachbarten Regelklassen,
- höheres Begabungskonzept lernschwacher Kinder.

Gegen die Einrichtung von Förderklassen sprechen:
- Gefahr einer zunehmenden Aussonderung aufgrund einer herabgesetzten Hemmschwelle für Aussonderungsentscheide, da Förderklassen in Regelschulhäusern und somit im Vergleich zur Sonderschule in einer weniger restriktiven Umgebung untergebracht sind,
- Rolle der Förderklassen als Auffangbecken für Kinder, die den Regelschulunterricht in irgend einer Art stören oder hemmen,
- Integration vorteilhafter gegenüber der Separation (was auf Förderklassen zutrifft) laut Ergebnissen der Integrationsforschung,
- Verzicht auf das entwicklungsanregende Potential "unauffälliger" Mitschülerinnen und Mitschüler in Förderklassen und vordergründig Bevorzugung der Beeinflussungsmöglichkeiten durch Fachpersonen,
- Stigmatisierung der Sonderschüler auch in Förderklassen.

Im vorliegenden Beitrag wurden verschiedene Aspekte zur Frage diskutiert, ob die Förderklasse als Organisationsform als ein Schritt hin zur integrationsfähigen Schule bewertet werden kann. Ohne den Anspruch auf Vollständigkeit der dargelegten Argumente zu erheben, zeichnet sich eine klar negative Antwort auf die gestellte Frage ab. Die diskutierten Gesichtspunkte, die die Förderklasse als Annäherung zur integrationsfähigen Schule erscheinen lassen, führen nicht zwingend zu einer integrationsfähigeren Schule. Beispielsweise wird durch sie nur für einen etwas grösseren Anteil der Sonderschüler mehr Wohnortnähe geschaffen; die gewünschte Kooperation mit den Regelschulklassen wird zwar erleichtert, aber sie entsteht nicht zwangsläufig und ist auf die Bereitschaft der beteiligten Personen angewiesen; schliesslich darf der positive Einfluss des durch die besondere Bezugsgruppe der Förderklasse künstlich erzeugten hohen Begabungskonzeptes auf die Entwicklung der Schüler nicht überschätzt werden. Demgegenüber wurden Aspekte diskutiert, die unmissverständlich zeigen, dass mit der Förderklasse keineswegs ein Zwischenschritt hin zur integrationsfähigen Schule realisiert werden kann. Mit der Einrichtung von Förderklassen wird vor allem die bisherige Aussonderungspraxis mit einer nur scheinbar neuen Organisationsform (im pädagogischen Kontext ist kein Unterschied zwischen Sonder- und Förderklasse festzustellen; beide Organisationsformen bauen auf die Idee eines pädagogischen Schonraumes für eine selektionierte Schülergruppe) weiter zementiert und somit der Einrichtung einer integrationsfähigen Schule entgegengewirkt. Die bisherige auf Separation ausgerichtete Bildungspolitik verändert sich in ihren Grundzügen nicht. Der Widerspruch, eine integrationsfähige Schule schrittweise mit separierenden Organisationsformen realisieren zu wollen, kann auch mit der verlockenden Bezeichnung „Förderklasse" nicht aufgelöst werden.

Literatur

Bleidick, Ulrich: Historische Theorien: Heilpädagogik, Sonderpädagogik, Pädagogik der Behinderten. In: *Bleidick, Ulrich* (Hrsg.): Handbuch der Sonderpädagogik, Bd. 1, Theorie der Behindertenpädagogik. Berlin: Marhold 1985, S. 253-272

Bless, Gérard: Zur Wirksamkeit der Integration. Forschungsüberblick, praktische Umsetzung einer integrativen Schulform, Untersuchungen zum Lernfortschritt. Bern, Stuttgart, Wien: Haupt, 1995

Bless, Gérard: Sprachheilschule – eine Institution für die Zukunft? In: Schweizerische Zeitschrift für Heilpädagogik 48 (1997), S. 14-22

Bless, Gérard/ Klaghofer, Richard: Begabte Schüler in Integrationsklassen: Untersuchung zur Entwicklung von Schulleistungen, sozialen und emotionalen Faktoren. In: Zeitschrift für Pädagogik 37 (1991) S. 215-223

Bundesamt für Statistik: Schülerinnen, Schüler und Studierende 1996/97. Bern 1998

Haeberlin, Urs/ Bless, Gérard/ Moser, Urs/ Klaghofer, Richard: Die Integration von Lernbehinderten. Versuche, Theorien, Forschungen, Enttäuschungen, Hoffnungen. Bern, Stuttgart, Wien: Haupt, ²1991

Kolonko, Beate/ Krämer, Inge: Heilen – separieren – brauchbar machen. Aspekte zur Geschichte der Sprachbehindertenpädagogik. Pfaffenweiler: Centaurus-Verlagsgesellschaft. 1992

Krampen, Guenter: Kausalattribuierung guter Noten und Selbstkonzepte eigener Fähigkeiten in vier Kohorten lernbehinderter Schüler. In: Heilpädagogische Forschung 9 (1983) S. 133-143

Kronig, Winfried: Besorgniserregende Entwicklungen in der schulischen Zuweisungspraxis bei ausländischen Kindern mit Lernschwierigkeiten. In: Vierteljahresschrift für Heilpädagogik und ihre Nachbargebiete (VHN), 65 (1996), S. 62-79

Lovay, Gilbert/ Panchard, Serge: Integration im Wallis. Die Schulen von Martigny und Sitten.. In: *Bürli, Alois/ Bless, Gérard* (Hrsg.): Schulische Integration behinderter Kinder. Beispiele aus der Schweiz. Luzern: Edition SZH/SPC, 1994, S. 91-120

Lauth, Gerhard/ Wilms, Walter: Ursachenerklärung von Erfolg und Misserfolg lernbehinderter Sonderschüler im Verlaufe des Sonderschulbesuchs. In: Heilpädagogische Forschung 8 (1982), S. 229-241

Muth, Jakob: Zur politischen Dimension der Integration. In: *Eberwein, Hans* (Hrsg.): Handbuch Integrationspädagogik. Kinder mit und ohne Behinderung lernen gemeinsam. Weinheim u. Basel: Beltz, [4]1997, S. 17-24

Moser, Urs: Das Selbstkonzept des lernbehinderten Schülers. Untersuchung in Hilfsklassen, Regelklassen und Regelklassen mit heilpädagogischer Schülerhilfe. In: Vierteljahresschrift für Heilpädagogik und ihre Nachbargebiete (VHN), 55 (1986), S. 151-160

Pierrehumbert, Blaise: "J'aimerais aimer l'école ..." Quelques donnés sur les images et les idéaux des élèves en difficulté scolaire. In: *Pierrehumbert, Blaise* (Hrsg.): L'échec à l'école: échec de l'école? Neuchâtel Paris (1992), S. 177-212

Preuss-Lausitz, Ulf: Bewältigung von Vielfalt – Untersuchungen zu Transfereffekten gemeinsamer Erziehung. In: *Hildeschmidt, Anne/ Schnell, Irmtraud* (Hrsg.): Integrationspädagogik. Auf dem Weg zu einer Schule für alle. Weinheim u. München: Juventa, 1998, S. 223-240

Rheinberg, Falko/ Enstrup, B.: Selbstkonzept der Begabung bei Normal- und Sonderschülern gleicher Intelligenz: Ein Bezugsgruppeneffekt. In: Zeitschrift für Entwicklungspsychologie und Pädagogische Psychologie. 9 (1977), S. 171-180

Riedo, Dominicq: Die Lebens- und Arbeitszufriedenheit von jungen Erwachsenen mit der Biographie als schulleistungsschwache Schüler in Sonder- und Regelklassen. Schlussbericht zu Handen des Schweizerischen Nationalfonds zur Förderung wissenschaftlicher Forschung. Unveröffentlichter Bericht (Publikation ist in Vorbereitung). Heilpädagogisches Institut der Universität Freiburg/Schweiz, 1998

Wocken, Hans: Bewältigung von Andersartigkeit. Untersuchungen zur Sozialen Distanz in verschiedenen Schulen. In: *Gehrmann, Petra/ Hüwe, Birgit* (Hrsg.): Forschungsprofile der Integration von Behinderten. Essen: Neue Deutsche Schule Verlagsgesellschaft, 1993, S. 86-106

Wocken, Hans: Zukunft der Sonderpädagogik. In: Gemeinsam leben 3 (1995), S. 108-115

Almut Köbberling

Der Integrationsgedanke stößt an die Grenzen des Systems - Strukturveränderungen im schulischen Alltagsleben des Sekundarbereichs[1]

1. Integration und schulische Grundstrukturen

Nach 10 Jahren prozessbezogener Arbeit ist in Hamburg die wissenschaftliche Begleitung des Schulversuchs „Integrationsklassen in Sekundarschulen" abgeschlossen. In diesem Zeitraum haben sich in 16 Gesamtschulen und 3 Haupt- und Realschulen Integrationsklassen zum festen Bestandteil der Schulen entwickelt. 7 Jahrgänge von Schülerinnen und Schülern mit und ohne Behinderungen haben ihre Schulzeit des gemeinsamen Lebens und Lernens - oft in Kindergarten und Grundschule begonnen - inzwischen abgeschlossen. Die ersten Jugendlichen haben über unterschiedliche Ausbildungsgänge - vom Studium bis zum integrativen Förderlehrgang - ihren Weg ins Berufsleben gefunden.

Weiterhin aber wird integratives Lernen in der Sekundarstufe als spannungsvoller Auftrag gesehen - in der öffentlichen Diskussion wie in der innerschulischen Entwicklungsarbeit. Grundstrukturen der pädagogischen Arbeit haben sich herausgebildet und konsolidiert, und doch werden pädagogische Grundverständnisse und die Bedingungen schulischen Lernens auch als widersprüchlich erlebt.

Vielfältige und wiederkehrende Erfahrungen aus den Integrationsklassen des umfassenden Hamburger Schulversuchs bilden die Grundlage für die folgenden Überlegungen zu Möglichkeiten und Grenzen integrativen Lernens im Rahmen der schulischen Voraussetzungen, insbesondere in Gesamtschulen.

Die Schülerinnen und Schüler dieser Klassen haben Schule und Unterricht unter den folgenden Grundbedingungen kennengelernt:

---

[1] überarbeitete und aktualisierte Fassung des Beitrags „Der Integrationsgedanke stößt an die Grenzen des Systems: Strukturveränderungen im schulischen Alltagsleben" aus: *Henschel, Angelika* (Hrsg.): Konzepte der (Sonder) Pädagogik in Ost und West. Bd. 22 d. Dokumentationen der Ev. Akademie Nordelbien. Bad Segeberg: C.H. Wäser, 1993, S. 111-125 (mit freundlicher Genehmigung: Verlag C.H.Wäser KG – GmbH&Co.)

- Kinder mit den verschiedensten Behinderungen können mit nichtbehinderten Kindern zusammen in einer Klasse lernen: eine Ausgrenzung bestimmter Behinderungsarten und -grade findet nicht statt (Prinzip der offenen Aufnahmetoleranz),
- Ein Team von drei pädagogisch Tätigen ist für alle Fragen der Klasse ansprechbar: Gesamtschullehrer/in, Sonderpädagoge/in mit ½ Stelle und Sozialpädagoge/in mit einer ¾ Stelle arbeiten zusammen und verantworten die pädagogische Arbeit in der Klasse gemeinsam (Prinzip der multiprofessionellen Versorgung). In allen Unterrichtsstunden können zwei pädagogisch Tätige anwesend sein.
- Nicht alle Schülerinnen und Schüler lernen zu allen Zeiten das Gleiche: Je nach den individuellen Voraussetzungen und Möglichkeiten erhalten die Kinder einer Klasse unterschiedliche Aufgaben und erreichen unterschiedliche Ziele (Prinzip des zieldifferenten Lernens).
- Die Leistungen werden in der Regel für alle Schülerinnen und Schüler bis Klasse 7, evtl. auch in Klasse 8, nicht über Zensuren, sondern in individuellen Entwicklungsberichten beurteilt (Prinzip der individuellen Leistungsnorm).
- In Parallelklassen gelten diese besonderen Lernbedingungen nicht. Die Teilnahme an einer Integrationsklasse erfolgt im Rahmen des Schulversuchs freiwillig (Prinzip der Freiwilligkeit).

Die Grundprinzipien der Arbeit in Integrationsklassen umreißen das Integrationsverständnis, um das es geht:
- Der Anspruch auf ein Leben und Lernen in einer anregungsreichen sozialen Gemeinschaft kann nicht auf bestimmte Gruppen eingegrenzt werden und keine Ausgrenzung anderer aufgrund individueller Besonderheiten gestatten.
- Um aber alle Kinder in ihrer individuellen Persönlichkeitsentwicklung fördern und unterstützen zu können, ist ein hohes Maß an Individualisierung der Lernangebote und der pädagogischen Begleitung erforderlich.
- Die Aufgabenteilung und Zusammenarbeit von mehreren pädagogisch Tätigen im Team ist die Antwort auf die komplexe Aufgabe der individuell angemessenen Unterstützung jedes einzelnen in der sozialen Gemeinschaft der heterogenen Lerngruppe.
- Die Begleitung und Beurteilung der Lernprozesse nach dem Maßstab individueller Lernvoraussetzungen und Entwicklungsrhythmen statt nach normierten Leistungsmaßstäben entspricht der Unterschiedlichkeit der Lernmöglichkeiten, Lernziele und Lernwege der sehr verschiedenen Schülerinnen und Schüler.

Integration an den Grenzen des Systems im Sekundarbereich

Sind Unterricht und Erziehung in diesem Grundverständnis vereinbar mit den Aufgaben und Strukturen der Sekundarstufe – oder: Wie kann eine Vereinbarkeit hergestellt werden, entstehen?

„An Grenzen stoßen" können wir in unterschiedlicher Weise erleben und verarbeiten: Sie können uns starr und unabänderlich entgegentreten, als unverrückbare Mauern, die uns einzwängen und an denen unsere Gestaltungsabsichten abprallen und schließlich ein Ende finden; oder aber wir erleben Begrenzungen als Hindernisse und Widerstände, die auch nachgiebig sein können, auf aktives Stoßen mit Ausweitung, Umformungen, Einbrüchen im Mauerwerk reagieren. An Grenzen findet zudem Begegnung zwischen nebeneinander bestehenden Systemen statt: Es entsteht Kontakt, Austausch wird möglich, unterschiedliche Sichtweisen und Bedürfnisse finden deutlichere Konturen, und aus der Begegnung heraus kann Entwicklung entstehen.

Die vielfältigen Erfahrungen aus der Grundschule bestätigen die dynamische, Wirklichkeit verändernde Möglichkeit der Begegnung mit vorgefundenen Barrieren: Auch hier bedeutete es eine Herausforderung an Selbstverständnisse und Arbeitsweisen der pädagogisch Tätigen, dass der Anspruch, eine Schule für alle Kinder zu sein, auf Kinder mit Behinderungen ausgeweitet und gewohnte Grenzziehungen aufgehoben werden sollten; aber schrittweise und in kontinuierlicher Ausweitung konnten Integrationsklassen in der Grundschule Eingang finden. Erleichternd war dabei, dass integrationspädagogische Erfordernisse wesentlichen Grundverständnissen und Reformansätzen in der Grundschularbeit entsprechen: Individualisierung des Lernens durch Binnendifferenzierung, die gleichwertige Beachtung sozialen Lernens in der Gruppe, ganzheitliches Lernen unter Einbeziehung aller Sinne und des Erlebens, Lernen als aktive Aneignung in selbstgesteuerten Handlungen sind Prinzipien der Grundschularbeit, die die Einbeziehung von Kinder mit Behinderungen in stimmiger Weise ermöglichen. Demgemäß kann heute als vielfach bestätigt festgestellt werden, dass integrativer Unterricht in der Grundschule allen Kindern zugute kommt und auch grundsätzlich dem Anspruch, den Unterrichtsstrukturen und Arbeitsprinzipien der Grundschule entspricht.

In der Sekundarstufe aber wird das Verhältnis von Integrationsvorhaben einerseits und schulischen Selbstverständnissen und Arbeitsstrukturen andererseits widersprüchlich: Dem Anspruch, alle Kinder ihren Möglichkeiten entsprechend zu fördern, ohne die Einbettung in die Gemeinschaft der sozialen Gruppe aufzugeben, steht nun entgegen, dass im Verlauf der Sekundarstufe eine Selektion der Schülerinnen und Schüler nach normierten Leistungen stattfindet. Äußere Differenzierung in Lerngruppen unterschiedlicher Leistungsniveaus leitet den Selektionsprozess organisatorisch ein; abgeschlossen wird er mit unterschiedlichen Berechtigungen für weiterführende Bildungsgänge im Schulabschlusszeugnis.

Im gegliederten Schulsystem ist die vorgängige Segregation der Schülerinnen und Schüler von Beginn an strukturbestimmend, und Integrationsvorhaben müssen sich von vornherein auf eine ausgelesene Schülerschaft beschränken. Gesamtschulen unterliegen durch das Anmeldeverhalten von Eltern zwar auch diesen Selektionsprozessen; sie sind aber dem Prinzip der Offenheit für alle Schülerinnen und Schüler und dem Erhalt von heterogenen Lerngruppen verpflichtet. Daher können Integrationsklassen sich hier ebenso stimmig in die Ausgangssituation einer breit gefächerten Schülerschaft eingliedern wie in der Grundschule. Allerdings setzt mit der äußeren Fachleistungsdifferenzierung auch in Gesamtschulen die Trennung in hierarchisch gegliederte, über externe Normen definierte Leistungsgruppen ein. Darüber hinaus löst sich über die Wahl von unterschiedlichen Wahlpflichtfächern der ursprüngliche Klassenverband in vielen Unterrichtsstunden auf. So entsteht die Frage, ob – oder wie – der Integrationsgedanke mit den Strukturen und Bedingungen der Schulform verträglich bleibt oder werden kann.

Mit den Teams der Hamburger Integrationsklassen an Gesamtschulen haben wir in der wissenschaftlichen Begleitung des Schulversuchs in einem umfassenden gemeinsamen Bilanzierungsprozess die Erfahrungen ausgewertet, die in den derzeitigen Strukturen und Arbeitsbedingungen der Gesamtschulen gemacht wurden. Von den Erfahrungen mit den Grenzen des Systems möchte ich im Folgenden berichten.

2. Entwicklung im Unterricht in den Jahrgängen 5/6

In der Grundschulzeit sind in den Integrationsklassen in der Regel vertraute, nahe Beziehungen zwischen Kindern, Eltern und pädagogisch Tätigen gewachsen. Die Kinder haben Sicherheit in Formen des selbständigen und kooperativen Lernens gefunden und erleben sich selbst als groß und gewachsen!

Der Übergang zur Gesamtschule fordert nun grundlegende Umstellungen bei den Kindern. Insbesondere die Größe der Schule mit der Unüberschaubarkeit des Gebäudes und der Menge der großen Schülerinnen und Schüler bzw. fremder Lehrerinnen und Lehrer, die Struktur des Fachunterrichts im festen Stundentakt, die Vielzahl neuer Lehrerinnen und Lehrer mit wechselnden Unterrichtsstilen stellen Herausforderungen dar, die oft vorweg Unsicherheit und ängstliche Erwartungen entstehen lassen. Wie werden insbesondere für Kinder mit Behinderungen diese veränderten Anforderungen zu bewältigen sein?

Wir sehen heute deutlich, dass alle Kinder, auch die mit Behinderungen, sich auf der äußeren, organisatorischen Ebene oft besser orientieren können, als die Erwachsenen ihnen zutrauten. Das große Gebäude etwa bereitet den Kindern keine besonderen Schwierigkeiten! Gleichzeitig aber beansprucht der innere Prozess, sich in der neuen Gruppe zurechtzufinden, neue Beziehungen aufzubauen und den eigenen Stand in der Gruppe zu finden, oft weit mehr Energie und Zeit, als erwartet wird, auch bei Kindern ohne Behinderungen. Unruhiges, bei einzelnen Kindern stark auffälliges und provozierendes Verhalten und Regressionen in frühere Verhaltensmuster sind Anzeichen hierfür. Wichtiger als fachlicher Unterricht ist im ersten Halbjahr daher oft der soziale Prozess in der Gruppe, und die pädagogisch Tätigen nehmen sich die Zeit dafür in Projekten, Klassenreisen, Tagesaktionen und Klassennachmittagen.

Aber nicht nur die Kinder, auch die pädagogisch Tätigen müssen grundlegende Veränderungen in der Struktur ihrer Arbeit eingehen und bewältigen:

– Die Zusammenarbeit im multiprofessionellen Team muss völlig neu entwickelt und erlernt werden, und in wechselseitiger Abstimmung im Team müssen neue, vielfältige Unterrichtsformen entwickelt werden, die allen Schülerinnen und Schülern ein individuell angemessenes Lernen in der Gemeinsamkeit der heterogenen Gruppe ermöglichen.
– Die Orientierung im fremden System der Gesamtschule kostet auch bei den Erwachsenen, insbesondere Sonder- und Sozialpädagogen, Energien und Zeit.
– Für Sozialpädagoginnen und Sozialpädagogen ist das Arbeitsfeld „Unterricht" völlig neu und unklar in den Aufgabenstellungen; für Sonderpädagoginnen und Sonderpädagogen ist die Komplexität des Gesamtschulsystems vermutlich ebenso schwierig wie für die Kinder, und sie müssen sich auf die erweiterte Bezugsgruppe unterschiedlich behinderter und nicht behinderter Kinder einstellen; für Lehrerinnen und Lehrer ist es völlig neu und ungewohnt, Aufgaben in der Klasse abzugeben und zu teilen.

Alle gemeinsam müssen ein neues Aufgabenverständnis als pädagogisches Team entwickeln, ihre Rollen darin finden und zu gleichwertigen, befriedigenden Aufgabenverteilungen kommen. Tendenziell gegeneinander abgegrenzte Berufsverständnisse müssen zugunsten eines gemeinsamen Arbeitsverständnisses abgeschmolzen, spezifische Kompetenzen zugleich aber wirksam eingebracht werden. Der Gruppenprozess der Klasse muss sich auch im Team selbst vollziehen können, und so zeigt sich, dass es höchst hilfreich – wenn nicht notwendig – ist, wenn das Team unter Supervision den eigenen Gruppen- und Arbeitsprozess gründlich reflektieren kann.

In der Unterrichtsgestaltung gehört die in heterogenen Lerngruppen notwendige Binnendifferenzierung grundsätzlich zum Selbstverständnis der Arbeit in Gesamtschulen. Durch die Aufnahme von Kindern mit Behinderungen erweitert sich das Spektrum unterschiedlicher Lernvoraussetzungen aber so, dass die Umsetzung des Anspruchs nun auch zwingend wird und dass zudem für Lehrerinnen und Lehrer qualitativ neue, erweiterte Lernformen ihren Platz finden müssen: sinnliche Erfahrungen, handelndes Lernen, die Verknüpfung von Erleben und kognitivem Durchdringen, das Stiften und Stärken von sozialen Beziehungen müssen einen systematischen Platz in der Unterrichtsgestaltung gewinnen. Sozialpädagogen und Sonderpädagogen können hier wesentliche Anregungen einbringen, eine wechselseitige teaminterne Fortbildung kann beginnen.

Unter solchen Bedingungen entwickelt sich zumeist im Laufe von Jahrgang 5/6 eine eigene pädagogische Kultur in den Klassen. In vielen Besuchen fand ich zum einen die veränderte Atmosphäre in den Klassen auffallend: Da ist Zeit für persönliche Gespräche, Raum für warme und wärmende Kontakte, und nach der Unterrichtszeit geschieht es immer wieder, dass die Kinder immer noch dableiben wollen und etwas erzählen, bereden oder zu Ende führen wollen.

In der Arbeitsweise, den Arbeitsformen, liegt die andere wesentliche Dimension der Veränderung des Unterrichts:

- Eine wichtige Form ist die Wochenplanarbeit, die die Kinder in der Regel aus der Grundschule kennen. Selbständiges Arbeiten an selbstgewählten Themen, Üben an individuell angemessenen Aufgaben und Zusammenarbeit mit ganz unterschiedlichen Partnern, eben auch Mitschülerinnen und Mitschüler mit Behinderungen, sind hier möglich.
- Die überzeugendste Form in der Einschätzung der pädagogisch Tätigen sind Projekte: ein gemeinsames Thema kann hier wirklich durch ganz verschiedene Aufgaben erschlossen und bearbeitet werden, fachliche Einsichten können handelnd und anschließend systematisierend erworben werden, und fächerübergreifend können Zusammenhänge sichtbar und erfahrbar werden.
- Auch der „normale" Fachunterricht verändert sich. Insbesondere spielerische Formen (vom Quartett und anderen Regelspielen über Pfänderspiele und Bewegungsspiele bis zu Rollenspielen) ermöglichen immer wieder sowohl die emotional heitere und sozial kooperative als auch handelnde Auseinandersetzung mit Lernaufgaben.

Eine tragfähige Basis, ein solider Stamm integrationspädagogischer Arbeit kann sich so in Weiterführung der Strukturen aus der Grundschule entwikkeln. Spezifische Strukturen der Gesamtschule kommen zwar im System des fachlich gegliederten Unterrichts zur Geltung, können aber durch flexible Handhabungen und inhaltliche Abstimmungen getragen werden, sofern die Zahl der Fachlehrerinnen und -lehrer noch gering ist und stabile Kooperationsbeziehungen aufgebaut werden.

Trotz großer zeitlicher und persönlicher Belastungen führt der Entwicklungsprozess in Jahrgang 5/6 immer wieder zu einer hohen Zufriedenheit der pädagogisch Tätigen mit der neuen, herausfordernden Arbeit. Sie wird als sinnvoll, die Entwicklung der Kinder stärkend und pädagogische Ansprüche einlösend erlebt. Spannungen im System der Schule entstehen aufgrund der Herausforderung, neue Arbeitsweisen zu entwickeln, nicht aber aufgrund grundsätzlicher Unstimmigkeiten. Vielmehr werden Ansprüche verwirklicht, die im Prinzip für alle Klassen des Jahrgangs gelten.

3. Erfahrungen mit den Unterrichtsstrukturen ab Jahrgang 7

In Jahrgang 7 und 8 vollziehen sich dann aber Entwicklungen, die als schwierig, wenn nicht krisenhaft erlebt werden. Zwei in Hospitationen kurz nacheinander erlebte Situationen in Jahrgang 8 fangen das Spektrum der Prozesse und der darin wirksamen Faktoren ein:

- *Wochenplanarbeit während einer Mathematik-Stunde*

Nur aus den Fächern Deutsch und Mathematik werden noch Stunden und Aufgaben in den Wochenplan eingegeben. In anderen Fächern gelingt die Absprache nicht mehr, denn nun sind weitere Klassen mit der Integrationsklasse verkoppelt: Seit Jahrgang 7 gibt es die Leistungsdifferenzierung in Englisch und Mathematik, im oberen Kurs gemeinsam mit Schülerinnen und Schüler einer Parallelklasse; dazu wählt jede/r 2 jahrgangsübergreifend organisierte Wahlpflichtfächer. Der Rahmen der Integrationsklasse ist überschritten.

Ole, im Rollstuhl an seinem Platz sitzend, hat ein Schüsselchen mit Joghurt vor sich, schaut vergnügt um sich, kommentiert manches, was er sieht und konzentriert sich immer mal wieder darauf, einen Löffel mit Joghurt zu füllen und zum Mund zu führen.

Die Kinder um ihn herum arbeiten zumeist an ihren Gruppentischen: Einige diskutieren Mathematik-Aufgaben, andere bearbeiten Fragen zu Texten aus dem Deutsch-Ordner, und zwischendurch werden kleine Gespräche geführt – über die Aufgaben und ihre Lösungen ebenso wie über persönliche Erlebnisse. Es herrscht eine vergnügte und zugleich konzentrierte Arbeitsatmosphäre.

Als ein Junge an Oles Gruppentisch aufsteht, um sich eine neue Aufgabe zu holen, wuschelt er im Vorbeigehen über sein Haar, beim Zurückkommen bleibt er stehen und spricht lachend mit Ole. Ein anderer spielt ein Händeklatsch-Spiel mit ihm, bevor er sich der nächsten Aufgabe zuwendet.

- *Mathematik im oberen Leistungskurs*

Ole besucht diesen Kurs zusammen mit einem Mitschüler, der in Mathematik seine besonderen Stärken hat, beim Lesen aber Hilfe braucht; so kann die Sozialpädagogin beide Schüler unterstützen.

Es ist ein Test geschrieben worden, und manche Schülerinnen bzw. Schüler beschweren sich, dass Oles Anwesenheit sie stört: „Ich will gute Noten haben und muss mich auch anstrengen! Das nervt, wenn der da einfach lacht, so Geräusche macht und isst. Ich kann mich dann nicht konzentrieren." Ein anderer Schüler wirft ein: „Warum sagst du 'der da', sag doch Ole!" Das war ein Schüler der Stammklasse; die anderen kamen aus der Parallelklasse und kannten Ole noch nicht so lange. Es wurde lange darüber geredet, was stört und warum, und was für wen anstrengend ist; alle Kinder nahmen sich ernst und wurden ernst genommen in ihren Einwänden – mit dem Ergebnis, dass bei den nächsten Tests erst einmal die Sozialpädagogin mit Ole im Gruppenraum etwas anderes tun werde, vielleicht ein Frühstück mit ihm vorbereiten ...

Es wird deutlich: Die äußere Fachleistungsdifferenzierung mit Zensurengebung löst neue Prozesse aus. In den gemischten Lerngruppen muss ein neues Kennenlernen stattfinden, mit neuen Fachkolleginnen und -kollegen müssen Erwartungen und Arbeitsweisen neu abgeklärt werden; Wochenplanstunden z.B. müssen mühsam dem Stundenplan abgerungen werden. Integration droht in Widerspruch zu geraten zu fachlichen Leistungsverständnissen. Noten werden wichtig als Beweise für Leistung: das Ergebnis auf dem Papier zählt – nicht, wie es zustande gekommen ist; für die Bedürfnisse behinderter Kinder und für Kommunikation und Interaktion bleibt im Unterricht dann vielleicht zunehmend weniger Raum. Grenzen der Integration tauchen am Horizont auf und werden mit neu hinzukommenden Fachlehrerinnen und -lehrern immer wieder – und auch heftig – diskutiert.

Aber vielleicht liegen in den geschilderten Situationen auch bereits Hinweise auf andere Entwicklungsmöglichkeiten: Allen wurde deutlich, dass für diejenigen, die mit Ole vertrauter sind, seine Geräusche weniger störend sind, und dass er beim selbständigen Essen sich auch anstrengt. Leistungsverständnisse könnten sich verändern: Ist es nicht gerade eine gute Mathematik-Leistung, wenn wir es schaffen, 'Störungen', insbesondere aber die Bedürfnisse von Mitmenschen, einzubeziehen statt uns dagegen abzuschotten? Die unterschiedlichen Formen der Unterrichtsorganisation setzen dabei den Rahmen für Lern- und Bewertungsprozesse: Heterogenität der Bedürfnisse kann als abwechslungsreiche Vielfalt erfahrbar werden oder Störung für linear gedachte Abläufe bedeuten.

In der Bilanzierung der Erfahrung wurde deutlich, dass die veränderten Unterrichtsstrukturen ab Jahrgang 7 und 8 sowohl Gefährdungen als auch Entwicklungschancen mit sich bringen. So erleben die Schülerinnen und Schüler die mit der äußeren Differenzierung einsetzende Öffnung der Klasse in den Jahrgang hinein als Bereicherung: In Wahlpflichtkursen können sie Neigungen nachgehen und persönliche Stärken ausbauen; der Radius sozialer Kontakte erweitert sich.

Auf der anderen Seite aber wird die Integrationsarbeit in hohem Maße als gefährdet und eingeschränkt erfahren, und auf diese bedrohlichen Grenzerfahrungen soll im Folgenden ausdrücklicher eingegangen werden:

– Die Klasse teilt sich auf in viele verschiedene Lerngruppierungen, und entsprechend verteilen sich die Mitglieder des Kernteams auf unterschiedliche Gruppen und Fächer.
– Es bleiben immer weniger gemeinsame Klassenstunden, in denen sich alle miteinander erleben können, in denen Erfahrungen ausgetauscht und die gewachsenen Beziehungen gepflegt werden können, in denen auch die engen Beziehungen zwischen Schülerinnen und Schülern und pädagogisch Tätigen sowie im Kernteam selbst lebendig bleiben können.
– Die Zahl der Fachlehrerinnen und -lehrer, die mit wenigen Stunden oft nur einen Teil der Klasse unterrichten, steigt auf etwa 20;
– damit können Kooperationsbeziehungen nur schwer entwickelt und kontinuierlich gepflegt werden, Absprachen mit der Doppelbesetzung im Unterricht finden oft nur punktuell und zwischen Tür und Angel statt.
– In der Folge findet eine Neugestaltung des Unterrichts, der ein gemeinsames Lernen in der heterogenen Gruppe ermöglicht, weit weniger statt, als von den Kernteams gewünscht und erwartet wird: In der Struktur des Fach- und Kursunterrichts wird Wochenplanarbeit reduziert oder sie fällt fort, Projekte werden seltener, und auch fachintern tritt projektorientiertes Arbeiten zurück hinter einer starken Lehrgangsorientierung im verbal und lehrerdominierten Frontalunterricht. Erschrocken wird in den Teams aufgemerkt: „Wir fallen hinter unsere eigenen Ansprüche und bereits entwickelten Arbeitsformen wieder zurück."

4. Bindung und aktives Einwirken des Integrationsgedankens im System der Gesamtschule

Die Skizze in Abb. 1 fasst zusammen, wie bedrängend das System der Bedingungen erlebt wird, unter denen sich Integration „einrichten" muss.

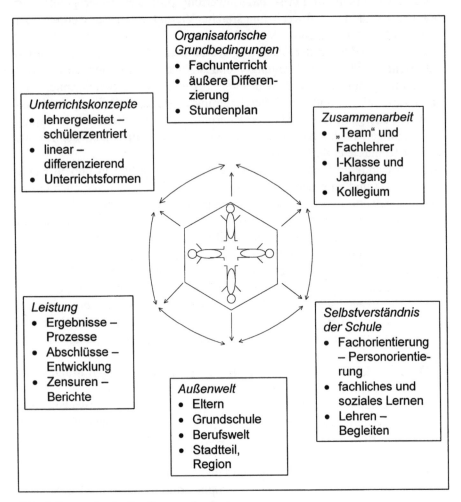

Abb. 1: Integration in den Grenzen des Systems

Deutlich wurde bereits vor allem, wie die organisatorischen Grundbedingungen des Fachunterrichts, der äußeren Differenzierung und starrer Stundenrhythmen einerseits und die instabilen, in der Menge überfordernden Arbeitsbeziehungen in wechselnden Teamkonstellationen andererseits die

Integration an den Grenzen des Systems im Sekundarbereich

Zusammenarbeit und die Entwicklung integrativer Unterrichtskonzepte erschweren.

Dahinter, darunter – und in unmittelbarer Verzahnung mit den organisatorischen Bedingungen – aber stehen Grenzziehungen, die sich aus unterschiedlichen Erwartungen an Schule und Lernen herleiten. Im Mittelpunkt steht die Frage nach dem Leistungsverständnis. Die oben berichtete Szene aus dem Mathematik-Unterricht verweist darauf, dass das Verhältnis von fachlichem und sozialem Lernen immer wieder durchdacht werden muss; die Integration beider in einem umfassenden Leistungsbegriff, der Prozesse wie Ergebnisse würdigt und neben normativen Kriterien die der individuellen Lernmöglichkeiten anlegt, gelingt aber kaum, wenn über Abschlussnormen und Ziffernzeugnisse ein verengtes Leistungsverständnis an Schule herangetragen wird. Sowohl durch die Erwartungen von Eltern und Schülerinnen und Schüler als auch durch fachlich begrenzte Selbstverständnisse im Kollegium wird die Festigung integrativer Lern- und Leistungsverständnisse, in deren Mittelpunkt nicht nur fachliche Lehrpläne, sondern die gesamte Persönlichkeitsentwicklung der Jugendlichen steht, erschwert.

Erdrückend wirkt das Geflecht der etablierten Bedingungen, auf die die hochwachsenden Integrationsklassen stoßen und an denen sie sich reiben! Welche Prozesse entstehen nun im Kontakt mit den Grenzen?

Mag am Anfang der Bilanzierung der Eindruck des Erdrücktwerdens mitunter bestimmend gewesen sein, so trat im Prozess der Klärungen jedoch die aktiv gestaltende und eingreifende Rolle der Integrationsklassen in den Vordergrund. Deutlich wurde, dass es hier wie in der Grundschule nicht nur um Bedingungen für Kinder mit Behinderungen geht, sondern um Verbesserungen der Qualität von Schule, die allen zugute kommen. Immer wieder wurde bewusst: Für andere Klassen und Kolleginnen und Kollegen gilt das Gleiche - sei es der notwendige Spielraum für Muße und Gelassenheit in der Anfangszeit, sei es die Forderung nach Binnendifferenzierung, erweiterten Lernformen und vielfältigen Materialien, sei es die Sehnsucht nach weniger Hektik, mehr Überschaubarkeit und Konstanz im Tagesablauf und in den sozialen Beziehungen.

Die Suche nach Lösungswegen bestimmte das Nachdenken, und indem Knotenpunkte im zunächst diffusen, verworrenen Netzwerk sichtbar wurden, konnten auch Eingreifstellen erkannt und Schritte der Veränderung geplant werden.

Wesentliche Zielrichtungen für solche Vorhaben sind folgende:
- Zentral ist die Entwicklung von Organisationsmodellen für den Unterricht, die ein ausgewogeneres Verhältnis von äußerer und innerer Differenzierung erlauben; der Erhalt gemeinsamer Lernzeiten im Klassenverband wird als wesentliche Voraussetzung für die Fortsetzung integrativer Prozesse unter den Jugendlichen gesehen. Zusammenhän-

gende Lernzeiten in der heterogenen Gruppe, z.B. in Form von Klassentagen oder Projekttagen, bieten die Möglichkeit, fachübergreifende und stärker interaktive Lernsituationen zu gestalten. Die flexible Handhabung von äußerer Differenzierung in Fachleistungskursen ist ein anderer Weg des modifizierenden Umgangs mit den vorgefundenen Organisationsstrukturen der Gesamtschule.

– Stabile und überschaubare Teamstrukturen sind das zweite wesentliche Entwicklungsvorhaben. Vielversprechend ist das Modell des Jahrgangsteams: Durch einen jahrgangsbezogenen Lehrereinsatz für jede einzelne Lehrkraft wird eine deutliche Schwerpunktbildung möglich, Koordination und Kooperation im Jahrgang werden erleichtert und gemeinsame Aufgabenverständnisse können mit einiger Aussicht auf Kontinuität über mehrere Jahre hin entwickelt werden.

– Bei der Komplexität der Aufgaben von Teamentwicklung, Rollenklärungen und Kooperationsverständnissen ist die Entwicklung wirkungsvoller Kooperationssysteme wesentlich. Supervision in sich konstituierenden Teams, regelmäßige Koordinations- und Planungstage im erweiterten Klassenteam und im Jahrgang, jahrgangsübergreifende Integrationskonferenzen und pädagogische Konferenztage für das gesamte Kollegium können wichtige Elemente sein, um zu abgestimmten Arbeitsverständnissen, zu einem tragfähigen pädagogischen Selbstverständnis der Schule und zu einem stimmigen Schulprofil zu kommen.

– Nicht nur nach innen, sondern auch nach außen wird der Ausbau von Kooperationsbeziehungen wichtig: Wollen Integrationsklassen ihre bedrängte Inselsituation verlassen und vor allem auch eine stimmige Verbindung mit der außerschulischen Situation der Jugendlichen ermöglichen, so müssen sie den offenen Dialog mit Eltern, Berufsschulen und eventuell Arbeitgebern eingehen, in die Öffentlichkeit des Stadtteils (z.B. Stadtteilkonferenzen) treten und so den Integrationsgedanken aus dem Rahmen der Schule hinaus in die Außenwelt tragen. Schülerinnen und Schüler mit Behinderung bedürfen der Begleitung und Unterstützung in das außerschulische Umfeld hinein, damit sie dort Kontakte knüpfen und nach der Schulzeit ihren Ort finden können.

– Im Wandel der pädagogischen Aufgaben wird Fortbildung benötigt: Neue Unterrichtskonzepte machen fachdidaktische und methodische Weiterbildung vieler Lehrerinnen und Lehrer notwendig; Teamarbeit und personzentrierte pädagogische Selbstverständnisse fordern erweiterte Kompetenzen der Gesprächsführung. Wesentlich ist, dass die Aufgaben der Fort- und Weiterbildung nur zu einem gewissen Teil in individueller Lernorganisation geleistet werden können, geht es doch um die Entwicklung gemeinsamer Arbeitsverständnisse und Kooperationsstile im Team, im Jahrgang, im Kollegium. Teaminterne und schulinterne Fortbildungsangebote werden benötigt, und diese können ein Instrument der schulischen Organisationsentwicklung werden.

5. Integration als Bestandteil von Schulentwicklung

Inzwischen haben die verschiedenen Schulen begonnen, Änderungsschritte in den skizzierten Entwicklungsrichtungen konkret vorzunehmen: Es gibt Jahrgangsteams, schulinterne Fortbildung, frühzeitige Kontaktaufnahme zu Fachlehrerinnen und -lehrern und gemeinsame Vorbereitungstreffen oder Fallbesprechungen, Absprachen mit Kolleginnen und Kollegen der Parallelklassen über gemeinsame Wochenplanarbeit und flexible Differenzierungen, Klassentage und jahrgangsübergreifende Projekte.

Dabei zeigt sich, dass Vorhaben und Veränderungen an je einer Stelle zugleich Rückwirkungen auf verschiedene andere Knotenpunkte haben: In der Vernetzung der Variablen, die das Handlungsfeld bestimmen, bleibt keine ohne Einfluss auf die anderen. Beginnt ein Team mit Supervision, so werden nicht nur Rollenklärungen vorangetrieben, sondern auch Beziehungen zu Kindern geklärt, damit pädagogische Grundeinstellungen vertieft betrachtet, gemeinsame Arbeitsverständnisse auf neue Ebenen gehoben. Ähnliches gilt für Fallbesprechungen im erweiterten Team, die zunächst vielleicht primär der Einführung neuer Fachkolleginnen und -kollegen galten; in der Folge solcher Klärungsprozesse entstehen dann leicht auch veränderte Kontakte zur Außenwelt (Eltern, soziale Dienste, offene Jugendarbeit ...) oder neue organisatorische Regelungen im Unterricht – das gesamte System der Bedingungen ist dann berührt. Über Koordinationskonferenzen im Jahrgang werden Unterrichtsmodelle entwickelt, die für alle Klassen sinnvoll sein können, und von da aus werden auch flexiblere Regelungen im Stundenplan mit der Zielsetzung fächerübergreifender Lernangebote und epochaler Lernorganisation vorstellbar. Klassen- und Projekttage werden im Interesse aller Schüler organisierbar, „Profilklassen" entstehen als neue projektbezogene Organisationsform des Lernens in Jahrgang 9... Die Reihe möglicher Kettenwirkungen ließe sich fortsetzen.

Anliegen aus Integrationsklassen werden zu Impulsen für gesamtschulische Erneuerungen, oder aber allgemeinpädagogische und integrationsspezifische Reformbestrebungen ergänzen und unterstützen einander, führen zum gemeinsamen Schulentwicklungsprozess.

Wichtig ist für uns die Erfahrung, dass die Menge der Entwicklungsaufgaben nicht als erdrückende, unbewältigbare Masse gesehen werden muss, sondern dass Einwirkungen an einer Stelle bereits das Gefüge in Bewegung bringen können und damit durchaus umfassendere Entwicklungen in Gang setzen können.

Stellte sich die Situation der Integrationsklassen im Organisationsrahmen der Schulen zunächst - in einer eher statischen Sicht - wie im geschlossenen Raum gefangen, wenngleich nach außen drängend, dar, so erscheint im Rückblick das prozessbezogene Bild der Entwicklungsspirale kennzeichnender. Integrationsklassen sind Bestandteil der Schule, und als solche entwickeln sie sich im und mit dem Schulganzen, in dieses eingebunden und das Ganze zugleich mitgestaltend. Im Prozess selbst mögen Bewegungen manchmal kaum wahrnehmbar sein; Arbeitsformen mögen nur unspektakulär modifiziert werden, die Qualität des gemeinsamen Lernens im Kurssystem mag zeitweise u.U. schwer erkennbar sein. Und doch wird in den Schulen - im Rückblick auf die vergangenen Jahre - eine veränderte Qualität des Lernens festgestellt: Die Gegenwärtigkeit von Schülern mit Behinderungen in prinzipiell allen Bereichen der Schule, die Lebendigkeit des Projektlernens und die Arbeit im Team sind „Schulalltag" geworden.

Für die Jugendlichen selbst ist dies alles ohnehin „normal" gewesen, ebenso wie auch Konflikte im Zusammenleben zu dieser Normalität gehörten. So konnte eine Integrationsschülerin später als Studentin im Seminar zum gemeinsamen Lernen nur schwer die besorgten Fragen ihrer Kommilitonen aufnehmen und beantworten: Für sie waren Schule und Unterricht interessant gewesen, aber das gemeinsame Lernen mit Frank und Katja als behinderten Mitschülern war „nichts Besonderes".

Gemeinsames Lernen in der Sekundarstufe kann – auch in widersprüchlichen und spannungsvollen Strukturen – „normales" lebendiges Lernen sein.

Literatur

Boban, Ines/ Köbberling, Almut: Der Weg wird, indem wir ihn gehen. In: Behinderte in Familie, Schule und Gesellschaft 14 (1991), S. 5-21

Köbberling, Almut: Wie es weitergehen kann: Integrationsklassen auf der Sekundarstufe. In: Die Grundschulzeitschrift 50 (1991), S. 50-54

Köbberling, Almut: Wohin führt der Weg? Integration in der Sekundarstufe I. In: Grundschule 29 (1997) 11, S. 30-32

Köbberling, Almut: Soziale Identitätsentwicklung in Integrationsklassen der Sekundarstufe. In: *Preuss-Lausitz, Ulf/ Maikowski, Rainer* (Hrsg.): Integrationspädagogik in der Sekundarstufe. Weinheim u. Basel: Beltz, 1998, S. 123 - 135

Köbberling, Almut: Gemeinsamkeit und Vielfalt in der Sekundarstufe. Wege in verschiedene Lebenswelten teilen. In: *Hildeschmidt, Anne/Schnell, Irmtraud* (Hrsg.): Integrationspädagogik. Weinheim u. München: Juventa, 1998, S. 257 - 276

Schley, Wilfried/ Boban, Ines/ Hinz, Andreas: Integrationsklassen in Hamburger Gesamtschulen. Hamburg: Curio, 1989

Schley, Wilfried/ Köbberling, Almut: Integration in der Sekundarstufe. Hamburg: Curio, 1994

Schley, Wilfried/ Köbberling, Almut: Integrationsklassen in der Sekundarstufe I. Bericht der Wissenschaftlichen Begleitung. Behörde für Schule, Jugend und Berufsbildung, Hamburg 1998

Kapitel 3:

Qualifizierung für integrative Organisationsformen sonderpädagogischer Förderung

Urs Haeberlin

Heil- und sonderpädagogische Lehrerbildung - Wozu eigentlich?

1. Gegen die schulorganisatorisch verengte Sonderpädagogik

Die unterschiedlichen Bezeichnungen unseres Faches sind irritierend. Ich werde in meinen Ausführungen den Begriff „Heilpädagogik" verwenden. Für mich ist entscheidend, dass ich ihn nicht als schulorganisatorischen Begriff oder als Begriff zur Fachabgrenzung verwenden will, sondern als Bezeichnung für eine bestimmte pädagogische Grundhaltung.

Unter der Fachbezeichnung „Sonderpädagogik" hat sich an Universitäten und Pädagogischen Hochschulen weitgehend eine Einschränkung auf Sonder*schul*pädagogik vollzogen. Ich unterstelle dieser Entwicklung ein standespolitisches Interesse, die Eigenständigkeit der Sonderschullehrer durch einen universitären Überbau zu legitimieren. Ich unterstelle zudem, dass die sich an den Universitäten und Hochschulen nach Behinderungstypen ausdifferenzierenden Sonderpädagogiken zum legitimierenden wissenschaftlichen Überbau der verschiedenen Sonderschultypen geworden sind. Diese institutionelle Entwicklung konnte dem professionellen Selbstbewusstsein der Sonderschullehrertypen, wie der korrespondierenden Professorentypen, dienen.

Die weitgehende Reduktion des Fachs auf „Sonder*schul*pädagogik" und damit auf seine Legitimationsfunktion für das Sonderschulsystem ist für mich einer der Gründe, warum ich immer bei der Bezeichnung „Heilpädagogik" geblieben bin. Bereiche der vorschulischen und außerschulischen Heilpädagogik sind von manchen sonderpädagogischen Ausbildungsstätten für mehrere Jahrzehnte fallengelassen worden. Und auf die Integrationsbewegung konnte sie mit der sonderschulbezogenen Entstehungsgeschichte nicht vorbereitet sein.

2. Heilpädagogik als Pädagogik für Schwache und Benachteiligte

Heinrich Hanselmann, seit 1931 Inhaber der ersten Universitätsprofessur für Heilpädagogik in Europa, definierte Heilpädagogik als „die Lehre vom Unterricht, von der Erziehung und Fürsorge aller jener Kinder, deren körperlich-seelische Entwicklung dauernd durch individuale und soziale Faktoren gehemmt ist." (*Hanselmann* 1976, S. 12). Sein Schüler und Nachfolger *Paul Moor* betonte unermüdlich, dass Heilpädagogik nichts anderes als Pädagogik sei, und zwar Pädagogik unter erschwerten Bedingungen. Auch mit der Einführung des Wortes „Behindertenpädagogik" durch *Bleidick* wurde am Verständnis unseres Faches als Pädagogik nicht gerüttelt. Ich selbst habe mich in meiner 1996 erschienenen Grundlegung einer Allgemeinen Heilpädagogik für den Buchtitel „Heilpädagogik als wertgeleitete Wissenschaft" entschieden. Im Untertitel spreche ich von einem „Einführungsbuch in Grundfragen einer Pädagogik für Benachteiligte und Ausgegrenzte". Einerseits betone ich damit die durch *Hanselmann* begründete Tradition, Heilpädagogik als Pädagogik zu verstehen. Anderseits setze ich mich damit von einer schulorganisatorischen oder anderswie institutionslegitimierenden Sichtweise ab und konzentriere mich auf den ethischen Aspekt der Parteinahme für Schwache und Benachteiligte.

3. Die Integrationsbewegung stellt die Sonderschulpädagogik in Frage!

Seit etwa zwei bis drei Jahrzehnten wird die Aussonderung von Schülern mit Lernbeeinträchtigungen in spezielle Schulen von der integrationspädagogischen Bewegung als unangemessen beurteilt. Der Anspruch jedes Kindes auf Integration in die Regelschule wird als Grundrecht postuliert. Die Bewegung fordert, dass Integration eine ethische und keine bloß schulorganisatorische Kategorie zu sein hat. Integration muss auf dem Wert der Solidarität mit benachteiligten Menschen fußen. Als Begründung der schulischen Integration steht die These im Vordergrund, dass Solidaritätserfahrungen schon in der Schulumwelt für eine integrationsfähige Gesellschaft eine wesentliche Voraussetzung sind. Demgegenüber hofft die traditionelle Sonderschulpädagogik, durch Separierung der Schwachen und Benachteiligen in Sonderschulen Inseln der Menschlichkeit für benachteiligte Kinder und Jugendliche wenigstens während der Schulzeit schaffen zu können. Die These vom notwendigen Schonraum der Sonderschule deutet auf den fehlenden Glauben an ein solidarisches Klima in der Regelschule.

Demgegenüber lebt Integrationspädagogik vom Glauben daran, dass ein solches Klima in der Regelschule entstehen kann.

Die in den meisten deutschen Bundesländern zu beobachtende Entwicklung zur Sonderpädagogik als Förderpädagogik und zu Förderzentren muss nicht, aber kann zur Verlegung der Förderung von lernbeeinträchtigten Schülern in die Regelschulen und damit zur schulorganisatorischen Integration von Schwachen und Benachteiligten führen. Diese Entwicklung halte ich zwar für sinnvoll, aber ich möchte gleichwohl vor Tendenzen warnen, die Umwandlung von Sonderschulen zu Förderzentren gleichzeitig als Gelegenheit zu Einsparungen benützen zu wollen. Dadurch würde das Integrationspostulat missbraucht und als Legitimation zur weiteren Unterhöhlung der gesellschaftlichen Verpflichtung zur Übernahme der Kosten für Solidarität mit Schwachen und Benachteiligten benützt.

Die Beschränkung auf die Aspekte der bloß organisatorischen Integration, beispielsweise mittels ambulant arbeitender Förderzentren, und der davon erhofften Kostenersparnis könnte schwerwiegende Konsequenzen für den zukünftigen Umgang mit Benachteiligten und Ausgegrenzten haben. In der Regel wird aus organisatorischen Gründen an der Schulleistungsnorm für homogene Altersgruppen festgehalten und zwischen „klassenzielkonform" und „klassenzielabweichend" unterrichtbaren schwachen Schülern unterschieden (*Haeberlin* 1992). Diese schulorganisatorische Klassifizierung enthält die Gefahr eines neuartigen, verkappten pädagogischen Selektionsprinzips. Den trotz besonderer Stütz- und Fördermaßnahmen „nicht zielgleich Förderbaren" droht das Los, als die endgültig Gescheiterten und als die „Nicht-Integrationsfähigen" in der Klasse zu sitzen. Es kann zur Sichtweise kommen: Für diese hat sich der Kostenaufwand nicht „gelohnt". Damit besteht die Gefahr, dass sie als die trotz Zusatzmaßnahem „Nicht-Bildbaren" gewertet werden. Es könnte dann leicht der Schritt von dieser Wertung zur *Ent*wertung erfolgen. Welches Leiden dies für die Betroffenen bedeuten würde, ist eine Frage, die nicht aus dem Blickfeld verlorengehen darf.

Von Vertretern der Integrationsbewegung wird die Notwendigkeit einer besonderen Ausbildung in Heil-, Sonder- und Förderpädagogik gelegentlich in Frage gestellt. Denn in einer guten Regelpädagogik müssten ja dieselben didaktischen und methodischen Prinzipien des Unterrichtens gelehrt werden wie in der Pädagogik für schwache Schüler. Ich persönlich zögere nicht zuzugeben, dass die Betonung der Eigenständigkeit und Andersartigkeit der Sonderpädagogik gegenüber der Regelpädagogik unter anderem auch Ausdruck standespolitischer Motive sein könnte. Die Integrationspädagogik ist ein notwendiger Anlass, um über Notwendigkeit und Besonderheit einer heilpädagogischen Ausbildung unter Verzicht auf standespolitische Interessen nachzudenken.

4. Wertgeleitete Heilpädagogik hat einen gesellschaftspolitischen Auftrag

Heilpädagogik als Pädagogik für Benachteiligte und Ausgegrenzte hat einen weit über das Schulorganisatorische hinausgehenden Auftrag: die Verteidigung des Anspruchs jedes Menschen, auch jedes schwer- und schwerstbehinderten Kindes, auf Erziehung und Bildung. Das Bildungsrecht, ja sogar das Lebensrecht, von Menschen mit Behinderungen ist in unserer Kultur immer wieder akut oder latent gefährdet. In der europäischen Geschichte ist Solidarität mit behinderten Menschen nie zur Selbstverständlichkeit geworden. Auch heute gibt es wieder breite Tendenzen, Behinderten aus Kostenüberlegungen den Anspruch auf ein nicht antastbares Lebens- und Bildungsrecht abzusprechen. Heilpädagogik als Bewahrerin des Anspruchs auf das Lebens- und Bildungsrecht jedes Menschen wird wieder mehr denn je herausgefordert sein, will sie sich nicht an der schon voraussehbaren Barbarei der Zukunft - gentechnologisch ermöglichte Züchtung Erwünschter und Eliminierung Unerwünschter - mitschuldig machen. Aus dieser Sicht muss die heilpädagogische Ausbildung andere Dimensionen verstärkt mit einbeziehen als nur die Dimension einer speziellen Didaktik und Vermittlungsmethode.

Keinesfalls soll jedoch damit gemeint sein, dass wir die didaktische und unterrichtsmethodische Ausbildung vernachlässigen sollen. Der Grundsatz des Bildungsrechts für jeden Menschen ist nur in die Realität umsetzbar, wenn bei der Vermittlung von Bildung das didaktische Individualisierungsprinzip beherrscht wird. Es ist unumgänglich, dieses in der heilpädagogischen Ausbildung so gründlich und in solcher Konkretheit zu vermitteln, dass die zukünftigen Förderpädagoginnen und -pädagogen als die kompetentesten Spezialisten für individualisierte Diagnostik des Entwicklungs- und Lernstandes eines einzelnen Kindes und für individualisierte Entwicklungsanregung und Lernförderung gelten. Es handelt sich um jene Kompetenzen, welche *Heimlich* (1997, S. 76) als „das Modell schülerorientierter Förderung" darstellt, das „nicht an einen spezifischen Förderort gekoppelt ist".

Aus solcher Perspektive gesehen müssen wir heilpädagogische Lehrpersonen ausbilden, welche zum Kollektivprinzip in der Schule quer stehen und vermeintliche Selbstverständlichkeiten wie die Organisation nach Jahrgangsklassen sowie das Einheitsziel und die Einheitsmethode für alle Schüler jeder Klasse kritisieren. Das nach dem Kollektivprinzip organisierte Schulwesen wird immer wieder für jene Kinder zum Problem, welche sich zu stark von der Einheitsnorm unterscheiden. Die schulorganisatorische Problemlösung war bisher das Sonderschulsystem. In den Sonderklassen konnte eine gewisse, aber immer noch unbefriedigende Annäherung an das Individualisierungsprinzip möglich werden.

5. Heilpädagogische Ausbildung ist Vorbereitung auf die Praxis der Pädagogik für Leistungsschwache und Benachteiligte

Grundsätzlich ist davon auszugehen, dass für das Unterrichten in allen Bereichen der Schule ähnliche didaktische Kompetenzen notwendig sind. So gesehen könnte die Überschneidung der Ausbildungen von Regelschullehrern und Sonderschullehrern bedeutend größer sein, als sie heute ist. Eigentlich finde ich keine Argumente dagegen, einen großen Teil der Regelschullehrerausbildung mit einem großen Teil der Sonderschullehrerausbildung zusammenzulegen. Wenn für uns die Auffassung verbindlich ist, dass Heilpädagogik nicht etwas anderes als Pädagogik sei, dann muss sich dies ja auch in gleichen inhaltlichen Teilen der Ausbildung niederschlagen.

Wenn ich Heilpädagogik jedoch als wertgeleitet in dem Sinne verstehe, dass sie die pädagogische und gesellschaftspolitische Anwaltschaft für Benachteiligte und Ausgegrenzte übernimmt, dann erscheint eine eigenständige heilpädagogische Ausbildung oder ein heilpädagogisches Aufbaustudium als absolut notwendig. Dies trifft so lange zu, wie die Regelpädagogik den Auftrag solcher Anwaltschaft nicht in ihrem handlungsleitenden Selbstverständnis hat und sich gemäß gesellschaftlichem Auftrag in erster Linie am Prinzip der Selektion und Eliminierung der Schwächeren orientiert.

Es erscheint mir als selbstverständlich, dass in der Ausbildung von Sonderschullehrern und -lehrerinnen jene Kompetenzen ebenfalls erworben werden, welche man von Regelschullehrern und -lehrerinnen erwartet: Kenntnis des zu vermittelnden Stoffes, fachdidaktisch fundierte Strukturierung von Unterricht, Planung und Durchführung von Unterrichtseinheiten mit einer Schulklasse, Erfassen von sozialpsychologischen Vorgängen in einer Klasse u.a.m. Meines Erachtens gibt jedoch die Aufgabe der Anwaltschaft für Benachteiligte und Ausgegrenzte einigen Dimensionen in der heilpädagogischen Ausbildung eine besondere Bedeutung, beispielsweise der Dimension der Verankerung einer ethischen Grundhaltung in der Persönlichkeit der heilpädagogischen Lehrpersonen, der Dimension des Leidens am Grundwiderspruchs zwischen heilpädagogischer Vision und gesellschaftlicher Realität, der Dimension der Zusammenarbeit mit andern Lehrpersonen, Spezialisten und Eltern und der Dimension der individualisierten Entwicklungs- und Lerndiagnostik sowie der individualisierten

Entwicklungsanregung und Lernförderung. Die letztgenannte Dimension kann durchaus spezialisierte Ausbildungsteile für bestimmte Behinderungsarten (z.B. Besonderheiten bei Sinnesschädigungen), Syndrome (z.B. Besonderheiten bei Kindern mit autistischen Merkmalen) oder Entwicklungsstörungen (z.B. Störungen im Spracherwerbsprozeß) erforderlich machen; dies rechtfertigt aber kaum die mancherorts fast völlig voneinander abgegrenzten Ausbildungsstränge, die einfach die verschiedenen Sonderschularten abbilden und institutionell legitimieren.

6. Die Grundfrage der Ausbildbarkeit von wertbezogenen Haltungen

Seitdem über pädagogische Prozesse reflektiert wird, steht immer wieder einmal die Frage im Raum, ob beim „guten" Lehrer bestimmte Persönlichkeitszüge und Grundhaltungen vorausgesetzt werden müssen, welche durch Ausbildung nicht aufgebaut werden können. Als *Heinrich Hanselmann* in den 30er Jahren eine heilpädagogische Ausbildung aufbaute, war er davon überzeugt, dass „gute" Heilpädagogen und Heilpädagoginnen bereits vor der Ausbildung erkennbar sind. Er vertrat die Ansicht, dass mit Hilfe von geeigneten Auswahlverfahren jene Studierenden ausgewählt werden sollten, welche die nicht ausbildbaren Persönlichkeitsmerkmale mitbringen. Die Funktion der Ausbildung sah er in der Ausstattung von vorausgewählten, geeigneten Persönlichkeiten mit „modernem" psychologischem Wissen, mit diagnostischem Können und mit pädagogisch-didaktischen Kompetenzen (*Hanselmann* 1928, 1949).

Wir schütteln zwar heute über *Hanselmanns* naiven Glauben an die prognostische Validität von Persönlichkeitstests eher den Kopf, als dass wir ihn in diesem Punkt bewundern. Aber in der Grundfrage, ob es nichtausbildbare Qualifikationen von „guten" Heilpädagogen und Heilpädagoginnen geben könnte, sind wir bis heute nicht weiter. Immer wieder einmal machen wir die Erfahrungen, dass ein Kandidat oder eine Kandidatin einfach nicht den emotionalen Zugang zu Kindern findet, obschon das didaktische Handwerkszeug erworben worden ist. Oder wir müssen feststellen, dass unsere Vermittlung von Theorien des Dialogischen, der Partnerschaftlichkeit und der Achtung vor dem Anderen bei einzelnen Kandidaten nicht zu fruchten scheinen.

Auf die Frage der Ausbildbarkeit von Werthaltungen habe ich auf der Grundlage meiner wertgeleiteten Heilpädagogik nur *eine* Antwort: Der Grundsatz des Vertrauens in die Entwicklung jedes Menschen gilt für uns Dozenten auch gegenüber Studierenden. Das heilpädagogische Menschenbild selbst verbietet mir, von nicht entwickelbaren Persönlichkeitsmerkmalen und Haltungen unserer Studierenden zu sprechen, und gebietet mir, an das Entwicklungspotential jedes und jeder Studierenden zu glauben.

7. Vermittlung von ethischen Grundlagen

Wertgeleitete Heilpädagogik als ethische Haltung hat nur dann eine Chance, wenn sie als zentrales berufsethisches Anliegen zumindest der heilpädagogischen Lehrpersonen verankert ist. Der Vermittlung von grundlegenden berufsethischen Prinzipien und Haltungen gebe ich höchste Priorität (vgl. *Gröschke* 1993, *Haeberlin* 1988, 1994, 1995, 1996, *Meister/Sander* 1993). Nur wenn dies in der heilpädagogischen Ausbildung gelingt und auch in die Ausbildung der Regelschullehrer einfließen kann, hat der Wandel zur integrationsfähigen Schule eine Chance. Entsprechende Aussagen hat *Alfred Sander* im Rahmen des Aufbaus eines integrativen Schulsystems im Saarland gemacht: „Wichtiger als die Vermittlung von vielem Sachwissen aus der Differentiellen Behindertenpädagogik und ihren Hilfswissenschaften ist die Vermittlung von Einsicht in die humanistische Begründung der Integration und die Weckung der einstellungsmäßigen Bereitschaft zu Mitarbeit." (*Sander* 1993, S. 194). Einige Haltungselemente, die es in der Ausbildung zu vermitteln gilt, werden nachfolgend erläutert.

- *Ideologische Offenheit*

Wer dialogische Partnerschaft mit Benachteiligten realisieren und damit Schule und Gesellschaft integrationsfähig lassen werden will, soll sich um Distanz zu jeder ideologischen Festschreibung bemühen und als höchste Tugend die Offenheit gegenüber den Bedürfnissen und Nöten von hilfsbedürftigen Kindern, Jugendlichen und Erwachsenen anstreben. Das Dozieren über diese ethische Grundlage unseres Berufs hat dann eine Chance, bei den Auszubildenden „anzukommen", wenn der oder die Dozierende diese selbst glaubhaft lebt, indem er oder sie Nöte, Sorgen und Widersprüche von Studierenden als Äußerungen von geachteten Partnern annimmt. Dies bedeutet aber nicht, dass von Hochschullehrern und -lehrerinnen kein klarer eigener Standpunkt vertreten werden soll! Den eigenen Standpunkt transparent zu machen und mit wertgleiteten Argumenten zu verteidigen, wird von den Studierenden erfahrungsgemäß als ethische Integrität geschätzt.

- *Überzeugung vom Lebensrecht für alle*

Zur Zeit verbreitet sich eine utilitaristische Ethik (z.B. *Singer* 1984), welche das uneingeschränkte Lebensrecht jedes menschlichen Wesens relativiert. Der Anspruch auf Lebensrecht wird eingeschränkt auf jene Menschen, welche ein Minimalmaß an Intelligenz, Explorationsdrang, Selbstbewusstsein, Zeitgefühl und sprachlicher Kommunikationsfähigkeit erfüllen. Eine Pädagogik für Benachteiligte und Ausgegrenzte setzt eine ethische Haltung voraus, welche eindeutig gegen die Relativierung des Lebensrechts infolge jeder Form von Behinderung oder Abweichung Position bezieht. Diese ethische Grundlage finden wir beispielsweise in der pädagogischen Tradition, die auf *Pestalozzi* zurückgeht. Er ist der einseitigen Vernunftsicht der Aufklärung nicht erlegen und hat Kants rationalistische Ethik durch Begriffe wie „Liebe" und „Religion" ergänzt (*Pestalozzi* 1797). Dies in der Ausbildung zu vermitteln, ist schwierig. Die Schwierigkeit zeigt die Grenzen von Ausbildung als geplante Vermittlung; vieles kann eben sowohl in der Erwachsenenbildung als auch in der Schule nicht geplant und nicht gemacht werden, und es wird sich doch immer wieder in dialogischen Situationen ereignen, ohne dass dies evaluierbar wäre.

- *Glaube an Bildbarkeit und Bildungsrecht für alle*

Mit dem Prinzip des Lebensrechts muss notwendigerweise das Prinzip des absoluten Rechts auf Erziehung und Bildung aller Menschen verbunden sein. Der Satz „Recht auf Erziehung ist Recht auf Leben" (*Haeberlin* 1989, S. 30) gilt auch in der Umkehrung. Hilfe zur Teilhabe an Bildung für *jeden* Menschen, unabhängig vom Grad der individuellen Erschwernisse, ist der zentrale Gedanke einer integrationsfähigen Schule und Gesellschaft. In der heilpädagogischen Ausbildung muss vermittelt werden können, welchen Verstoß gegen unsere heilpädagogischen Grundwerte es bedeutet, wenn einem Kind „Bildungsunfähigkeit" attestiert wird. Den Begriff der „Bildungsunfähigkeit" gilt es genauso aus dem Vokabular zu verbannen wie den Begriff der „Abnormität".

- *Engagement für Selbständigkeit und Lebensqualität für alle*

Bildungsrecht allein genügt nicht; das Ziel von Bildung muss höchstmögliche Selbständigkeit und Lebensqualität für jeden Menschen sein (*Hahn* 1994, *Seifert* 1994). Da sich diese Begriffe nicht inhaltlich definieren lassen, schlage ich vor, dass unseren Studierenden gelehrt wird, sich an Kants

Grundgesetz der praktischen Vernunft zu orientieren und sich in der realen Einzelsituation jeweils die Frage nach dem Verhältnis zwischen dem Einzelfall und seiner Bedeutung gegenüber einer Verallgemeinerung in der folgenden Weise zu stellen: „Wenn ich unsicher bin, ob dieser Schüler in seiner derzeitigen Unselbständigkeit und sozialen Abhängigkeit (*Hahn* 1981) sein soll, so muss ich mich fragen, ob ich selbst wollen kann, dass alle Menschen die festgestellte Unselbständigkeit und soziale Abhängigkeit zu ihrem Prinzip machen."

Es mag für manche Wissenschaftspuristen antiquiert wirken, dass ich für die heilpädagogische Ausbildung der Zukunft die Vermittlung von ethischen Haltungen in erste Priorität setze. Während vieler Jahrzehnte haben Postulate wie „Charakterbildung", „Pädagogik des Vorbildes" und ähnliches als veraltet und unwissenschaftlich gegolten. Aber ich bin überzeugt, dass es dabei um stets gültige, grundlegende pädagogische Sachverhalte geht, die wir in der Ausbildung nicht vernachlässigen dürfen.

8. Vorbereitung auf das Aushalten von Grundwidersprüchen

In der Dialektik von Separation und Integration kommen die gesellschaftlichen Grundwidersprüche zum Ausdruck, die es in unseren Berufen auszuhalten gilt. Für manche Pädagogen und Pädagoginnen bedeutet heute die schulische Integration von Schülern mit Lernbeeinträchtigungen die Vision des Humanen schlechthin. Aber dieselben Schüler werden zunehmend von der Integration ins Arbeitsleben ausgeschlossen. Der Widerspruch zwischen Integration von Leistungsschwachen in die Regelschule und ihrem Ausschluss aus dem Arbeitsleben kann rat- und hilflos machen.

Wir werden nicht um eine gründliche Aufarbeitung des Widerspruchs zwischen Realitäten gesellschaftlicher Ausgrenzung und Visionen einer integrationsfähigen Schule kommen. Wenn dieser nicht aufgearbeitet ist, drohen unsere Studierenden nach dem Eintritt in die Schulpraxis an diesem Widerspruch zu zerbrechen. Oder sie werden – ohne es ideologiekritisch reflektieren zu können – an der Systemerhaltung einer weiter selektionierenden Leistungsschule, womöglich sogar unter dem Deckmantel der „Integration", mitarbeiten. Denn der solidarisierende Wert der Gleichwertigkeit aller Menschen bei unterschiedlichsten, zum Teil im Produktionsprozess überhaupt nicht verwertbaren, Leistungspotentialen steht im Widerspruch zum Zweck einer wirtschaftlichen Konsum- und Wachstumsgesellschaft.

Oft beginnen Studierende ihre Ausbildung mit der Hoffnung, gesellschaftliche Widersprüche würden sich irgendwie harmonisieren lassen. Der Glaube an gesellschaftliche Harmonie wird gelegentlich auch von Politikern verbreitet, ... wenn man nur ihre Partei machen ließe.... . Vor Anfälligkeit für solche Verführungen soll die Ausbildung schützen. Sie soll aufzeigen, dass der Zwang zum Aushalten des Widerspruchs zwischen Realitäten gesellschaftlicher Unmoral und ethischen Visionen ein Wesensmerkmal des Menschen ist.

In besonderer Härte muss dies den Menschen in den Neuen Bundesländern bewusst geworden sein. Während vierzig Jahren mussten sie den Widerspruch zwischen Visionen sozialistischer Menschlichkeit und Realitäten totalitärer Unmenschlichkeit aushalten. Nach dem zunächst hoffnungsvollen Übertritt in die marktwirtschaftliche Gesellschaft setzt sich das Ertragen des Widerspruchs von Vision und Realität fort, diesmal des Widerspruchs zwischen Visionen hoffnungsvoller Menschlichkeit und Realitäten marktwirtschaftlicher Unmenschlichkeit.

Wenn wir in der Ausbildung das Wesensmerkmal des durch gesellschaftliche Widersprüche deformierten Menschen gemeinsam mit den Studierenden erarbeiten, dann wird sich uns als gemeinsames Problem die Frage nach dem gesellschaftsüberschreitenden Sinn der heilpädagogischen Arbeit stellen. Die Gemeinsamkeit zwischen Studierenden und Dozierenden ist dann nicht mehr die berufspolitisch motivierte Abgrenzung der Heil- und Sonderpädagogik, sondern die von uns allen verspürte Sehnsucht nach einem anderen *Sinn* unseres Tuns und Seins. Gemeinsame Sinnsuche wird dann die Ausbildung zum bereichernden Erlebnis werden lassen.

9. Sensibilisierung für das Leben in gesellschaftlicher Benachteiligung

Schüler mit Lernbeeinträchtigungen stammen mehrheitlich aus Familien, deren Benachteiligung viel umfassender ist als nur gerade schulbezogen.

„Daß es sich bei Lernbehinderungen und sozialer Benachteiligung nicht nur um ein Kovarianzverhältnis, sondern um eine ursächliche Verbindung handelt, wurde in den vergangenen Jahren immer eindeutiger belegt." (*Klein* 1996, S. 144).

Das sich heute wieder vergrößernde Ausmaß der Kinder- und Jugendarmut (vgl. *Warzecha* 1997; *Iben* 1996) ist ein Hinweis auf den in Zukunft zu erwartenden Umfang der sozial verursachten Lernbeeinträchtigungen.

Unter dem Eindruck des neuen Armutsschubs bei Kindern und Jugendlichen und dem daraus entstehenden Benachteiligungsdruck auf deren Lernvermögen in der Schule wird der verstärkte Einbezug einer sozialpädagogischen Perspektive in die heilpädagogische Ausbildung dringlich (*Angerhoefer* 1996). Der Teufelskreis von sozialer Benachteiligung und Armut muss in der Ausbildung thematisiert werden. Wenn heilpädagogische Lehrpersonen nicht darauf vorbereitet sind, werden sie dem Phänomen der zunehmenden sozialen Ungerechtigkeit, das den lernbeeinträchtigten Schülern widerfährt, kaum gewachsen sein. Schulische Lernbeeinträchtigung zu Beginn und während der Schulzeit ist Folge von sozial benachteiligenden Armutsverhältnissen; und nach Ende der Schulzeit wird sie zur Ursache von Arbeitslosigkeit und der Fortsetzung sozialer Benachteiligung und Armut in der jungen Generation benachteiligter Familien (*Klein* 1996).

Bis vor einigen Jahren war es für Sonderschüler und für Hauptschüler ohne Abschluss noch ohne weiteres möglich, auf Arbeitsplätzen mit einfachen und monotonen Arbeitsanforderungen ein Auskommen zu finden. Für die Sonderschullehrer bestand insofern Befriedigung, als sie annehmen konnten, dass ihr Schulunterricht für die Vorbereitung auf die Berufs- und Arbeitswelt einen Sinn gehabt hat. Solche Art von Zuversicht können wir zur Zeit in der Ausbildung nicht vermitteln. Die für Schulschwache geeignete Art von Arbeitsplätzen wird zunehmend wegrationalisiert oder als Folge globaler Umstrukturierungen des Arbeitsmarktes in Entwicklungsländer exportiert (*Jeschke* 1997, S. 493). Den Unterricht als Hilfe für lernbeeinträchtigte Jugendliche zu verstehen, nach der Schulentlassung möglichst reibungslos ins Arbeitsleben eintreten und sich damit in die Gesellschaft integrieren zu können, wird zunehmend zur Illusion.

Es gilt, in unserer Ausbildung für die Gründe zu sensibilisieren, warum die Schwachen zunehmend unter die Räder unserer auf Produktion und Konsumation fixierten Vermarktungsgesellschaft geraten. Unsere Absolventen müssen ein Bewusstsein davon bekommen, dass von der explodierenden Vermarktungsgesellschaft solidarisches Teilen von Arbeit und Wohlstand zwischen Erfolgreichen und Benachteiligten nur in beschränktem Maße zu erwarten sein wird. Die Differenz zwischen Desintegrierten und Integrierten, zwischen Verlierern und Gewinnern, zwischen Armen und Reichen bildet geradezu den Motor für das Vorantreiben der Vermarktung. Sich von noch Ärmeren und von noch stärker Benachteiligten durch Teilhabe am Konsum abgrenzen zu können, gibt der gesellschaftlichen Mehrheit den subjektiven Eindruck, noch dazu zu gehören. So können sich Marktprozesse fortsetzen und beschleunigen (*Gross* 1994). Notwendigerweise wird ein Rest an Verlierern übrigbleiben. Er wird sich zunehmend aus Schulabgängern der Sonder- und Hauptschulen bilden, „welchen es nicht gelingt, die Leitwährung des (Aus-) Bildungssystems - den mittleren Bildungsabschluß - zu erreichen" (*Storz* 1997, S. 398).

Es werden neue und weit bedeutsamere Aufgabenstellungen an die Pädagogik für Benachteiligte und Ausgegrenzte herantreten als die schulische Integration. Ins Zentrum rückt jetzt die Frage, wie eine Pädagogik für „marktbenachteiligte" Kinder und Jugendliche gestaltet werden könnte (*Storz* 1997). Zukünftige heilpädagogische Lehrpersonen müssen dafür ausgebildet sein, wie Jugendliche ganz praktisch auf den Umgang mit Arbeitslosigkeit vorbereitet werden können.

Diese Sichtweise heilpädagogischer Aufgaben ist in gewissem Sinne die Rückkehr zu einer Forderung, welche bezogen auf eine andere Zeit von *Pestalozzi* formuliert worden war und oft auf Unverständnis gestoßen ist: Das Kind, welches aus Armutsverhältnissen komme, sei zum Leben in Armut zu erziehen. Den Schritt zurück zur Vermittlung dieser Sichtweise dürfen wir in der Ausbildung nicht tun, ohne die damit verbundenen Gefahren reflektiert zu haben und den Studierenden ins Bewusstsein zu rufen. Die Gefahr sehe ich darin, dass wir auf diese Weise mit der heilpädagogischen Ausbildung an der ideologischen Zementierung einer neuen Zweiklassengesellschaft mitwirken könnten. Dies wäre nicht verträglich mit dem Ideal der selbstbestimmten Lebensqualität jedes Menschen.

So gilt es, in der Ausbildung gerade im Rahmen dieser Problematik bewusst werden zu lassen, dass heilpädagogisches Tun eine Gratwanderung zwischen Anpassung und Widerstand bedeutet. Es ist einerseits die Pflicht der Absolventen einer heilpädagogischen Ausbildung, ihren Schützlingen zu einem würdigen Überleben in einer brutal entwürdigenden Gesellschaft zu verhelfen. Andererseits sollen sie ebenso als ihre Pflicht erleben, eine zunehmend ungerechter werdende Gesellschaft mit allen uns zur Verfügung stehenden Mitteln so zu ändern, dass weniger Benachteiligungen gesellschaftlich produziert werden können. Es ist die Gratwanderung zwischen individuumbezogener Einzelhilfe und der politischen Kampfansage gegen entwürdigende gesellschaftliche Bedingungen.

10. Vorbereitung auf Zusammenarbeit

In der integrationsfähigen Schule, auf welche wir trotz allem unbeirrbar zusteuern müssen, erhält die Zusammenarbeit der heilpädagogischen Lehrpersonen mit andern Lehrpersonen entscheidende Bedeutung (vgl. zu diesem Abschnitt *Haeberlin, Jenny-Fuchs, Moser Opitz* 1992 und *Freiburger Projektgruppe* 1993). Die bisherigen Sonderschullehrer und -lehrerinnen müssen sich als innerhalb der Regelklassen mitarbeitende Heilpädagogen und Heilpädagoginnen definieren können. Ihre zentrale berufliche Aufgabe besteht aber weiterhin darin, Lösungen für die besondere pädagogische Situation von Kindern zu finden, deren Bildung in überdurchschnittlichem

Ausmaß und langandauernd erschwert ist. Sie müssen Lösungen unter den Bedingungen einer integrationsfähigen Schule realisieren können. Heilpädagogische Ausbildung bleibt auch unter neuen Rahmenbedingungen spezialisierende Ausbildung und soll auf Spezialisierungen für bestimmte Arten von Erschwernissen in der pädagogischen Förderung vorbereiten.

Während in der traditionellen Schule für die Regelklassenlehrer und -lehrerinnen ein Abgeben der Verantwortung für Kinder mit überdurchschnittlichen Schulschwierigkeiten an die Lehrkräfte von Sonderklassen möglich war, zeichnet sich die integrationsfähige Schule durch die gemeinsame Verantwortung der unterschiedlich ausgebildeten und spezialisierten Lehrpersonen aus. Alle beteiligten Lehrpersonen müssen auf die Zusammenarbeit in der integrationsfähigen Schule vorbereitet werden. Ausbildung bedeutet deshalb in Zukunft auch Vorbereitung und Einübung von Offenheit, Bereitschaft und Kenntnissen der Grundregeln für Zusammenarbeit mit andern Personen im Unterrichtsraum, im Vorbereitungsraum, in der gemeinsamen Analyse von beobachtetem Schülerverhalten, in der Elternbesprechung und in der gemeinsamen Fortbildung.

Schon während der Ausbildung muss Zusammenarbeit als ein Prozess des gemeinsamen Arbeitens erfahren werden, der sich im Spannungsfeld zwischen „Konflikt" und „Einigung" ereignet. Als derzeitiges allgemeines Hindernis der Zusammenarbeit zwischen Lehrpersonen gilt deren Isolierung aus Angst vor der Preisgabe von pädagogischen Schwächen. Die Lehrerbildung muss der Meinung vorbeugen, dass erfolgreiche Lehrer und Lehrerinnen keine Probleme im Klassenzimmer haben dürfen. Sonst wird später Zusammenarbeit mit anderen Lehrpersonen als oft geradezu unerträgliche Konkurrenz- und Kontrollsituation empfunden. Durch die Zusammenarbeit und die dadurch mögliche zeitweise Anwesenheit einer weiteren Person im Klassenzimmer wird die bisher übliche Unterrichtssituation verändert. Neue Unterrichtsformen, bei denen jede der anwesenden Lehrkräfte ihren Fähigkeiten entsprechend eingesetzt werden sollte, müssen gefunden werden. Auch darauf muss die Ausbildung vorbereiten.

Die Vorbereitung auf die Zusammenarbeit muss auch den Aspekt der Klärung der unterschiedlichen und speziellen Kompetenzen der an der Zusammenarbeit beteiligten Lehrpersonen aufzeigen. Effiziente Zusammenarbeit macht erforderlich, dass unter Beibehaltung der ausbildungs-, berufs- und persönlichkeitsspezifischen Kompetenzen die Verantwortlichkeiten ausgehandelt, genau festgelegt und die Aufgabenbereiche abgegrenzt werden können. In der Ausbildung soll geübt werden, wie zusammen ausgehandelte Abgrenzungen von Verantwortlichkeiten und Zuständigkeiten mit Vorteil schriftlich fixiert werden. Es soll auch an Beispielen gezeigt werden, wie für jede Zusammenarbeitskonstellation neue und eventuell ganz andere Absprachen erforderlich werden können. Neben den Absprachen über Verantwortlichkeiten erweisen sich auch Absprachen organisatorischer Art als sehr wichtig für das Gelingen der Zusammenarbeit; beispielsweise geht es um ganz praktische Dinge wie die Festlegung eines längerfristigen Terminplans für gemeinsame Besprechungen, um Absprachen über außerordentliche Termine wie z.B. Schulreise, Stundenplanverschiebungen u.ä.

Was die Ausbildung für die integrationsfähige Schule bezüglich der Fähigkeit zur Zusammenarbeit erreichen soll, ist zwar unendlich schwierig, lässt sich jedoch in *einem* Satz zusammenfassen: Die für die integrationsfähige Schule entscheidende Fähigkeit der beteiligten Lehrpersonen „beinhaltet das Vermögen, Kritik äußern und annehmen sowie gelegentliches Versagen - eigenes Versagen ebenso wie dasjenige der Kollegin - ausdrücken zu können." (*Haeberlin, Jenny-Fuchs, Moser Opitz* 1992, S. 131).

11. Vermittlung von Methoden der individualisierten Diagnostik und Förderung

Heilpädagogische Ausbildung muss selbstverständlich das theoretische und handwerkliche Rüstzeug vermitteln, welches kompetente Diagnostik des individuellen Entwicklungs- und Lernstandes eines Kindes sowie darauf aufbauende systematisch geplante Entwicklungsanregung und Lernförderung ermöglicht. Nach wie vor wird zweifelsohne eine fundierte Vermittlung der auf *Piaget* aufbauenden Entwicklungstheorien und einer durch diesen Hintergrund fundierten Entwicklungsdiagnostik für die kompetente Ausübung von heilpädagogischen Berufen hohe Bedeutung haben. Hilfreich wird sich bis auf weiteres sicherlich auch die Vermittlung von Theorien zum struktur-niveauorientierten Lernen erweisen, wie sie beispielsweise von *Kutzer* und *Probst* erarbeitet worden sind. Wichtig erscheint mir auch die von der Forschergruppe um *Sander* entwickelte, auf die ökologische Dimension ausgeweitete Kind-Umfeld-Diagnostik. Selbstverständlich muss die Kompetenz zur individualisierten Förderung in der Ausbildung sehr gründlich vorbereitet werden. Ich belasse es in diesem Zusammenhang bei diesem allgemeinen Postulat, bin mir aber bewusst, dass gerade in diesem Bereich noch sehr viel theoretische Fundierungs- und praktische Umsetzungsarbeit zu leisten ist, damit die heilpädagogischen Lehrpersonen dem Anspruch darauf gerecht werden können, Spezialisten für individualisierte Entwicklungsanregung und Lernförderung zu sein.

Einen möglicherweise für die Zukunft weiterführenden Beitrag zur theoretischen Fundierung heilpädagogischer Förderung hat neuerdings *Heimlich* (1998) vorgelegt. Seine Forderungen an die heilpädagogische Förderung lauten: Sie soll assistierend, akzeptierend, verstehend, multisensorisch sein (S. 257). Dem kann zugestimmt werden, allerdings halte ich Ergänzungen um Forderungen aus der Dimension des Fachwissens für sehr wichtig, wie z.B. „entwicklungslogisch strukturierend", „sachlogisch aufbauend", „lerntheoretisch fundiert". Die technisch-didaktische Perspektive darf auch bei einer starken Betonung anderer, wichtiger Dimensionen nicht vernachlässigt werden.

12. Vermittlung von Methoden der pädagogischen Effizienzkontrolle

Damit das richtige Wissen über individualisierte Förderung in der richtigen Situation angewendet wird, sind die unternommenen Schritte fortlaufend zu überprüfen. Dahinter steht das Prinzip der pädagogischen Effizienzkontrolle. Diese verbindet sich allerdings auch wieder mit Haltungsmerkmalen wie Bereitschaft zur Selbstkritik, zur empirisch-rationalen Überprüfung des eigenen Tuns und zur Ehrlichkeit gegenüber eigenen Fehlern.

In unseren Arbeitsfeldern ist die Evaluierung des pädagogischen Handelns aufgrund der Ergebnisse oft schwierig, weil wir für behinderte Kinder keine Durchschnittsnormen zur Entscheidung über Erfolg oder Misserfolg haben. *Anstötz* hat einmal darauf hingewiesen, dass man in unseren Arbeitsfeldern in besonderem Maße die Möglichkeit hat, der Selbstkritik des eigenen Handelns auszuweichen und das eventuelle Scheitern ursächlich in die Behinderung zu verlegen (*Anstötz* 1986, S. 597). Als Fazit formulierte *Anstötz* ein berufsethisches Grundprinzip, das ich in Ergänzung zu den bereits genannten ethischen Haltungen – jedoch nicht in der von *Anstötz* gemeinten Ausschließlichkeit – ebenfalls für wesentlich halte: Die „gute" heilpädagogische Lehrperson zeichnet sich dadurch aus, dass sie auf dem neuesten Stand der wissenschaftlichen Erkenntnisse über effiziente Lehrmethoden bleibt und stets bemüht ist, für ihre pädagogische Arbeit nur bestes verfügbares Wissen zu verwenden.

Gute empirische Evaluationsmethoden für nicht am Durchschnitt messbare Effekte heilpädagogischer Interventionen bietet die quasi-experimentelle, statistische Einzelfallanalyse an (vgl. *Wember* 1989, 1994). Jeder Heilpädagoge und jede Heilpädagogin müsste solche Evaluationsmethoden kennen und anzuwenden wissen. Insbesondere *Franz Wember* weist unermüdlich darauf hin, wie wir mit diesem methodischen Hilfsmittel Erforscher der Effizienz des eigenen Tuns werden können (*Wember* 1994).

13. Es braucht eine heilpädagogische Lehrerbildung!

Ich habe aufgezeigt, dass wir in der Ausbildung damit Ernst machen sollten, Heil-, Sonder- und Förderpädagogik nicht mehr als Abbild des traditionellen Sonderschulsystems, sondern als spezialisierte Pädagogik für Kinder mit Benachteiligungen im schulischen Lernen zu verstehen, welche ihre Eigenständigkeit nicht prioritär von der Existenz der separierten Sonderschultypen her legitimieren muss. Einerseits muss diese Ausbildung viele Kompetenzen vermitteln, welche auch für die Regelpädagogik erforderlich sind; andererseits ist aber auch die Vermittlung von sehr viel spezialisiertem Wissen und Können erforderlich, wenn unsere Abgänger den Anspruch der wertgeleiteten Heilpädagogik erfüllen können sollen. Ich hoffe deutlich gemacht zu haben, dass die heilpädagogische Lehrerbildung einen von unserem Berufsprestige losgelösten, tieferen Sinn hat und für die Zukunft notwendiger sein wird als je. Ich hoffe auch, gezeigt zu haben, dass kein radikaler Neuanfang erforderlich ist, sondern dass wir durchaus in bewährten pädagogischen Traditionen Kontinuität finden können und sollen.

Literatur

Angerhoefer, Ute: Gedanken zum Beitrag von Hans Wocken 'Sonderpädagogischer Förderbedarf als systemischer Begriff'. In: Sonderpädagogik 26 (1996), S. 42-46

Anstoetz, Christoph: Der „gute" Lehrer für Geistigbehinderte. Ein Beitrag zur Berufsethik des Sonderpädagogen. In: Zeitschrift für Heilpädagogik 37 (1986), S. 593 -601

Freiburger Projektgruppe: Heilpädagogische Begleitung in Kindergarten und Regelschule. Dokumentation eines Pilotprojektes zur Integration. Bern, Stuttgart und Wien: Haupt, 1993

Gröschke, Dieter: Praktische Ethik der Heilpädagogik. Individual- und sozialethische Reflexionen zu Grundfragen der Behindertenhilfe. Bad Heilbrunn: Klinkhardt, 1993

Gross, Peter: Die Multioptionsgesellschaft. (edition suhrkamp 1917) Frankfurt a.M. 1994

Haeberlin, Urs: Heilpädagogische Haltung. In: *Blickenstorfer, Jürg/ Dohrenbusch, Hans/ Klein, Ferdinand* (Hrsg.): Ethik in der Sonderpädagogik. Berlin: Edition Marhold, 1988, S. 117 - 135

Haeberlin, Urs: Zur Legitimation der Hilfen für Behinderte aus der Sicht der Heil-(Sonder-)pädagogik. In: *Thimm, Walter* u.a.: Ethische Aspekte der Hilfen für Behinderte. Marburg: Lebenshilfe, 1989, S. 30-37

Haeberlin, Urs: Kritische Aspekte der Integrationsentwicklung im Saarland. In: Lehrer und Schule heute. Zeitschrift des Saarländischen Lehrerinnen- und Lehrerverbandes e.V. 43 (1992), S. 79-83

Haeberlin, Urs: Das Menschenbild für die Heilpädagogik. Bern, Stuttgart und Wien: Haupt, ^{3}1994

Haeberlin, Urs: Zur Berufsethik für Heilpädagogen. In: *Antor, Georg/ Bleidick, Ulrich:* Recht auf Leben - Recht auf Bildung. Aktuelle Fragen der Behindertenpädagogik. Mit Beiträgen von Urs Haeberlin, Reiner Seifert, Otto Speck und Ansgar Stracke-Mertens. Heidelberg: Edition Schindele, 1995
Haeberlin, Urs: Heilpädagogik als wertgeleitete Wissenschaft. Ein propädeutisches Einführungsbuch in Grundfragen einer Pädagogik für Benachteiligte und Ausgegrenzte. Bern, Stuttgart und Wien: Haupt, 1996
Haeberlin, Urs: Gesellschaftlicher Wandel: Chance für den Umbruch zur gemeinsamen Schule für alle Kinder oder für die Weiterentwicklung des Sonderschulunterrichts? In: Vierteljahresschrift für Heilpädagogik und ihre Nachbargebiete VHN 66 (1997), S. 163-171
Haeberlin, U.: Allgemeine Heilpädagogik. 5. Auflage. Bern, Stuttgart und Wien: Haupt, 1998
Haeberlin, Urs/ Bless, Gérard/ Moser, Urs/ Klaghofer, Richard: Die Integration von Lernbehinderten. Versuche, Theorien, Forschungen, Enttäuschungen, Hoffnungen. 2. erw. Auflage. Bern Stuttgart und Wien: Haupt, 1991
Haeberlin, Urs/ Jenny-Fuchs, Elisabeth/ Moser Opitz, Elisabeth: Zusammenarbeit. Wie Lehrpersonen Kooperation zwischen Regel- und Sonderpädagogik in integrativen Kindergärten und Schulklassen erfahren. Bern, Stuttgart und Wien: Haupt, 1992
Hahn, Martin Th.: Behinderung als soziale Abhängigkeit. Zur Situation schwerbehinderter Menschen. München, Basel: E. Reinhardt, 1981
Hahn, Martin Th.: Selbstbestimmung im Leben, auch für Menschen mit geistiger Behinderung. In: Geistige Behinderung H. 2 (1994), S. 81-93
Hanselmann, Heinrich: Über heilpädagogische Ausbildung. In: Zeitschrift für Kinderforschung 34 (1928), S. 113-124
Hanselmann, Heinrich: Über die Ausbildung von Heilpädagogen. In: Bericht des 2. Internationalen Kongresses für Orthopädagogik. Amsterdam 1949, S. 42-55
Hanselmann, Heinrich: Einführung in die Heilpädagogik. 9. Auflage. Zürich u. Stuttgart: Rotapfel, 1976
Heimlich, Ulrich: Schülerorientierte Förderung bei Lern- und Verhaltensschwierigkeiten - ein Modell für Förder- und Integrationsklassen. In: *Heimlich, Ulrich* (Hrsg.): Zwischen Aussonderung und Integration. Berlin, Neuwied, Kriftel: Luchterhand, 1997, S. 48-86
Heimlich, Ulrich: Von der sonderpädagogischen zur integrativen Förderung – Umrisse einer heilpädagogischen Handlungstheorie. In: Zeitschrift für Heilpädagogik 49 (1998), S. 250-248
Iben, Gerd: Armut als Thema der Sonderpädagogik. In: Zeitschrift für Heilpädagogik 47 (1996), S. 450-454
Jeschke, Katrin: Wie geht es in der Schule weiter? Arbeit oder Arbeitslosigkeit - das ist hier die Frage. In: Zeitschrift für Heilpädagogik 48 (1997), S. 493-498
Klein, Gerd: Soziale Benachteiligung: Zur Aktualität eines verdrängten Begriffs. In: *Opp, Günther/Peterander, Franz* (Hrsg.): Focus Heilpädagogik. Projekt Zukunft. München, Basel: E. Reinhardt, 1996, S. 140-149
Meister, Hans/ Sander, Alfred (Hrsg.): Qualifizierung für Integration. Saarbrücker Beiträge zur Integrationspädagogik Band 7. St. Ingbert: Röhrig, 1993.
Pestalozzi, Johann Heinrich: Meine Nachforschungen über den Gang der Natur in der Entwicklung des Menschengeschlechts. 1797
Sander, Alfred: Integration behinderter Schüler und Schülerinnen als Gegenstand der Lehreraus- und -fortbildung. In: *Meister, Hans/ Sander, Alfred* (Hrsg.): Qualifizie-

rung für Integration. Saarbrücker Beiträge zur Integrationspädagogik Band 7. St. Ingbert: Röhrig, 1993, S. 191-201

Seifert, Monika: Autonomie als Prüfstein für Lebensqualität von Menschen mit schwerer geistiger Behinderung in Wohneinrichtungen. In: *Hofmann, Theodor/ Klingmüller, Bernhard* (Hrsg.): Abhängigkeit und Autonomie. Neue Wege in der Geistigbehindertenpädagogik. Festschrift zum 60. Geburtstag von Prof. Dr. Martin Th. Hahn. Berlin: Verlag für Wissenschaft und Bildung, 1994, S. 223-252

Singer, Peter: Praktische Ethik. Stuttgart: Reclam, 1984

Storz, Michael: Schöne neue Arbeitswelt. Anmerkungen zur beruflichen (Teil-) Integration von marktbenachteiligten Jugendlichen und jungen Erwachsenen in postindustrieller Zeit. In: Zeitschrift für Heilpädagogik 48 (1997), S. 398-405

Warzecha, Birgit: Schulische und Außerschulische Ausgrenzungsprozesse bei Kindern und Jugendlichen. In: Zeitschrift für Heilpädagogik 48 (1997), S. 486-492

Wember, Franz B.: Die quasi-experimentelle Einzelfallstudie als Methode der empirischen sonderpädagogischen Forschung. In: Vierteljahresschrift für Heilpädagogik und ihre Nachbargebiete VHN 58 (1989), S. 176-189

Wember, Franz B.: Möglichkeiten und Grenzen der empirischen Evaluation sonderpädagogischer Interventionen in quasi-experimentellen Einzelfallstudien. In: Heilpädagogische Forschung 20 (1994), S. 99-117

Ursula Mahnke

Erwerb integrativer Kompetenzen in institutionellen Prozessen – Konsequenzen für die Fortbildung

In der Anfangsphase der Integrationsbewegung fand der Qualifikationserwerb vorwiegend autodidaktisch und selbstgesteuert in Form fachlichen Austausches statt. Vielfach wurden auch Fortbildungsfunktionen durch wissenschaftliche Begleitungen wahrgenommen. Durch eine zunehmend schulrechtliche Absicherung und einer damit einhergehenden quantitativen Ausweitung des gemeinsamen Unterrichts von behinderten und nichtbehinderten Schülern rückt in den letzten Jahren zunehmend die Frage der Qualifizierung in den Mittelpunkt (*Vernooij* 1991; *Sander* 1993; *Heyer* 1993; *Krawitz* 1995; *Heimlich* 1996; *Laege-Schneider* u.a. 1997).

Wenn auch Überlegungen zu einer Verankerung integrativer Qualifizierung in Lehrerbildung, -fortbildung bzw. -weiterbildung recht unterschiedlich ausfallen, so herrscht doch Einigkeit hinsichtlich der Form des Kompetenzerwerbs: integrative Kompetenzen sollten kontinuierlich, handlungs- und projektorientiert, fallbezogen, im Theorie-Praxis-Bezug und unter Einbezug von Selbsterfahrungsanteilen erworben werden (*Feuser/Meyer* 1987; *Vernooij* 1991; *Meister/Sander* 1993; *Willand* 1995).

Als durchgängig fall- und prozessorientierte Fort- und Weiterbildung sei an dieser Stelle auf Erfahrungen aus dem Ausland verwiesen: z.B. auf die Verbindung von Fortbildung und Handlungsforschung („Action research") in Österreich (*Altrichter/Posch* 1990) sowie auf das Modell des „formazione-ricerca" in Bologna/Italien, das sich vorrangig auf die schulische Integration von Kindern mit Behinderungen bezieht (*Cuomo* 1989). Beiden Konzepten ist gemeinsam, dass sie an den unmittelbaren Erfahrungen der Lehrkräfte ansetzen, um „die Erfahrungen zu befragen" (*Cuomo* 1989, S. 12) und die forschende Weiterentwicklung von Praxis in den Mittelpunkt stellen. Beide Konzepte sind auf einen längeren Prozess angelegt und bewegen sich in großer Übereinstimmung mit den im folgenden darzulegenden konzeptionellen Vorstellungen.

Ausgangspunkt ist die Annahme, dass der Erwerb von Kompetenzen eng mit institutionellen Entwicklungen in Bezug auf integrationsorientierte Innovation (näher ausgeführt bei *Meister/Krämer* 1997) verbunden ist. Insofern erfordert Integration Kompetenzen in zweierlei Hinsicht: zum einen zur Bewältigung konkreter Probleme im Einzelfall (z.B. allgemeinpädagogische, methodisch-didaktische Fähigkeiten), zum anderen Kompetenzen, die Integration innerhalb von Institutionen innovativ wirksam werden lassen und damit die Bewältigung des Einzelfalles erleichtern (Gesprächs-, Beratungs-, Konfliktlösungskompetenz u.a.). Diese Annahme ist unabhängig davon, auf welche formale Ausbildung der Erwerb integrativer Kompetenzen aufbaut, gilt also für Regelpädagogen wie für Sonderpädagogen gleichermaßen.

Der Erwerb von Qualifikationen als „Teil eines Netzwerkes von Innovationsprozessen" (*Meister* 1996, S. 32) ist nicht nur als ein individueller Prozess einzelner Lehrkräfte anzusehen (Besuch von Fortbildungen, Selbststudium u.a.), sondern eng verwoben mit institutionellen Entwicklungsprozessen: erst durch das Einbringen individueller Fähigkeiten (Fachwissen, Erfahrungen, kooperatives Handeln u.a.) in gemeinsame Entscheidungsprozesse können Integrationsvorhaben vorangetrieben werden. Qualifikationsprozesse sind somit nicht linear zu betrachten (d.h. erst werden Kompetenzen erworben und dann wird Integration in Gang gesetzt), sondern sind eng mit integrativen Entwicklungsprozessen verwoben, die sich auf institutioneller Ebene vollziehen und die zunächst im folgenden näher zu bezeichnen sind.

1. Kompetenzerwerb durch institutionelle Prozesse

Integrative Entwicklungsprozesse weisen Gemeinsamkeiten mit Organisationsentwicklungsvorhaben auf (*Schley* 1991, S. 151), wenn sie als systembezogene Aufgabe begriffen werden.[1] Institutionelle Kompetenzen beziehen sich auf den Umgang mit Veränderungsanforderungen, Fähigkeiten zu konstruktiver Konfliktlösung sowie auf organisationales Lernen (*Dalin/Rolff* 1990; *Schönig/Seydel* 1990, 190; *Palazzoli* u.a. 1993; Kempf 1995). Darunter ist zu verstehen, dass eine Schule zur Umsetzung von internen oder von außen kommenden Veränderungsanforderungen durch planmäßiges, zielorientiertes, langfristiges Vorgehen (Beispiele: *Gebauer* 1984; *Heyer* u.a. 1993) und in reflexiven Verfahren (z.B. durch kollegiale Beratung) einen ihr adäquaten Weg findet, um „... tatsächliche Bedürfnisse zu treffen und die Entscheidungskapazität der Schule zu stärken" (*Da-*

---

[1] Wenn eine Schule zwar formal schulgesetzlichen Anforderungen nach Integration nachkommt, aber strukturelle Veränderungen möglichst zu verhindern sucht, erfüllt sie dieses Merkmal nicht. Nach *Schley* würde das Arbeit *im* System bedeuten (1991a, S. 406 f).

lin/Rolff 1990, S. 34). Dazu sind die eigenen Fähigkeiten zu mobilisieren und die vorhandenen Ressourcen besser zu nutzen und zu entwickeln.

Der Prozess, durch den Integration in einer (Regel-)Schule in Gang gesetzt wird bzw. in Gang gesetzt werden kann, soll anhand von sechs idealtypischen Phasen dargestellt werden, der in der Praxis naturgemäß durch vielfältige Abweichungen und Störungsfelder gekennzeichnet sein kann. Die zugeordneten Handlungen beziehen sich nicht auf formale Abläufe (Anträge, Förderausschuss u.a.), sondern auf Entscheidungsabläufe innerhalb der Institution.

- *Information (1)*

Am Anfang steht die Kenntnis von Fakten im Vordergrund, etwa: Welche Möglichkeiten der Umsetzung von Integration gibt es? Wie sieht die rechtliche Situation aus? Wer gewährt Unterstützung? Zur Klärung können mündliche oder schriftliche Erfahrungsberichte (andere Schulen, von Eltern), Fachliteratur oder auch Hospitationen in Integrationsklassen anderer Schulen beitragen. In diesem Zusammenhang können Fragen formuliert (Was würde sich an unserer Schule ändern? Wer würde betroffen sein?), Bedenken vorgetragen sowie Planungsschritte konzipiert werden. Oftmals verbergen sich hinter einem umfänglichen Bedürfnis nach Information nichts anderes als in Frageform gekleidete Äußerungen von Skepsis, Kritik, Ablehnung und Widerstand. Für den Entscheidungsprozess förderlich ist es, diesem „Luftablassen" breiten Raum zu geben, alle Einwände ernst zu nehmen und kritische Kommentare nicht abzuwerten (*Dalin/Rolff* 1990, S. 54).

Durch den Schritt der Informationssammlung und -aktivierung werden Grundkenntnisse zur Realisierung von Integration erworben – von jedem einzelnen, aber auch auf institutioneller Ebene. Diese Phase dient auch der Herausbildung bzw. Überprüfung der integrativen Grundeinstellung (Akzeptanz Behinderter, Selbstverständnis von Integration, Überzeugung von der Richtigkeit nicht-aussondernder Förderung u.a.), die im weiteren Verlauf weiter gefestigt werden kann.

Als individuelle Voraussetzungen für die Bewältigung dieser „kritischen" Phase können Persönlichkeitsmerkmale angesehen werden, die auf der innerpsychischen Ebene anzusiedeln sind: die eigene Lernbereitschaft, Innovationsfähigkeit, pädagogische Phantasie u.a. Auf der institutionellen Ebene sind vor allem Kompetenzen für ein planmäßiges Vorgehen sowie für die Entwicklung von Verfahrensabläufen von besonderer Bedeutung.

- *Widerstände (2)*

Widerstände gegen Neuerungen werden nur dann zu einem produktiven Teil eines Entwicklungsprozesses, wenn sie der Bearbeitung im interaktiven Austausch zugänglich gemacht werden können. *Dalin/Rolff* (1990, S. 22 f) unterscheiden idealtypisch *Werte-Barrieren, Macht-Barrieren, praktische Barrieren* und *psychologische Barrieren*, auf die im folgenden Bezug genommen wird.

Am bedeutsamsten im Zusammenhang mit Integration kann die *Werte-Barriere* angesehen werden, bei der die „Handelnden nicht an die Werte und Normen glauben, die den Neuerungen zu eigen sind." (*Dalin/Rolff* 1990, S. 22). Sie bekommt immer dann eine besondere Bedeutung, wenn die Einbeziehung eines Kindes mit Behinderungen zieldifferenten Unterricht (d.h. unterschiedliche Lehrplananforderungen innerhalb einer Lerngruppe) erforderlich macht. Durch veränderte Anforderungen z.B. an die Bewertung von Leistung und der damit verbundenen Infragestellung der Strategie homogener Lerngruppen werden grundsätzliche Werte und Normen in Frage gestellt und die Frage zur Akzeptanz von „Anderssein" rückt in den Vordergrund.

Veränderungen haben nicht nur Auswirkungen auf die Werte, sondern auch auf das *Macht*-Gleichgewicht einer Institution, denn das formale, vor allem aber das informelle Machtgefüge kann sich erheblich verändern: das Ansehen des Schulleiters kann in der Außenwirkung steigen (oder auch sinken); das Kollegium kann in Befürworter und Gegner gespalten werden; zusätzliche Ressourcen (z.B. Lehrerstunden) können zu Neid und Abwertung unter den Lehrkräften führen.

Widerstände können aber auch durch die Art und Weise entstehen, wie ein Veränderungsvorhaben durchgeführt wird – von *Dalin/Rolff* als *praktische Barriere* bezeichnet (1990, S. 23). Wenn Integrationsvorhaben keine von allen (oder zumindest von der Mehrheit) getragene Entscheidung sind, wenn nicht offen über Einwände oder Ängste gesprochen werden kann, wenn Entscheidungsprozesse – vor allem über die Verwendung von zusätzlichen Ressourcen – undurchsichtig sind, können selbst bei übereinstimmenden Normen und Werten Widerstände auftreten.

Insbesondere bei der Integration von Kindern mit Körper- und Sinnesbehinderungen können vor allem *psychologische Barrieren* eine große Rolle spielen: persönliche (z.B. ästhetische) Schwierigkeiten im Umgang mit einer bestimmten Behinderung, Abwehr unbewältigter Erfahrungen in der eigenen Lebensgeschichte u.a. (siehe *Hinz* 1993, S. 72 ff). Zur Überwindung dieser Form von Widerstand bedarf es individueller Fähigkeiten zur bewußten Eigen- und Fremdwahrnehmung.

Zur Offenlegung von Widerständen in reflexiven Verfahren sind auf institutioneller Ebene vor allem Konfliktlösungsstrategien – insbesondere zur Veränderung des Situationsverständnisses - sowie kommunikative Fähigkeiten zu entwickeln.

- *Ressourcen (3)*

Eine eindeutige Bilanzierung vorhandener bzw. zu beschaffener Mittel ist in einer Organisation wie der Schule nicht möglich, da materielle und imaterielle Ressourcen eng ineinander greifen: so können vorhandene Kompetenzen zwar zusätzliche Personalmittel ersetzen. Andererseits bedeuten zusätzliche Lehrerstunden aber noch keine Zunahme an Ressourcen, wenn sie nicht mit den erforderlichen Kompetenzen verbunden sind.

Die Diskussion um Ressourcen kann aber auch Ausdruck von Widerständen sein: wer Integration nicht will, stellt unerfüllbare Bedingungen! Die Entscheidung einer Schule, ein Kind mit besonderen pädagogischen Bedürfnissen aufzunehmen, hängt zwar auch von materiellen Ressourcen ab (Personalausstattung, Sachmittel, räumliche Bedingungen, Größe der Lerngruppe, externe Unterstützung u.a.). Für diese Entscheidung sind jedoch in gleicher Weise vorhandene inter- bzw. intrapersonelle Kompetenzen als Ressourcen einzubeziehen: Zutrauen in die eigenen Fähigkeiten, Offenheit für Veränderungen, Zusammenhalt im Kollegium u.a.

Als Qualifikationsmerkmale können auf individueller Ebene z.B. Grundkenntnisse zur Realisierung von Integration, Handlungskompetenzen im differenzierten Unterricht sowie auf institutioneller Ebene Fähigkeiten zum Erkennen von Spielräumen und die Ausbildung eines neuen Situationsverständnisses gesehen werden.

- *Zielklärung (4)*

Bei der Zielklärung ist zu unterscheiden, ob eine konkrete Anforderung an die Schule herangetragen wird (z.B. durch den Elternwunsch) oder ob eine Schule sich selbst ein umfassendes langfristiges Ziel stellt (z.B. Nichtaussonderung, Einrichtung von Integrationsklassen, Entwicklung zu einer Integrationsschule). Letzteres erfordert kleinere kurzfristige Ziele zu setzen, die darin bestehen können: zunächst durch pädagogische Maßnahmen verhindern, dass ein bestimmtes Kind auf die Sonderschule überwiesen wird; eine Umstellung der Unterrichtsorganisation in einzelnen Schritten, Veränderung der Leistungsbeurteilung, Einführung regelmäßiger klassen- und/oder schulstufenübergreifender Projekte u.a.

Eine Entscheidungsfindung über die Zielsetzung erfordert vor allem Grundkenntnisse über die Realisierung von Integration (Konzepte, Kriterien, Organisationsformen u.a.) sowie kommunikative Kompetenzen auf individueller und institutioneller Ebene.

- *Erprobung (5)*

Im Rahmen eines idealtypischen Prozessablaufes münden die vier ersten Phasen nun in eine erste Erprobung. Nach anfänglichen Erfahrungen werden in der Regel diese vier Phasen erneut aktiviert, um im Idealfall schließlich in eine Institutionalisierung der Integration zu münden (6. Phase). Ein erneuter „Durchgang" kann etwa zu Veränderungen der Lehr-/ Lernorganisation, zu räumlichen Veränderungen, zu Stundenplanänderungen oder auch zu verstärkten Absprachen unter den Lehrkräften führen. (Beispiele: *Bews* 1992, *Mahnke* 1994)

In dieser Phase rücken individuelle Handlungskompetenzen (Kooperation, differenziert unterrichten, Förderdiagnostik u.a.) zunehmend in den Mittelpunkt. Gleichzeitig werden durch Ausprobieren, Vergewissern (durch andere) und Erfahrungen mit Veränderungen Grundeinstellungen aktiviert und weiter ausgebildet, wird die eigene Lernbereitschaft, die Innovationsfähigkeit sowie insbesondere die Fähigkeit zur kritischen Reflexion der eigenen Arbeit herausgefordert.

- *Institutionalisierung (6)*

Erfahrungen und Veränderungen in wechselseitig aufeinander bezogenen Schritten münden idealerweise in einen kontinuierlichen Prozess des gemeinsamen Verständnisses von Bedürfnissen, Zielen, Normen und Visionen mit einer langfristigen Zielperspektive einer Institutionalisierung (*Meister/Krämer* 1997, S. 405): Integration ist zu einem festen Bestandteil des Schullebens geworden - mit stabilen Rahmenbedingungen wie differenziertem Unterricht, Teilungsstunden, Klassenfrequenz u.a.[2] Zur Erreichung dieses Zieles werden die verschiedenen Phasen in der jeweiligen Schule mehrmals in Variationen und auf unterschiedlichem Niveau durchlaufen.

---

[2] Voraussetzung ist auch der Aufbau externer Unterstützungssysteme: Zusammenarbeit mit Eltern (*Rosenberger* 1993), Einbeziehen der Schulaufsicht (*Perko* 1995), Hilfestellung durch die Sonderschule (*Altendorf* 1993), durch Arbeitskreise, Verbände/ Vereine, politische Parteien u.a.

Wie zu Beginn ausgeführt, erfolgt der Erwerb integrativer Kompetenzen auf zwei Ebenen: auf institutitioneller Ebene sowie als individueller Prozess der jeweiligen Lehrkräfte. Im Folgenden soll nun die zweite Ebene genauer betrachtet und auf den Bereich der Fortbildung im Sinne didaktisch definierter Handlungssituationenen (*Priebe* 1990, S. 161) fokussiert werden.

2. Kompetenzerwerb durch Fortbildung

Die methodische und organisatorische Gestaltung von Fortbildung hängt in starkem Maße vom Verständnis pädagogischer Professionalität ab. Hier wird unter Verweis auf *Schreckenberg* (1984) und *Terhart* (1992) davon ausgegangen, dass mit personaler Professionalität nicht nur kognitive Fähigkeiten gemeint sind, sondern ebenso die soziale und personale, die intuitive und kreative Dimension einbezogen werden, die sich in einem komplexen und krisenhaften Entwicklungsverlauf herausbilden. Bezogen auf den Bereich der Fortbildung sind hierfür möglichst günstige Rahmenbedingungen und Angebote zur Verfügung zu stellen - nicht um persönlichkeitsverändernd zu wirken, sondern um vorhandene Tendenzen und Eigenschaften allenfalls zu verstärken oder abzuschwächen.

Der Erwerb von Kompetenzen erfolgt demnach in der Verknüpfung von persönlicher Entwicklung, dem Erwerb von Sachkompetenzen und situativen Erfahrungen. Unter dieser Prämisse werden nun Organisationsformen und methodische Orientierungen von Fortbildung für integrativen Unterricht näher betrachtet.

- *Organisationsformen*

Einmalige zentrale Veranstaltungen sind in Bezug auf den Erwerb integrativer Kompetenzen am ehesten dazu geeignet, Grundkenntnisse zur Realisierung zu erwerben (z.B. Umsetzung neuer organisatorischer oder formaler Rahmenbedingungen). Auf landesweiter Ebene sind aber auch mehrmalige bzw. regelmäßige Veranstaltungen denkbar (wie z.B. in Brandenburg zur Fortbildung von regionalen Integrationsberatern – siehe *Heyer* u.a. 1997, S. 101 ff). Insbesondere Lehrkräfte, die sich an ihrer Schule oder in ihrer Region als „Einzelkämpfer" fühlen, d.h. kaum Gelegenheit zum Erfahrungsaustausch haben, können von dieser Fortbildungsform profitieren. Ein grundsätzlicher Nachteil ergibt sich für zentrale Veranstaltungen durch ihren erhöhten organisatorischen und zeitlichen Aufwand (Freistellung vom Unterricht, weite Anfahrtswege).

Regionale Fortbildungsveranstaltungen haben den Vorteil einer größeren Nähe zum Schulalltag, d.h. die Teilnehmer haben eher die Möglichkeit, mit Beobachtungs- und Handlungsaufgaben in die Praxis zu gehen und sie anschließend in der Gruppe zu reflektieren. Dieser Vorteil macht diese Ebene (neben der schulinternen) am ehesten geeignet für den Erwerb prozessorientierter integrativer Kompetenzen: zur Herausbildung von Einstellungen und Handlungskompetenzen, aber auch zum Erwerb von Grundkenntnissen oder fallbezogenem behindertenspezifischem Grundwissen (für Grundschullehrkräfte).

Schulinterne Fortbildungen werden am ehesten die im ersten Teil beschriebenen institutionellen Prozesse voranbringen können. Da die Fortbildungsarbeit sich unmittelbar mit allen Beteiligten (oder zumindest auf einen großen Teil) auf ein gemeinsames Problemfeld bezieht, ist zudem die Transferproblematik geringer.[3]

Festzuhalten ist, dass zentrale Veranstaltungen (insbesondere einmalige) für integrationsorientierte Qualifizierungsprozesse nur marginale Bedeutung haben. Im Mittelpunkt müssen längerfristig angelegte dezentrale Seminarveranstaltungen oder Arbeitsgruppen stehen, die nur zu besonderen Schwerpunkten durch einmalige Veranstaltungen ergänzt werden. Geeignete Organisationsformen sind nicht generell zu konstatieren, sondern vielmehr abhängig vom Stand der Entwicklung, z.B. von

– *bildungspolitischen Setzungen:*

Wird Integration auf administrativer Ebene forciert und durch neue formale Rahmenbedingungen abgesichert (wie z.B. im Land Brandenburg), dann sind Fortbildungen auf zentraler Ebene anzusiedeln, damit Informationen schnell landesweit verbreitet werden können. Gibt es hingegen von administrativer Seite Widerstände gegen die Verbreitung von Integration, aber gleichzeitig Bestrebungen einzelner Schulen oder Regionen mit Integration zu beginnen, dann sind Fortbildungen eher auf regionaler oder schulinterner Ebene anzusiedeln.

– *konkreten Rahmenbedingungen vor Ort:*

Ist Integration organisatorisch und rechtlich abgesichert und geht es vornehmlich um den Erwerb bzw. die Vertiefung bestimmter Handlungs-

---

[3] Weitere kompetenzerweiternde Aktivitäten wie z.B. Teambesprechungen, Auswertung und Analyse von Beobachtungen, Beratungen zu curricularen und didaktischen Fragen sollen hier nicht vertieft werden. Auch auf die unbestrittene Bedeutung informeller Veranstaltungen für den Kompetenzerwerb wird hier nicht näher eingegangen: Ringvorlesungen von Lehrerausbildungsstätten (*Preuss-Lausitz* 1985; *AKILAB* 1995; *Eberwein* 1996), Exkursionen (*Schöler* 1983; 1987; 1996), Tagungen von Gewerkschaften (*Meißner/Hess* 1988; *Meißner* 1990; *Meißner* 1997) und Verbänden (*Verband Bildung und Erziehung* 1993; *Interessengemeinschaft* 1993; *Eltern für Integration* u.a. 1995).

kompetenzen von Lehrkräften zur Unterrichtsgestaltung, dann besteht keine Notwendigkeit, spezifische integrationsorientierte Fortbildungen anzubieten, sondern es können allgemeinpädagogische Veranstaltungen wahrgenommen werden.

– *Entwicklungsstand der jeweiligen Schule:*
Sind die formalen Rahmenbedingungen bekannt und geht es eher um integrative Grundhaltungen auf innerkollegialer Ebene oder um konkrete Organisationsfragen, dann ist die schulinterne Ebene der richtige Ort von Fortbildung.

- *Methodische Orientierungen*

Im Mittelpunkt steht der Prozesscharakter des Kompetenzerwerbs. Wie bereits ausgeführt, sind Kompetenzen einerseits als Voraussetzung für innovative Prozesse anzusehen, gleichzeitig werden sie erst im Prozess selbst erworben. Das geht nur praxisbegleitend, kooperativ in kommunikativen Zusammenhängen und in unmittelbarem Handlungsbezug: also nicht durch den curricularen Erwerb von Theoriekenntnissen quasi „auf Vorrat" ohne Bezug zur praktischen Arbeit, sondern als Fortbildung für Lehrkräfte, die in ihrer Klasse vor integrativen Aufgaben stehen und anwendungsorientiertes Sachwissen erwerben, in Kommunikation mit anderen aktuelle Erfahrungen austauschen bzw. Neues entwickeln wollen und sich durch Vergewisserung gegenseitig unterstützen. Durch den Einsatz unterschiedlicher Methoden wird der Zusammenhang hergestellt zwischen den Teilnehmervoraussetzungen und den inhaltlichen Zielen.

Die nachfolgende Zusammenschau methodischer Formen folgt als Strukturmerkmal den unterschiedlichen Ebenen der Informationsverarbeitung: beginnend mit Methoden, die sich eher für eine kognitiv-abstrakte Begriffsbildung eignen, bewegen sich die methodischen Orientierungen immer mehr in Richtung einer affektiv-handlungsbezogenen Informationsverarbeitung.

Für die Darbietung von Fakten zur Information, zur Auffrischung von Kenntnissen und zur Anregung einer aktiven Auseinandersetzung mit einem Thema eignen sich Formen der *Wissensvermittlung* vorzugsweise in stark steuernder Form: Vortrag, Referat, Lehrgespräch, gemeinsame Lektüre von Texten sowie Plenums-Kleingruppen-Intervalle. Diese Formen eignen sich in erster Linie zur Vermittlung von Grundwissen über die Realisierung von Integration (z.B. formale Rahmenbedingungen) sowie für Sachinformationen über Handlungskompetenzen (z.B. ein Überblick über reformpädagogische Unterrichtsansätze, zum Leistungsbegriff, zu Formen der Zusammenarbeit, zur Kind-Umfeld-Diagnostik). In begrenztem Maße eignen sich stark steuernde Formen auch zur Vermittlung behindertenspezifischer Kenntnisse für Regelschullehrer. Am ehesten eignen sich für diesen Schwerpunkt jedoch regionale Arbeitsgruppen, in die zu bestimmten Fragestellungen „Experten" (z.B. Sonderpädagogen, Schulpsychologen) eingeladen werden und die neben Diskussionen über Praxiserfahrungen Fallbesprechungen und Übungen mit Anwendungsbezug ermöglichen.

Ergänzend bieten sich *Themenzentrierte Gespräche* an: Meinungen, Kenntnisse und Erwartungen der Teilnehmer zu einem bestimmten Thema können in Form eines Rundgespräches mitgeteilt und ausgetauscht werden. Hierzu eignen sich mit Ausnahme des handelnden Einübens von Handlungskompetenzen alle Bereiche des Qualifikationserwerbs: Austausch von Einstellungen, Vertiefung bzw. Aktivierung von Grundwissen sowie Sachinformationen über Handlungskompetenzen.

In der methodischen Form des *Erfahrungsaustausches* bekommen die verschiedenen Wirklichkeiten der Teilnehmer ein stärkeres Gewicht. Im Mittelpunkt stehen hier nicht so sehr objektivierte Fakten, sondern subjektives Erleben einzelner und deren Übertragbarkeit bzw. Verallgemeinerung.[4] Im Gegensatz zum Themenzentrierten Gespräch bezieht sich die Steuerung hier weniger auf ein Thema, sondern vielmehr darauf, dass Erfahrungen in einer bewertungsfreien Atmosphäre und unter Einhaltung von Gesprächsregeln vorgetragen und reflektiert werden können. Daneben sind didaktisch gestaltete Auswertungen von Erkundungen und Hospitationen - mit einer stärkeren Verlagerung auf Anschauung - der methodischen Form des Erfahrungsaustausches hinzuzurechnen (*Mühlhausen* 1991; *Wenzel* 1994).

Zur Aktivierung von Kenntnissen und zur vertiefenden Reflexion, verbunden mit ersten „Probeschritten" im Bereich von Handlungskompetenzen, ist interaktionaler Erfahrungsaustausch und Vergewisserung unabdingbar. Besonders eignen sich hierzu themenzentrierte informelle Arbeitsgruppen außerhalb institutionalisierter Fortbildung. Diese haben insbesondere die Funktion, in weitgehend einstellungshomogenen Gruppen sanktionsfrei positive wie negative Erfahrungen mitteilen zu können, Handlungsschritte zu konzipieren (z.B. zur Unterrichtsorganisation, zu Formen der Zusammenarbeit) sowie Materialien austauschen zu können.

In der Einbeziehung von *Handlungsorientierung* in Forbildungsveranstaltungen werden Lernprozesse durch konkrete Erfahrungen mit affektiven Anteilen angeregt. Durch Selbsttätigkeit und Übungen können Wissen re-

---

[4] Erfahrungsaustausch und Themenzentrierte Gespräche können auch auf erwachsenendidaktisch aufbereitete Materialien zum Selbststudium aufgebaut werden, wie z.B. die Handbücher von *Miller* (1995; 1995a; 1995b) oder das UNESCO-Handbuch (*Zentrum für Schulentwicklung* 1995).

aktiviert, neue Einsichten und Erfahrungen gewonnen sowie Fertigkeiten geübt und entwickelt werden: im handelnden Umgang mit Lehr- und Lernmaterial (z.B. Montessori-Material, Arbeitsmittel selbst herstellen, Spiele ausprobieren); im Einüben von Fertigkeiten (z.B. Gesprächsführung) durch Trainingsprogramme (*Pallasch* u.a. 1996; *Gruntz-Stoll* 1993); in Simulations- und Rollenspielen zum Vergegenwärtigen, Ausprobieren und Einüben von Verhaltensweisen, z.B. in Gremien (*v. Ments* 1985; *Daigl* 1991; *Mühlhausen* 1992); in projektorientierten Fortbildungen, z.B. zur Freinet-Pädagogik, Arbeit in Lernwerkstätten (*Pallasch/Reimers* 1990; *Ernst/Puhan-Schulz* 1990; *Heimlich* 1992). Im Mittelpunkt handlungsorientierter Methoden steht weniger die Vermittlung von objektivierbar „richtigen" Fakten oder Verhaltensweisen, sondern vielmehr der persönlichkeitsadäquate Praxistransfer, der durch eigenes Tun angeregt werden soll. Dazu sind die genannten Formen jeweils mit Reflexionsphasen zu verbinden.

Handlungsorientierung eignet sich vornehmlich zum Erwerb bestimmter Fertigkeiten für integrativen Unterricht: gezielte Beobachtungen (evtl. durch Video-Aufnahmen unterstützt), Führen eines pädagogischen Tagebuches, Erstellen von Förderplänen, Anfertigen von differenziertem Unterrichtsmaterial u.a.

Bei Übungen und Spielen mit *Selbsterfahrungs*charakter werden - im Gegensatz zu Rollen- und Simulationsspielen - die eigenen Erfahrungen in einem stärkeren Maße mit affektiven Anteilen und einer stärkeren Personen- und Situationsorientierung verbunden bis hin zu biographischer Selbstreflexion.[5]

Im Mittelpunkt steht das persönliche Fühlen, Denken und Handeln und weniger die Übung als solche - was nicht ausschließt, dass als pädagogische Kompetenz auch etwa der Umgang mit Interaktionsspielen erworben wird. Ihre kompetenzerweiternde Funktion haben angeleitete Reflexionsmöglichkeiten in Form von Übungen mit Selbsterfahrungscharakter vor allem im innerpsychischen Bereich: um mehr über sich selbst zu erfahren, sei es zur eigenen Lernbereitschaft, zur Innovationsfähigkeit oder zur inneren Haltung gegenüber Menschen mit Behinderungen, sind angeleitete Reflexionsmöglichkeiten in Form von Übungen mit Selbsterfahrungscharakter am ehesten geeignet. Andere methodische Formen wie Erfahrungsaustausch oder handlungsorientierte Methoden können mitunter den Prozess der Selbstwahrnehmung anstoßen aber nicht ersetzen.

---

[5] Im Rahmen von Fortbildungsmaßnahmen sind dazu methodische Settings zu schaffen, die sich an humanistischen Konzepten orientieren, wie der Gestaltpädagogik (*Burow* 1988), der Gruppendynamik (*Schwäbisch/Siems* 1974; *Brocher* 1980) oder der Themenzentrierten Interaktion (*Cohn* 1992).

Als eine vornehmlich auf professionelle Selbsterfahrung gerichtete Form der Fortbildung ist Supervision zu erwähnen, die als Unterstützung von Integrationsprojekten vielfach gefordert wird (*Feuser/Meyer* 1987, S. 188; *Vernooij* 1991, S. 106; *Hinz* 1993, S. 75). Im Mittelpunkt steht hier die Auseinandersetzung mit sich selbst, mit anderen und mit der Institution Schule – aber auch die Unterstützung von Team-Prozessen (*Schley* 1990, S. 151).

Als Fazit ist festzuhalten, dass integrative Kompetenzen nicht durch das „Abarbeiten" eines Fortbildungs-„Programms" zu erwerben sind. Dadurch ließen sich lediglich integrative Grund*kenntnisse* vermitteln. Beim Erwerb der für die integrative Förderung aber überaus bedeutsamen Grund*haltungen* sowie entsprechender *Handlungskompetenzen* würden Lehrkräfte hingegen weitgehend auf sich allein gestellt sein. Vielmehr muss Kompetenzerwerb eingebunden werden in den Stand der institutionellen Entwicklung - was z.B. in Einzelfällen auch bedeuten kann, zunächst die Kommunikationsfähigkeit eines Schul-Kollegiums zu entwickeln, bevor überhaupt über Integration nachgedacht werden kann.

Institutionell eingebundene Fortbildungsangebote – etwa über die Institute der jeweiligen Länder – müssen einer „Qualifikation im Prozess" Rechung tragen: (Seminar-)Angebote sind so offen zu gestalten, dass eine längerfristige Arbeit in angeleiteten regionalen Arbeitsgruppen möglich ist (wie z.B. in Brandenburg – *Heyer* u.a. 1997, S. 107), dass Veranstaltungen durch beratende Unterstützung in der Praxis begleitet werden können sowie dass in methodischer Hinsicht je nach Themenstellung die verschiedenen Vermittlungsebenen berücksichtigt werden können.

Literatur

AKILAB (Hrsg.): Grundlagen gemeinsamen Lernens. Landesweite Ringvorlesung Integrationspädagogik. Aachen: Mainz, 1995

Altendorf, Ingrid: Kooperation: Sonderschule – Grundschule. In: *Burk, Karlheinz* (Hrsg.): Fördern und Förderunterricht. Mehr gestalten als verwalten – Teil 10. Frankfurt/M.: Arbeitskreis Grundschule, 1993, S. 96-102

Altrichter, Herbert/ Posch, Peter: Lehrer erforschen ihren Unterricht. Bad Heilbrunn: Klinkhardt, 1990

Bews, Susanna: Integrativer Unterricht in der Praxis. Erfahrungen – Probleme – Analysen. Innsbruck: Österr. Studienverlag, 1992

Brocher, Tobias: Gruppendynamik und Erwachsenenbildung. Zum Problem der Entwicklung von Konformismus oder Autonomie in Arbeitsgruppen. Braunschweig: Westermann, ^{15}1980

Burow, Olaf-Axel: Grundlagen der Gestaltpädagogik. Dortmund: Modernes Lernen, 1988

Cohn, Ruth C.: Von der Psychoanalyse zur Themenzentrierten Interaktion. Von der Behandlung einzelner zu einer Pädagogik für alle. Stuttgart: Klett-Cotta, ¹¹1992

Cuomo, Nicola: ›Schwere Behinderungen‹ in der Schule. Unsere Fragen an die Erfahrung. Bad Heilbrunn: Klinkhardt, 1989

Daigl, Klaus A.: Spielend weiterlernen. Kleine Planspiele für Lehrerinnen und Lehrer zur Selbsthilfe und Supervision in Aus- und Fortbildung. Freiburg/Br.: Lambertus, 1991

Dalin, Per/ Rolff Hans-Günter: Institutionelles Schulentwicklungsprogramm. Eine neue Perspektive für Schulleiter, Kollegium und Schulaufsicht. Soest: Soester Verlagskontor, 1990

Eberwein, Hans (Hrsg.): Einführung in die Integrationspädagogik. Interdisziplinäre Zugangsweisen sowie Aspekte universitärer Ausbildung von Lehrern und Diplompädagogen. Weinheim: Deutscher Studienverlag, 1996

Eltern für Integration e.V. u.a. (Hrsg.): Aussonderung macht kaputt. Berichte, Vorträge, Aufsätze, Interviews, Protokolle, Erfahrungen von Eltern, Kindern, Professionals. 9. Bundeselterntreffen 1991 in Berlin mit aktualisierten und ergänzenden Beiträgen 1994/95. Berlin, 1995

Ernst, Karin/ Puhan-Schulz Barbara: Fortbildung vor Ort oder wie wir ein Lehrerzentrum gründen. Weinheim u. Basel: Beltz, 1990

Feuser, Georg/ Meyer, Heike: Integrativer Unterricht in der Grundschule. Ein Zwischenbericht. Solms-Oberbiel: Jarik-Oberbiel, 1987

Fiedler, Josef/ Schrodin Christine: Die integrationsfähige Schule und neue Wege in der Lehrerinnen- und Lehrerfortbildung. In: *Krawitz, Rudi* (Hrsg.): Die Integration behinderter Kinder in die Schule. Bad Heilbrunn: Klinkhardt, 1995, S. 140-155

Gebauer, Karl: Wie können erziehungsschwache Lehrerinnen und Lehrer (Schulkollegien) in einem mächtigen und durchorganisierten Schulsystem die Lebendigkeit von Kindern wahrnehmen und erhalten? In: *Valtin, Renate* u.a. (Hrsg.): Gemeinsam leben – gemeinsam lernen. Behinderte Kinder in der Grundschule. Konzepte und Erfahrungen. Frankfurt/M.: Arbeitskreis Grundschule, 1984, S. 267-284

Gruntz-Stoll, Johannes: Gemeinsam statt einsam. Problemorientiertes Training und kollegiale Praxisberatung im Rahmen der Weiterbildung von Lehrerinnen und Lehrern zu schulischen Heilpädagoginnen und -pädagogen. In: Beiträge zur Lehrerbildung 11 (1993), S. 321-329

Heimlich, Ulrich: Projektorientierte Lehrerfortbildung für Lehrer an Schulen für Lernbehinderte. In: Zeitschrift für Heilpädagogik 43 (1992), S. 35-42

Heimlich, Ulrich: Neue Konzepte sonderpädagogischen Förderung, neue Aufgabenstellung für Lehrkräfte - Konsequenzen für die Ausbildung von Pädagogen. In: *Verband Bildung und Erziehung* (Hrsg.): Sonderpädagogische Förderung neu verstehen. Sonderschulen und Sonderpädagogische Förderung – hoffnungsvolle und verläßliche Perspektiven. Bonn 1996, S. 49-60

Heyer, Peter: Erforderliche Konsequenzen für die Lehrerbildung. In: *Heyer, Peter* u.a. (Hrsg.): Zehn Jahre wohnortnahe Integration. Behinderte und nichtbehinderte Kinder gemeinsam an ihrer Grundschule. Frankfurt/M.: Arbeitskreis Grundschule, 1993, S. 174-176

Heyer, Peter u.a.: Integrationspädagogische Fortbildung – Konzepte, Erfahrungen, Perspektiven. In: *Heyer, Peter* u.a. : „Behinderte sind doch Kinder wie wir!" Gemeinsame Erziehung in einem neuen Bundesland. Berlin: Wissenschaft & Technik, 1997, S. 93-122

Heyer, Peter u.a. (Hrsg.): Zehn Jahre wohnortnahe Integration. Behinderte und nichtbehinderte Kinder gemeinsam an ihrer Grundschule. Frankfurt a.M.: Arbeitskreis Grundschule, 1993

Hinz, Andreas: Heterogenität in der Schule. Integration – Interkulturelle Erziehung – Koedukation. Hamburg: Curio, 1993

Interessengemeinschaft der Eltern hörgeschädigter Kinder (Hrsg.): Die Beschulung hörgeschädigter Kinder entsprechend ihren unterschiedlichen Bedürfnissen. Kirchzarten, 1993

Kempf, Wilhelm: Begriff und Probleme des Friedens. Beiträge der Sozialpsychologie. Kurseinheit: Aggression, Gewalt und Gewaltfreiheit. Diskussionsbeiträge Nr. 30/1995 der Projektgruppe Friedensforschung. Universität Konstanz, Konstanz 1995

Krawitz, Rudi: Gemeinsam leben lernen. Wege zur Integration sonderpädagogischer Kompetenzen. In: Die Deutsche Schule 87 (1995), S. 50-61

Laege-Schneider, Marion u.a.: Hat gemeinsame Erziehung in der LehrerInnen-Ausbildung und der -Fortbildung einen ausreichenden Stellenwert? In: *Meißner, Klaus* (Hrsg.): Integration. Schulentwicklung durch integrative Erziehung. Berlin: Edition Diesterweg Hochschule, 1997, S. 109-118

Mahnke, Ursula: Integrative Unterrichtsarbeit von Lehrerinnen und Lehrern als Entwicklungsprozeß – am Beispiel einer Integrationsklasse in den neuen Bundesländern. In: Die Sonderschule 39 (1994). S. 360-367

Meißner, Klaus (Hrsg.): Eine gemeinsame Schule für alle. Realisierungsprobleme. Bericht über die zweite integrationspädagogische Tragung der Diesterweg-Hochschule, Berlin: Edition Diesterweg Hochschule, 1990

Meißner, Klaus (Hrsg.): Integration – Schulentwicklung durch integrative Erziehung. Berlin: Edition Diesterweg Hochschule, 1997

Meißner, Klaus/ Hess, Erik (Hrsg.): Integration in der pädagogischen Praxis. Auf dem Weg zur Nichtaussonderung von Kindern und Jugendlichen mit Behinderungen. Berlin: Edition Diesterweg Hochschule, 1988

Meister, Hans: Integration beginnt auch bei der Lehreraus- und -fortbildung. In: Pädagogik und Schulalltag 51 (1996), S. 32-41

Meister, Hans/ Krämer, Herbert: Innovation als Aufgabe, Voraussetzung und Wirkung integrativer Pädagogik. In: *Eberwein, Hans* (Hrsg.): Handbuch Integrationspädagogik. Kinder mit und ohne Behinderung lernen gemeinsam. Weinheim u. Basel: Beltz, 1997 (Neuausgabe), S. 404-410

Meister, Hans/ Sander, Alfred (Hrsg.): Qualifizierung für Integration. Pädagogische Kompetenzen für gemeinsame Erziehung und integrativen Unterricht behinderter und nichtbehinderter Kinder. St. Ingbert: Röhrig, 1993

Ments,. Morry v: Rollenspiel effektiv. Ein Leitfaden für Lehrer, Erzieher, Ausbilder und Gruppenleiter. München: Oldenbourg, 1985

Miller, Reinhold: Lehrer lernen. Ein pädagogisches Arbeitsbuch. Weinheim u. Basel: Beltz, 1995 (neu ausgest. Sonderausgabe)

Miller, Reinhold: Sich in der Schule wohlfühlen. Wege für Lehrerinnen und Lehrer zur Entlastung im Schulalltag. Weinheim u. Basel: Beltz, 1995a

Miller, Reinhold: Schulinterne Lehrerfortbildung. Der SCHILF-Wegweiser. Weinheim: Beltz, 1995b (neu ausgest. Sonderausgabe)

Mühlhausen, Ulf: Gegenseitige Hospitation im Unterricht. Ein (un-)heimlicher Fortbildungswunsch von Lehrerinnen und Lehrern. In: Die Deutsche Schule 83 (1991), S. 199-215

Mühlhausen, Ulf: Unterrichtsprobleme spielerisch erfahren. Ein Simulationsspiel für die Aus- und Fortbildung von LehrerInnen. In: Die Deutsche Schule 84 (1992), S. 189-200

Palazzoli, Mara Selvini u.a.: Hinter den Kulissen der Organisation. Stuttgart: Klett-Cotta, ⁵1993

Pallasch, Waldemar u.a. (Hrsg.): Beratung – Training – Supervision. Eine Bestandsaufnahme über Konzepte zum Erwerb von Handlungskompetenz in pädagogischen Arbeitsfeldern. Weinheim u. München: Juventa, ²1996

Pallasch, Waldemar/ Reimers, Heino: Pädagogische Werkstattarbeit. Eine pädagogisch-didaktische Konzeption zur Belebung der traditionellen Lernkultur. Weinheim u. München: Juventa, 1990

Perko, Klaus/ Landesschulrat für die Steiermark (Hrsg.): Behördenfibel. Zur gemeinsamen Unterrichtung behinderter und nichtbehinderter Kinder. Graz, 1995

Preuss-Lausitz, Ulf u.a. (Hrsg.): Integrative Förderung Behinderter in pädagogischen Feldern Berlins. Erfahrungen – Probleme – Perspektiven. Berlin: TUB Dokumentation, 1985

Priebe, Botho: Erfahrungen mit außerschulischen Widerständen gegen innovationsorientierte schulinterne Lehrerfortbildung und ihre Überwindung. In: *Wenzel, Hartmut* u.a. (Hrsg.): Schulinterne Lehrerfortbildung. Ihr Beitrag zu schulischer Selbstentwicklung. Weinheim u. Basel: Beltz, 1990, S. 159-180

Rosenberger, Manfred: Die Entwicklung zu einer Schule ohne Aussonderung aus Elternsicht. In: Gemeinsam leben 1 (1993), S. 23 - 25

Sander, Alfred: Integration behinderter Schüler und Schülerinnen als Gegenstand der Lehreraus- und -fortbildung. In: *Meister, Hans/ Sander, Alfred* (Hrsg.): Qualifizierung für Integration. Pädagogische Kompetenzen für gemeinsame Erziehung und integrativen Unterricht behinderter und nichtbehinderter Kinder. St. Ingbert: Röhrig, 1993, S. 191-202

Schley, Wilfried: Organisationsentwicklung an Schulen: Das Hamburger Modell - oder: Organisationsentwicklung als Pragmatik menschlicher Kooperation. In: *Greber, Ulrich* u.a. (Hrsg.): Auf dem Weg zur "Guten Schule": Schulinterne Lehrerfortbildung. Bestandaufnahme – Konzepte – Perspektiven. Weinheim u. Basel: Beltz, 1991, S. 111-155

Schley, Wilfried: Funktion und Qualifikation von Beratern für Organisationsentwicklung an Schulen. In: *Greber, Ulrich* u.a. (Hrsg.): Auf dem Weg zur "Guten Schule": Schulinterne Lehrerfortbildung. Bestandaufnahme – Konzepte – Perspektiven, Weinheim u. Basel: Beltz, 1991a, S. 400-419

Schöler, Jutta (Hrsg.): Schule ohne Aussonderung in Italien. Berlin: Guhl, 1983

Schöler, Jutta (Hrsg.): 'Italienische Verhältnisse' insbesondere in den Schulen von Florenz. Berlin: Guhl, 1987

Schöler, Jutta (Hrsg.): "Italienische Verhältnisse" Teil II. Menschen mit Behinderungen auf dem Weg von der Schule in die Arbeitswelt. Berlin: Guhl, 1996

Schönig, Wolfgang/ Seydel, Otto: Schulinterne Lehrerfortbildung als Schulentwicklungsstrategie? In: *Wenzel, Hartmut* u.a. (Hrsg.): Schulinterne Lehrerfortbildung. Ihr Beitrag zu schulischer Selbstentwicklung. Weinheim u. Basel: Beltz, 1990, S. 183-213

Schreckenberg, Wilhelm: Der Irrweg der Lehrerausbildung. Düsseldorf: Päd. Verl. Schwann-Bagel, 1984

Schwäbisch, Lutz/ Siems, Martin: Anleitung zum sozialen Lernen für Paare, Gruppen und Erzieher. Kommunikations- und Verhaltenstraining. Reinbek b. Hamburg: Rowohlt, 1974

Terhart, Ewald: Lehrerausbildung: Unangenehme Wahrheiten. In: Pädagogik 44 (1992), S. 32-35

Verband Bildung und Erziehung (Hrsg.): Sonderpädagogen im Schulalltag. Zwischen dienstlichem Auftrag, sonderpädagogischem Engagement und innerer Kündigung, Bonn, 1993

Vernooij, Monika A.: Überlegungen und Konzepte zur Aus-, Fort- und Weiterbildung von Pädagogen in integrativen Einrichtungen. In: *Sander, Alfred/ Raidt, Peter* (Hrsg.): Integration und Sonderpädagogik. Referate der 27. Dozententagung für Sonderpädagogik in deutschsprachigen Ländern im Oktober 1990 in Saarbrücken. St. Ingbert: Röhrig, 1991, S. 265-274

Vernooij, Monika A.: Gesichtspunkte für die Fort- und Weiterbildung von Mitarbeitern in integrativen Gruppen im Elementarbereich. In: *Sander, Alfred/ Raidt, Peter* (Hrsg.): Integration und Sonderpädagogik: Referate der 27. Dozententagung für Sonderpädagogik in deutschsprachigen Ländern im Oktober 1990 in Saarbrücken. St. Ingbert: Röhrig, 1991a, S. 102-110

Wenzel, Hartmut: Auf der Suche nach Perspektiven. Wandel der Anforderungen und Konsequenzen für die Fortbildung. In: Pädagogik 46 (1994), S. 11-14

Willand, Hartmut: Lehrerausbildung zwischen Wissenschaftsorientierung und Berufsfelderfordernissen im Problemfeld gemeinsamen Unterrichts behinderter und nichtbehinderter Schüler. In: Zeitschrift für Heilpädagogik 46 (1995), S. 8-15

Zentrum für Schulentwicklung (Hrsg.): Handbuch der UNESCO zur Lehrerfortbildung: Besonderer Förderbedarf in der Klasse. Graz, 1995

Ulrich Heimlich

Der heilpädagogische Blick – Sonderpädagogische Professionalisierung auf dem Weg zur Integration

In der Sonderpädagogik lassen sich gegenwärtig drei große Innovationslinien unterscheiden, die zu einer Transformation von Traditionen in unserer Disziplin führen werden[1]. Auf der Ebene der Handlungskonzepte tragen die Erfahrungen mit der gemeinsamen Erziehung und dem gemeinsamen Unterricht zu einer Veränderung unseres Handlungsrepertoires in Richtung auf integrative Förderkonzepte bei. Im Bereich der Organisationsformen steht die integrationsfähige Schule verbunden mit netzwerkartigen Unterstützungsstrukturen auf dem Programm. Und in professionstheoretischer Hinsicht drängt sich die Frage nach der Qualifikation für die integrationspädagogische Arbeit immer deutlicher auf. An dieser Stelle sollen die veränderten sonderpädagogischen Qualifizierungsanforderungen im Vordergrund stehen, die sich durch die Ausweitung der gemeinsamen Erziehung ergeben. Dabei erfolgt eine Konzentration auf das Arbeitsfeld Schule. In einem ersten Schritt steht zunächst die Krise der sonderpädagogischen Lehrerarbeit als Professionskrise im Vordergrund (1). Darauf aufbauend wird versucht, integrationspädagogische Kompetenzen näher zu bestimmen (2). Abschließend wird nach dem Kern sonderpädagogischer Professionalisierung, nämlich nach dem Berufsethos gefragt (3).

1. Sonderpädagoginnen und Sonderpädagogen in der Krise – Heilpädagogisches Handeln als Professionshandeln

Im Oktober 1998 jährte sich zum 25sten Male die Verabschiedung der Empfehlungen des *Deutschen Bildungsrates* „Zur pädagogischen Förde-

---

[1] Ich gehe dabei von dem Innovationsbegriff des Bochumer Phänomenologen *Bernhard Waldenfels* aus. Innovation soll deshalb im folgenden verstanden werden als Transformation von Traditionen, als Weiterentwicklung von gewachsenen Strukturen und Konzepten, als kreativer Umgang mit vorhandenen Ressourcen im Rahmen eines produktiv-reproduktiven Bezugs zur Lebenswelt (*Waldenfels* 1985, S. 142).

rung behinderter und von Behinderung bedrohter Kinder und Jugendlicher" (*Deutscher Bildungsrat* 1974). Die Empfehlungen sollen ebenso Konsequenzen für die sonderpädagogische Ausbildung haben (S. 117ff.). Neben Informationen über Behinderungsarten und sonderpädagogische Institutionen im Rahmen der Qualifizierung des allgemeinpädagogischen Personals wird bereits die Aufnahme sonderpädagogischer Inhalte in alle Lehramtsstudiengänge gefordert. Das sonderpädagogische Studium erfährt über die erziehungswissenschaftlichen, fachwissenschaftlichen und fachdidaktischen Anteile sowie über die Stufendidaktik neben den sonderpädagogischen Fachrichtungen hinaus eine enge Anbindung an die allgemeinpädagogischen Studiengänge. Mitzudenken ist hier allerdings auch der Strukturplan für das Bildungswesen von 1970, in dem die Aufgaben von Lehrerinnen und Lehrern als Lehren, Erziehen, Beurteilen, Beraten und Innovieren bezeichnet werden (vgl. *Diederich* 1994, S. 240) und damit über das „Unterrichten" bzw. „Stundenhalten" weit hinausreichen (vgl. zur Gesamteinschätzung der Empfehlungen *Muth* 1993, S. 194).

20 Jahre später kommt diese integrationspädagogische Wende auch in den bildungspolitischen Verlautbarungen der KMK zum Ausdruck. In ihrer Empfehlung zur sonderpädagogischen Förderung von 1994 steht erstmals der gemeinsame Unterricht im Mittelpunkt der Überlegungen. Der Sonderpädagogik wird eine subsidiäre, also nachrangige Funktion zugewiesen. In den gleichzeitig erscheinenden Empfehlungen zur sonderpädagogischen Lehrerbildung schlägt sich diese Wende allerdings nicht nieder (*Sekretariat ...* 1994). Dazwischen liegt eine Geschichte der Integrationsbewegung, die ausgehend von Kindertageseinrichtungen über Grundschulen und den Sekundarbereich mittlerweile bis in die berufliche Integration und die Freizeit hineinreicht (vgl. *Sander* 1995). Besonders im Elementarbereich gewinnen integrative Angebotsformen flächendeckende Ausmaße (so etwa in Berlin, Bremen, Hessen). Im Primar- und Sekundarbereich werden weitreichende Entwicklungen aus Schleswig-Holstein mit einem Anteil von derzeit ca. 26% integrierten Schülerinnen und Schülern mit sonderpädagogischem Förderbedarf gemeldet (vgl. *Pluhar* 1998).

In diesem Zusammenhang ist auch die sonderpädagogische Professionalisierung längst aus ihrer Routine ausgebrochen. Ein sonderpädagogisches Studium ist heute keine Garantie mehr für eine Tätigkeit in der Sonderschule bzw. der Sondereinrichtung. Wir müssen heute auch vorbereiten auf die Tätigkeit im integrationspädagogischen Zusammenhang. In dem Maße, wie sich die integrationspädagogischen Anteile im sonderpädagogischen Fördersystem ausweiten, werden auch neue Anforderungen an die Qualifizierung des sonderpädagogischen Personals gestellt. Damit einher geht jedoch eine Krise² des sonderpädagogischen Professionsideals. „*Manchmal mache ich auch noch richtigen Unterricht!*", so stellte kürzlich eine Kollegin mit einem leichten Unterton des Bedauerns fest. Damit wird zum Ausdruck gebracht, dass sich das sonderpädagogische Aufgabenspektrum sprunghaft erweitert und eine Suchbewegung hin zu neuen Leitbildern eingesetzt hat.

Blicken wir weiter zurück in die Geschichte der sonderpädagogischen Professionalisierung, so zeigt sich, dass die ersten Schritte einer institutionalisierten pädagogischen Förderung von Kindern mit besonderen Erziehungsbedürfnissen in den Nachhilfeklassen und Hilfsklassen bzw. Hilfsschulen durchweg von Volksschullehrern gemacht werden (*Kanter/Schmetz* 1998, S. 187). Durch „Selbstinstruktion" und „kollegiale Weiterbildung" versucht diese Generation von Gründern sich auf die neuen Aufgaben vorzubereiten. Gleichzeitig kann über Hospitationen in den sog. „Idiotenanstalten" ein Einfluss auf den Unterricht in den Nachhilfeklassen und ersten „Hülfsschulen" nachgewiesen werden. Diese Versuche der Selbstqualifizierung stehen auch am Anfang der verbandlichen Zusammenschlüsse, so etwa in den rheinischen Verbandstagen der Hilfsschulen in den Jahren von 1889 bis 1897. Diese Zusammenkünfte haben den Charakter von „Fortbildungstagungen unter der Leitung und Mitwirkung von Schulräten" (*Möckel* 1998, S. 15). Die Konzeption des *Verbandes der Hilfsschulen Deutschlands* enthält seit seiner Gründung am 12. und 13. April 1898 in Hannover bereits den Aufgabenbereich der beruflichen Weiterbildung und der professionellen Ausbildung (vgl. *Myschker* 1969, S. 156ff.; 1983, S. 145f.; 1998, S.23f.). In den Folgejahren entstehen zahlreiche regionale Fortbildungsinitiativen, so etwa im Jahre 1905 der erste „in sich geschlossene Ausbildungskurs für Hilfsschullehrkräfte" (*Kanter/Schmetz* 1998, S. 189), angeregt vom Bonner Hilfsschullehrer und -rektor *Heinrich Lessenich*. Die noch selbstorganisierten Kurse werden schließlich in kommunale Trägerschaft übernommen, verbunden mit einer stärkeren Regulierung bis hin zu Prüfungsordnungen.

Die Forderung nach einer Akademisierung der sonderpädagogischen Lehrerbildung kann im November 1922 mit der Eröffnung eines „heilpädagogischen Studienjahres" an der Universität München erstmalig erfüllt werden. Aber erst 1931 entsteht in Zürich bekanntlich die erste Professur für Heilpädagogik in Europa (S. 191ff.). Insofern reflektiert die Entwicklung der Sonderpädagogik als Wissenschaft ebenfalls das von *Heinz-Elmar*

---

² Mit dem Begriff „Krise" verbinde ich im Anschluß an *Thomas S. Kuhn* den „Normalfall" der wissenschaftlichen Arbeit: „Wie Künstler müssen auch schöpferische Wissenschaftler gelegentlich in der Lage sein, in einer aus den Fugen geratenen Welt zu leben ..." (*Kuhn* ²1978, S. 92). Neue Theorien und Handlungskonzepte sind Antworten auf solche Krisen.

Tenorth (1994, S. 26) für die Zeit der Weimarer Republik festgestellte Auseinanderdriften von Profession und Disziplin:

„Die Pädagogik als theoretisches System wird unterscheidbar von der Profession als dem Handlungskontext pädagogischer Berufe." (ebd.).

Die Nachkriegszeit ist schließlich geprägt durch die Forderung des nunmehr zum *Verband deutscher Sonderschulen* umbenannten Berufsverbandes der Sonderschullehrerinnen und -lehrer nach einem akademischen Vollstudium, das in den sechziger Jahren zunächst als postgraduales Studium realisiert wird.

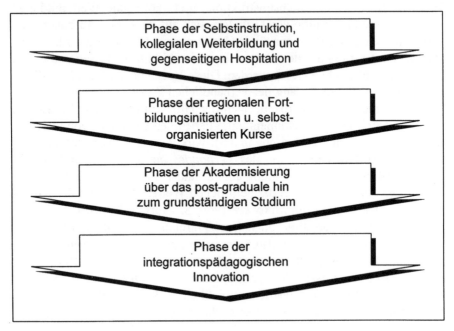

Abb. 1: Zur Geschichte sonderpädagogischer Professionalisierung

Obwohl durch die föderal bestimmte Bildungspolitik auch gegenwärtig noch ein buntes Bild der sonderpädagogischen Lehrerbildung gezeichnet werden muss, so kann doch im historischen Rückblick von einem beeindruckenden, wenn auch sehr mühevollen Professionalisierungsprozess des Sonderschullehrerberufs gesprochen werden (*Kanter/Schmetz* 1998, S. 201). Diese Entwicklung hat allerdings ihren Preis. Im Zuge der Ausdifferenzierung des Sonderschulwesens verlieren die „Volksschullehrer" immer mehr die Fähigkeit, auch Kinder mit besonderen Erziehungsbedürfnissen zu fördern, wie schon der Kreisschulinspektor *Johann Heinrich Witte* im

Der heilpädagogische Blick

Jahre 1901 bemerkt (vgl. *Klink* 1960, S. 78). Die Professionalisierung des Sonderschullehrerberufs verbunden mit immer deutlicheren Autonomiebestrebungen (vgl. *Ellger-Rüttgardt* 1980, S. 250ff.) hat zur Folge, dass Kompetenzen aus der Volksschule ausgelagert werden. Systemtheoretisch betrachtet ist die Folge der funktionalen Differenzierung im Bildungswesen also ein Kompetenzverlust in der Volksschule. An der Berufsbiographie von *Heinrich Kielhorn* (1847-1934) kann dieser Prozess recht gut nachgezeichnet werden. *Kielhorn* hat seinerzeit bereits als Volksschullehrer Kontakt zu Kindern mit besonderen Erziehungsbedürfnissen und versucht, diese Kinder im Klassenverband angemessen zu fördern (vgl. *Kielhorn* 1884, S. 189f.; *Möckel* 1981, S. 42). Diese Kompetenz nimmt er jedoch mit in die Hilfsklasse. Soweit auch die Nachteile der funktionalen Differenzierung.

Vom Ergebnis her betrachtet gelingt es der Sonderpädagogik in diesem historischen Prozess jedoch sich von den Professionalisierungsproblemen der Volksschullehrerschaft teilweise abzusetzen. Professionelles pädagogisches Handeln ist - nach *Ulrich Oevermann* (1997, S. 151) - am ehesten in der Heil- und Sonderpädagogik auszumachen, da hier neben der Wissens- und Normenvermittlung die Folgen der Erziehung für die persönliche Integrität im Mittelpunkt stehen (ebd.), im Gegensatz zur Normalpädagogik, die diese Dimension pädagogischen Handelns in der Regel ausblendet. Was also macht pädagogische bzw. sonderpädagogische Professionalität aus, so können wir nun fragen? Gemeinhin wird dann von einer professionellen Tätigkeit gesprochen, wenn dazu eine lange Spezialausbildung erforderlich ist, das Tätigkeitsfeld monopolartig bearbeitet wird, die Arbeit sich am Wohl des Klienten orientiert und Autonomie aufgrund öffentlicher Anerkennung gewährleistet ist. Pädagogisches Handeln ist insofern allenfalls auf dem Wege zur Professionalisierung (vgl. *Titze* 1989, S. 1270). Professionalisierung stammt als Begriff im übrigen aus der angelsächsichen Soziologie und bezeichnet dort den Prozess der Herausbildung eines Berufs und seiner Absicherung durch Ausbildung, Berufsverbände und eine spezielle Berufsethik (vgl. *Sandfuchs* 1994, S. 247f.). *Ewald Terhart (1997, S. 448)* beschreibt für den Lehrerberuf zusätzlich die Professionsmerkmale Mandat, Kompetenz und Qualifikation.

Besonders im Vergleich zu Ärzten und Rechtsanwälten wird immer wieder deutlich, welchen Schwierigkeiten der Professionalisierungsprozess des Lehrerberufs nach wie vor ausgesetzt ist. Zu nennen sind etwa die mangelnde Anerkennung angesichts immer wieder öffentlich zelebrierter Lehrerschelte, die allenfalls noch relative Autonomie bei der Vermittlung von Kenntnissen im Vergleich zu den Neuen Medien und den Zwangscharakter des Klientenbezugs aufgrund der staatlichen Schulpflicht. Sicher sind hier auch strukturelle Dilemmata der Lehrerarbeit aufgezeigt, die aufgrund der Einbettung in administrative Rahmenbedingungen nicht ohne weiteres ausgeräumt werden können. Andererseits stehen wir gleichwohl vor dem Problem, Veränderungen der Lehrerarbeit in modernen Gesellschaften aufgrund von veränderten Sozialisationsbedingungen ihrer Klientel in ihren Auswirkungen auf die Professionalisierung zu analysieren. Einen solchen Zusammenhang haben wir auch vor Augen, wenn wir nach den Auswirkungen der integrationspädagogischen Aufgabenstellungen auf die sonderpädagogische Professionalisierung fragen.

2. Integrationspädagogisches Können – Zur Innovation innerhalb sonderpädagogischer Professionalisierung

Basis der weiteren Überlegungen zu einem integrationspädagogischen Qualifikationsprofil ist ein ökologisches Mehrebenen-Modell integrativer Schulentwicklung.

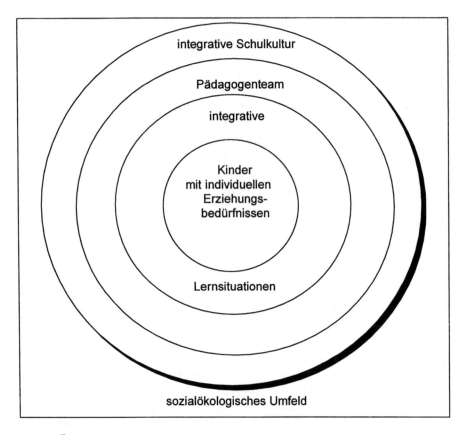

Abb. 2: Ökologisches Modell integrativer Schulentwicklung

Bei dem Versuch, die Entwicklungsprozesse in Integrationsschulen und Integrationsklassen systematisch zu beschreiben, lassen sich immer wieder verschiedene Ebenen unterscheiden, die mit konzentrischen Kreisen vergleichbar sind (s. Abb. 2).

- *Integrationspädagogische Aufgabenstellungen in der Schule*

Fallbeispiel Peter:
„Peter (14;9 Jahre) macht Schwierigkeiten. Und zwar den Lehrerinnen in der Klasse 5b. Peter selbst ist dabei übrigens frohgelaunt und hat selbst offenbar überhaupt keine Schwierigkeiten mit seiner Situation in der Klasse. Er spielt ständig mit kleinen Gegenständen herum, die er nur selten aus der Hand legt. Er spricht plötzlich laut in die Klasse hinein oder zu seinem Nachbarn. Manchmal steht er unvermittelt auf, geht zur Lehrerin und will jetzt und sofort sein Deutsch-Lesebuch aus dem Schrank holen, während die Lehrerin der Klasse gerade etwas erklärt. Sein unterrichtsbezogenes Verhalten ist kaum wahrnehmbar. Er reagiert auf individuelle Zuwendung eines Erwachsenen. Diese ist besonders im Fachunterricht ohne Doppelbesetzung nicht immer herstellbar. Schriftliche Aufgaben umgeht Peter elegant mit dem Hinweis: „Nö, aufschreiben muss ich das nicht, ich merk' mir das so." Es fällt ebenfalls auf, dass Peter soziale Kontakte fast ausschließlich zu Erwachsenen unterhält und zu Gleichaltrigen kaum selbständige Beziehungen hat."

In einem ersten Schritt haben wir mit Hilfe der Kind-Umfeld-Analyse von *Alfred Sander* (1998) zunächst *Peters* individuelle Lernvoraussetzungen unter Einsatz verschiedener förderdiagnostischer Instrumente (z.B. die Hamburger Schreibprobe) ermittelt und daraus einen individuellen Förderplan erstellt. Besonders im Rahmen der allmorgendlichen Freiarbeitsstunden erhält *Peter* in seinem Wochenplan individuelle Aufgabenstellungen, die er aufgrund seiner Lernausgangslage weitgehend selbständig bewältigen können müsste. Ein offenes Problem stellt dabei allerdings der Fachunterricht dar, in dem teilweise eine Lehrkraft allein für den Unterricht zuständig ist. In Unterrichtsbeobachtungen zeigt sich nun, dass *Peter* kaum zu einem selbständigen Arbeitsverhalten in der Lage ist. Er wartet beharrlich auf die Lehrerin und beginnt mit seinen Lernaktivitäten erst, wenn diese ihn nochmals intensiv auffordert, ständig Rückmeldungen anbietet und in der Nähe bleibt. Die Lehrerinnen reagieren erwartungsgemäß. Ebenso ist jedoch beobachtbar, dass *Peter* sich manchmal auch von sich aus mit einer Aufgabe beschäftigt - wenn auch nur für wenige Augenblicke. Wir schlagen den Lehrerinnen vor, diese winzigen Ansätze eines aufgabenbezogenen

Lernverhaltens aufmerksam zu beobachten und darauf mit Nähe, positiven Rückmeldungen und Hilfestellungen zu reagieren. Es zeigt sich bereits nach kurzer Zeit, dass *Peter* sein Arbeitsverhalten allmählich verändert und so die Lehrerinnen nach und nach von der ständigen individuellen Zuwendung entlastet werden. Der Unterricht nähert sich in dieser Phase bereits einem reformpädagogischen Gesamtkonzept an, das aus den Elementen Freiarbeit, Wochenplanunterricht, Gesprächskreisen (bzw. sog. „Tutorenstunden"), differenziertem Klassenunterricht und einzelnen Projektwochen besteht (vgl. *Heimlich/Jacobs* 1998). Damit bestätigt auch die Arbeit in diesen Integrationsklassen erneut den grundlegenden Konsens, der sich in Bezug auf die unterrichtliche Gestaltung integrativer Lernsituationen und eine integrative Didaktik gegenwärtig abzeichnet (vgl. *Schöler* 1993; *Werning* 1995; *Heyer* 1997).

Aber zurück zu *Peter*. Im Rahmen einer wöchentlich stattfindenden Teamsitzung haben wir danach eine teamorientierte Fallberatung durchgeführt - und zwar angelehnt an das Modell der kooperativen Lernbegleitung von *Rolf Werning* und seinen Kolleginnen und Kollegen von der Laborschule Bielefeld (*Heuser/Schütte/Werning* 1997). Es besteht aus den Abschnitten (1) Vorstellungskonferenz, (2) Informationsphase, (3) Förderkonferenz, (4) Umsetzen des Förderplans und (5) Reflexion. Dabei erweist es sich als besonders bedeutsam, dass sich die Lehrerinnen und Lehrer ihrer unterschiedlichen Perspektiven bewusst werden, mit denen sie *Peter* erleben und betrachten. Im Ergebnis präsentiert sich ein ganzes Bündel an förderungsrelevanten Informationen, die im Team vorhanden sind. In einem zweiten Schritt entwickelt das Team nun ein gemeinsames Erziehungskonzept, das von allen Beteiligten getragen werden soll.

Neben den zahlreichen organisatorischen Absprachen, die innerhalb der Teamsitzungen möglich sind, erweist sich diese Organisationsform der professionellen Kooperation in diesem Schulversuch zusehends als Möglichkeit der schulinternen Fortbildung (SCHILF) in Verbindung mit der Wissenschaftlichen Begleitung. Gegenwärtig nehmen die Lehrerinnen im Team zunehmend das Heft selbst in die Hand, steuern diesen Fortbildungsprozess weitgehend selbst und benutzen die Wissenschaftliche Begleitung als Informations- und Serviceeinrichtung zur inhaltlichen Gestaltung. Damit deuten sich zugleich Ansätze einer im Schulversuch auch angestrebten Form der Selbstevaluation an (vgl. *Rolff* 1995). Darüber hinaus hat die intensive Form der Zusammenarbeit für große Schulsysteme wie die Gesamtschule den entscheidenden Vorteil, dass hier gleichsam eine dezentrale Arbeitseinheit gebildet wird, die in der Lage ist, eine vierzügige Jahrgangsstufe der Gesamtschule selbst zu organisieren. Wir haben überdies die Erfahrung gemacht, dass dadurch auch die nicht immer konfliktfreien Zweier-Pädagogen-Teams spürbar entlastet werden und viele Kooperationsprobleme im Gesamtteam aufgefangen werden können.

Wir kehren noch einmal zurück zu *Peter*. Auf dem Schulhof oder in den Pausen zwischen den Stunden bleibt er häufig allein. Sein Lernpartner in der Klasse fühlt sich auf eine sehr ernsthafte Weise auch für ihn verantwortlich. Spontane soziale Beziehungen außerhalb des Unterrichts sind allerdings nach wie vor die Ausnahme. Wir vereinbaren daraufhin ein Gespräch mit den Eltern. Ziel des Gesprächs ist es, neben der gegenseitigen Vorstellung von den Eltern noch mehr Informationen über *Peters* Freizeitverhalten zu erlangen. Hier zeigt sich, dass *Peter* am Nachmittag häufig allein ist und nur wenige Gleichaltrigenkontakte unterhält. Er interessiert sich sehr für Computer, was sich bisher jedoch überraschenderweise nicht in der Schule gezeigt hat. Gemeinsam mit den Eltern wird überlegt, welche Freizeitmöglichkeiten für *Peter* entwickelt werden können, damit er Gelegenheit zu Gleichaltrigenkontakten erhält. Als besonders wichtig erweist sich in diesem Gespräch jedoch, dass die Eltern konsequent als Experten bezogen auf die Entwicklung ihres Sohnes betrachtet werden und mit ihren Kompetenzen etwas zur Förderung ihres Kindes beitragen können (vgl. dazu das Modell der kooperativen Beratung von *Mutzeck* 1995).

Die Integrationsebenen „Schulkultur" und „sozialökologisches Umfeld" stehen zwar nicht in allen Integrationsprojekten im Mittelpunkt. Gleichwohl sollte deutlich geworden sein, dass integrative Prozesse nicht nur didaktisch-methodische Arrangements auf der Ebene individueller Förderung und der Ebene der integrativen Lernsituation erforderlich machen (vgl. zur integrativen Lernsituation den Beitrag von *Hans Wocken* 1998 und *Heimlich* 1999). Darüber hinaus ist an die systemische Einbettung des gemeinsamen Unterrichts in das Team der pädagogisch Tätigen und den weiteren Kontext (integrative Schulkultur, sozialökologisches Umfeld) zu denken. Auf dieser Ebene gewinnt in jüngster Zeit das Bild des Netzwerkes zunehmend an Bedeutung. In der brandenburgischen Entwicklung und dem sozialökologischen Mehrebenen-Modell von *Ulf Preuss-Lausitz* (1997) ist diese systemische Einbettung des gemeinsamen Unterrichts bereits berücksichtigt (vgl. den Beitrag von *Preuss-Lausitz* in diesem Band).

Welche Konsequenzen hat das nun für die Qualifikation der Lehrkräfte? Zur Beantwortung dieser Frage ist es erforderlich, einen Blick auf die Modelle integrativer Lehrerbildung zu werfen, die gegenwärtig in der Diskussion sind.

- *Integrative Lehrerbildung*

Hier wird von der Annahme ausgegangen, dass sich integrationspädagogisches Können nicht nur in der Kompetenz zeigt, ein reformpädagogisches Unterrichtskonzept in die Praxis der Integrationsklassen zu transferieren. Das vorgestellte Schulentwicklungsmodell impliziert bei näherem Hinschauen zugleich ein integratives Kompetenzmodell. Neben der individuellen Förderkompetenz und der didaktisch-methodischen Unterrichtskompetenz erwerben Integrationspädagogen und -pädagogen ebenso systemische (bezogen auf Kooperations- und Organisationsaufgaben) und sozialökologische Kompetenzen (bezogen auf die vielfältigen Netzwerkaufgaben). Integrationspädagogisches Können ist gegenwärtig nur noch als Mehrebenenmodell darstellbar (vgl. *Hagmann* 1995), was jedoch auch Prozesse der Arbeitsteilung zwischen den verschiedenen beteiligten Professionen nahelegt. Gleichzeitig entsteht im integrationspädagogischen Zusammenhang auf diese Weise ein neues Professionsideal bzw. -leitbild für die sonderpädagogische Lehrerarbeit. So entwickelt beispielsweise *Alfred Sander* in der Auswertung des saarländischen Kontakt- und Aufbaustudiengangs „Integrationspädagogik" ein entsprechendes Kompetenzprofil, bestehend aus den Bereichen „Grundinformation und Einstellung zu Behinderungen", „Veränderbarkeit des Kind-Schule-Systems", „Kooperativer Unterricht" sowie „zielgleiche und zieldifferente Integration" (vgl. *Sander* 1993, S. 194f.). Durch Einbeziehung dieser Kompetenzbereiche in die verschiedenen Phasen der Lehreraus- und -fortbildung wird erwartet, dass Lehrerinnen und Lehrer „eine gute Basiskompetenz für selbständige, verantwortliche Integrationsarbeit" (S. 195) erwerben. *Peter Heyer* weist seit Ende der achtziger Jahre aufgrund der Berliner Erfahrungen in mehreren Beiträgen (*Heyer/Meyer* 1988; *Heyer* 1993; *Heyer* 1997) über die didaktisch-methodischen und kooperativ-beratenden Kompetenzen hinaus auf die Notwendigkeit der Beteiligung an der Schulentwicklung insgesamt hin und setzt dies im brandenburgischen Lehrerfortbildungsmodell zur Integrationspädagogik bereits flächendeckend um. *Hans Eberwein* entwickelt schließlich seit 1993 an der FU Berlin einen Aufbaustudiengang „Integrationspädagogik", dessen Curriculum neben wissenschaftstheoretischen Grundlagen, lern- und entwicklungspsychologische Aspekte sowie Förderdiagnostik und integrative Didaktik umfasst (*Eberwein/Michaelis* 1993; *Eberwein* 1996; *Eberwein* 1998). *Irmtraut Schnell* (1997) unterscheidet schließlich zwischen Basiskompetenzen für alle Pädagogen und speziellen integrationspädagogischen Kompetenzen insbesondere für sonderpädagogisch Tätige im Rahmen einer integrativen Lehrerbildung. Sie fordert darüber hinaus „integrative Ausbildungsstätten" (S. 31), in denen zum Erwerb von Sachkompetenz auch Ich- und Sozialkompetenzen hinzutreten. Unter geschlechtsspezifischen Aspekten ist dabei zu berücksichtigen, dass die traditionellen Geschlechterhierarchien in der Lehrerarbeit in Integrationsklassen aufrechterhalten bleiben und folglich überwiegend Frauen die tatsächliche Integrationsarbeit leisten, während Männer häufiger in den leitenden Funktionen sind (vgl. *Schildmann* 1997, S. 134f.), ein Befund, der die Kooperationsdimension integrationspädagogischer Arbeit nochmals neu konturiert.

Auch in der Grundschulpädagogik werden seit einiger Zeit die Gemeinsamkeiten in der Lehrerbildung stärker betont (vgl. *Schmitt* 1994; *Faust-Siehl* u.a. 1996). Hinzuweisen ist insbesondere auf den Modellversuch „Integriertes Eingangssemester", wie er beispielsweise von *Dagmar Hänsel* in Bielefeld unter stärkerer Betonung des Praxisbezugs im Lehramtsstudium entwickelt worden ist (*Hänsel* 1992). Demgegenüber kommt es in der sonderpädagogischen Lehrerbildung zur vorsichtigen Öffnungsprozessen, die sich den veränderten Aufgabenstellungen durch weitere Differenzierungen ihres Studienangebotes stellen (vgl. *Lumer* 1995, *Heimlich* 1996; *Marsand* 1997; *Münch* 1997). In vielen sonderpädagogischen Studienstätten gehören mittlerweile integrationspädagogische Inhalte gestützt durch die jeweiligen Studienordnungen zum Regelangebot.

Im internationalen Zusammenhang macht *Alois Bürli* (1995) deutlich, dass mit der *Erklärung von Salamanca* (1994) auch ein Konsens über die Notwendigkeit der Einbeziehung integrationspädagogischer Inhalte in die Lehrerbildung besteht. *Urs Haeberlin* (1995) erneuert aus den Schweizer Erfahrungen die Forderung der Kooperation als Focus integrativer Lehrerbildung und betont gleichzeitig die ethische Grundorientierung als Basiskompetenz einer Lehrerbildung für die Vision einer „integrationsfähigen Schule". Basierend auf einem Internationalen Symposium an der Universität von Manchester von 1993 in Verbindung mit der *European Association für Special Education (EASE)* und unterstützt durch die EU legen *Peter Mittler* und *Patrick Daunt* im Jahre 1995 eine Übersicht zu innovativen Entwicklungen im Bereich der *„Teacher Education for Special Needs in Europe"* vor. Eine vergleichende Betrachtung der Ansätze zur integrativen Lehrerbildung zeigt, dass viele europäische Nachbarländer der BRD sowohl im Bereich der *„initial teacher education"* (dem grundständigen Studium) als auch im Bereich des *„in-service training"* (der Fortbildung) integrationspädagogische Inhalte in ihre Ausbildungscurricula aufgenommen haben. Damit sollte gezeigt worden sein, dass gegenwärtig im europäischen Maßstab ein Prozess der Reintegration von Kompetenzen in die allgemeine Schule einsetzt. Sonderpädagogisch Tätige bzw. Lehrerinnen und Lehrer für Kinder mit besonderen Erziehungsbedürfnissen übernehmen mehr und mehr Förderaufgaben in der Regelschule. Systemtheoretisch betrachtet kann dies im Anschluss an *Niklas Luhmann* (1984, S. 640) als Wiedereintritt der Differenz bezeichnet werden. Die Veränderungen der Kindheits-

und Jugendphasen im Sinne einer Pluralisierung und Individualisierung der Lebenslagen in modernen Gesellschaften führen auch zu vielfältigen neuen Aufgabenstellungen in Regelschulen. Gleichzeitig nimmt die Zahl der Schülerinnen und Schüler mit Lern-, Verhaltens- bzw. Sprachproblemen weiter zu, so dass zusätzliche Kompetenzen im Regelschulsystem erforderlich werden. Wir erinnern uns: Genau diese sind in der Gründungsphase der Hilfsschulen ausgelagert worden. Unter dem Aspekt der Professionalisierung können wir festhalten, dass sich das Mandat der sonderpädagogischen Lehrerarbeit durch die integrationspädagogischen Arbeitsfelder verändert und Kompetenzerweiterungen erforderlich macht, die sich erst zögernd in veränderten Qualifikationsstrukturen auswirken.

Es soll nun abschließend nach dem gefragt werden, was bleibt, wenn sich die sonderpädagogisch Tätigen auf eine Integration ihrer Kompetenzen eingelassen haben. Das, was bleibt, wird hier der heilpädagogische Blick genannt

3. Heilpädagogische Perspektiven - Konturen einer sonderpädagogischen Professionsethik

Wenn professionelles Handeln - wie *Ulrich Oevermann* (1997, S. 79) behauptet - der Ort der Vermittlung von Theorie und Praxis ist, so gilt für die Sonderpädagogik, dass gegenwärtig eine integrationspädagogische Praxis auf die sonderpädagogische Theoriebildung zurückwirkt und sonderpädagogische Professionalität in diesem Spannungsfeld neu austariert werden muss. Das heißt übrigens auch, dass die pädagogisch Tätigen gegenwärtig diese Krisensituation am deutlichsten zu spüren bekommen. Es soll deshalb zunächst dieser Theorie-Praxis-Bezug aufgezeigt werden (s. zum Vergleich das Modell von *Jank/Meyer* ³1994, S. 287 und *Krawitz* ³1997, S. 25).

Wir sind ausgegangen von der Praxis der Integrationsklassen und damit verbundenen integrationspädagogischen Aufgabenstellungen. Dabei wird deutlich, dass die Praxis der Theorie stets voraus ist, sich bereits entwickelt, wie das Beispiel der Integrationsbewegung eindrucksvoll gezeigt hat. Die sonderpädagogische Theoriebildung folgt dieser Integrationspraxis und ist insofern auf einen rekonstruktiven Ansatz (vgl. *Hörster* 1995) angewiesen. Als Basis dieser Theoriebildung kann zunächst eine Ebene des Handlungs- und Erfahrungswissens ausgemacht werden. Darin ist insbesondere die Kompetenz zum kommunikativen Handeln in integrativen Lernsituationen enthalten.

> *Nochmals in das Beispiel von Peter rückübersetzt: Die Lehrerinnen der Integrationsklassen von Peter haben Schwierigkeiten, Peter in das Unterrichtsgeschehen im Fachunterricht einzubeziehen.*

Diese Handlungsebene bringt zugleich bestimmte Erfahrungen in bezug auf gelingende Handlungsmuster mit sich, die sich zu Alltagstheorien über diese Handlungsebene verdichten. Dazu zählen z.B. die bekannten sog. „Unterrichtsrezepte". Das sind Handlungsempfehlungen, die aus der Praxiserfahrung entstehen und Routinebildung insbesondere beim Anfänger im Lehrerberuf unterstützen.

> *Im Fallbeispiel Peter ausgedrückt: Es zeigt sich, dass Peter kleine Verträge über konkrete Aufgabenstellungen helfen, integrative Lernsituationen zu strukturieren und sein aufgaben- und unterrichtsbezogenes Verhalten auszuweiten.*

Diese beiden Ebenen sonderpädagogischen Wissens sind nicht voneinander zu trennen. Es gibt kaum eine Möglichkeit, der Erfahrungsbildung im behindertenpädagogischen Handlungszusammenhang zu entrinnen. Selbst ein reines Versuchs- und Irrtumshandeln führt über kurz und lang zu einem Wissen von erfolgreichen Handlungsstrategien, die vorher erprobt wurden. Die Professionalisierung setzt jedoch erst auf einer dritten Ebene ein, auf der es um die Aneignung von spezifischen Handlungskonzepten geht. Dazu zählt z.B. ein Grundwissen über die Didaktik des Gemeinsamen Unterrichts, über Verfahren der Förderdiagnostik, über kooperative Kompetenzen im Rahmen der Teamentwicklung usw. Diese Handlungskonzepte zeichnen sich in der Regel durch eine innere Systematik und empirische Fundierung aus, zumindest aber handelt es sich um erprobte und erziehungswissenschaftlich akzeptierte Konzepte.

> *Aus Peters Perspektive betrachtet: Mit Hilfe der Kind-Umfeld-Analyse wird unter Beteiligung der Eltern und der Lehrerinnen und Lehrer eine umfassende Förderdiagnose einschließlich eines Förderplans (als differenzierter Wochenplan) erstellt und schrittweise in die Praxis umgesetzt. Bereits nach kurzer Zeit zeigen sich auch Erfolge im Bereich der Lernmotivation.*

Auch auf dieser dritten Ebene haben wir immer noch die Integrationspraxis fest im Blick, bezieht sich unser Reflektieren auf die Gestaltung dieser kommunikativen Praxis. *Herbert Gudjons* (^{4}1995, S. 30) spricht in diesem Fall bekanntlich von Objekttheorien. Das objekttheoretische Wissen in der

Sonderpädagogik hat allerdings einen entscheidenden Nachteil, sein begrenztes Haltbarkeitsdatum. Die Halbwertzeit dieses Wissens umfasst nur wenige Jahre, danach ist es tatsächlich nur noch die Hälfte wert, d.h. es hilft nur noch sehr eingeschränkt beispielsweise zur Bewältigung des integrationspädagogischen Alltags. Das gilt übrigens insbesondere angesichts des beschleunigten Wandels der Lebensbedingungen in modernen Gesellschaften (*Beck* 1997). Es werden neue Handlungskonzepte erforderlich. Um diese Herausforderung im Sinne eines berufslangen Qualifikationsprozesses zu bewältigen, ist ein Reflexionswissen auf der Ebene metatheoretischer Kompetenzen erforderlich. Hier wird beispielsweise die Betrachtung von Theorien und Konzepten in ihrem Entstehungsprozess möglich. Damit wird auch die kritische Prüfung neuer Konzepte bzw. sogar die eigenständige Weiterentwicklung von Konzepten möglich. Auf dieser Ebene begegnen wir systematischen Gesamtentwürfen der Sonderpädagogik einschließlich wissenschaftstheoretischer und methodologischer Grundprobleme.

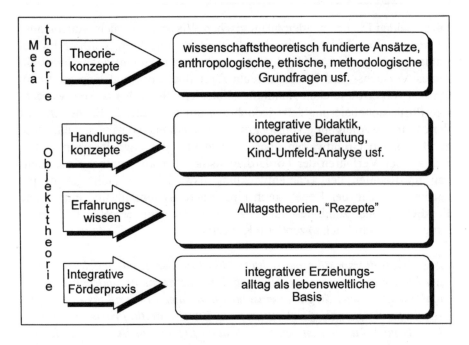

Abb. 3: Das Theorie-Praxis-Kontinuum integrationspädagogischer Qualifizierung

Sonderpädagogische Kompetenz setzt sich in diesem Modell also aus eher handlungsbezogenen bzw. instrumentellen Kompetenzen auf der einen Seite und eher reflexiven Kompetenzen auf der anderen Seite zusammen. Damit widerspricht dieses Modell dezidiert den Behauptungen, dass sich Wissenschaftssystem und Handlungssystem in der Sonderpädagogik immer weiter auseinander entwickeln. Hier wird im Gegenteil von einer Kontinuität zwischen instrumentellen und reflexiven Kompetenzen ausgegangen. Diese Kontinuität ist im wesentlichen bestimmt durch eine ethische Basisentscheidung, wie sie etwa *Urs Haeberlin* in seiner „wertgeleiteten Heilpädagogik" (1996, S. 340ff.) zum Ausdruck bringt (vgl. den Beitrag von *Haeberlin* in diesem Band). Hier ist sicher nicht einfach ein tugendethischer Katalog für die Sonderpädagogik gemeint. Die „Last der großen Ansprüche" im Lehrerberuf ist eh groß genug. Es wird aber doch deutlich, dass eine sonderpädagogische Professionsethik auf eine „ursprüngliche Sozialität" im Sinne des französischen Phänomenologen *Emanuel Lévinas* (1995) und seiner Ethik des Anderen angewiesen bleibt. *Otto Speck* hat diese bekanntlich in seiner „*Pädagogik der Achtung*" (1996) für die Heilpädagogik fruchtbar gemacht. Die hier umschriebene ethische Grundhaltung wird übrigens vorzugsweise in Integrationsklassen erforderlich. Dort wird eine implizite Werteerziehung geleistet, die in den „*just communityschools*" erst mühsam hergestellt werden muss, so jedenfalls *Rainer Benkmann* in seinem konstruktivistischen Entwurf einer kooperativen Entwicklungspädagogik (*Benkmann* 1998).

Innovation in der sonderpädagogischen Professionalisierung bedeutet vor diesem Hintergrund eine neue Art des Sehens (und Gesehen-Werdens, um bei *Lévinas* zu bleiben) zu vermitteln. Es geht darum, den Defizitblick, den Blick auf die Fehler und Schwächen aufzugeben. Es gilt demgegenüber, die Fähigkeiten, individuellen Stärken und personalen Einzigartigkeiten in den Blick zu nehmen. Der „heilpädagogische Blick" wäre als spezifische professionelle Perspektive (in Anlehnung an der sozialpädagogischen Blick, vgl. *Rauschenbach/ Ortmann/Karsten* 1993) als ein ganzheitlicher Blick zu konstituieren und zwar aus der beschriebenen ethischen Grundhaltung heraus. Offen ist gegenwärtig allerdings das Problem der Lehrbarkeit eines solchermaßen ethisch fundierten heilpädagogischen Blicks im Rahmen der Lehrerbildung. Dies scheint allerdings auch für die Lehrbarkeit der Erziehung insgesamt zu gelten. So schließt *Klaus Prange* (1991) seine Gedanken über die Lehrbarkeit der Erziehung mit Überlegungen zur einer Art pädagogischen Werkstattarbeit im Bereich des erziehungswissenschaftlichen Studiums ab. Diese Werkstatt wäre nicht die professionelle pädagogische Praxis selbst, sondern lediglich ein „Ort des Probehandelns" und insofern eine speziell hochschuldidaktische Praxis. Professionsethisches Können im Sinne von „ethischem Können" (vgl. *Varela* 1994) im Rahmen der Sonderpädagogik verlangt nach Praxisprojekten, in denen dieses Probehandeln möglich ist. Wir benötigen gewissermaßen „intermediäre Strukturen" zwischen der Lehrerbildung und der professionellen Praxis, um ethisches Können in der sonderpädagogischen Qualifizierung zu erreichen. Gleichwohl dürfte eine sonderpädagogische Professionsethik stets nur implizit zu lehren und auch zu lernen sein.

Wir müssen als sonderpädagogisch Tätige mit den normativ-deskriptiven und den Theorie-Praxis-Diskrepanzen unserer Profession versuchen zu leben. Sie sind Grunddimensionen des pädagogischen Handelns, das sich stets in einem Spannungsverhältnis von Soll- und Ist-Zuständen sowie Betrachtungs- und Handlungsperspektiven befindet. Sonderpädagogik als rein empirisch-deskriptive Beobachtungswissenschaft zu verstehen, würde dieses Spannungsverhältnis übergehen. Es gilt jedoch, dieses Diskrepanzen auszuhalten und produktiv zu nutzen. So können auch die Schlussgedanken von *Albert Camus* in seinem Sisyphos-Mythos interpretiert werden:

„Ich verlasse Sisyphos am Fuße des Berges! Seine Last findet man immer wieder. Nur lehrt Sisyphos uns die große Treue, die die Götter leugnet und die Steine wälzt... Wir müssen uns Sisyphos als einen glücklichen Menschen vorstellen." (*Camus* 1959, S. 127).

Literatur

Beck, Ulrich: Kinder der Freiheit. Edition Zweite Moderne. Frankfurt a.M.: Suhrkamp, 1997

Benkmann, Rainer: Entwicklungspädagogik und Kooperation. Sozial-konstruktivistische Perspektiven der Förderung von Kindern mit gravierenden Lernschwierigkeiten in der allgemeinen Schule. Weinheim: Deutscher Studien Verlag, 1998

Bürli, Alois: Internationaler Stellenwert der Heilpädagogik in der Lehrergrundausbildung. In: Beiträge zur Lehrerbildung 13 (1995), S. 131-138

Camus, Albert: Der Mythos von Sisyphos. Ein Versuch über das Absurde. Reinbek b. Hamburg: Rowohlt, 1959

Capra, Fritjof: Lebensnetz. Ein neues Verständnis der lebendigen Welt. Bern, München, Wien: Scherz, 1996 (Engl. Originalausgabe: The Web of Life, 1996)

Deutscher Bildungsrat: Zur pädagogischen Förderung behinderter und von Behinderung bedrohter Kinder und Jugendlicher. Stuttgart: Klett, 1974

Diederich, Jürgen: Der Lehrer. In: *Lenzen, Dieter* (Hrsg): Erziehungswissenschaft. Ein Grundkurs. Reinbek b. Hamburg: Rowohlt, 1994, S. 228-252

Eberwein, Hans: Die integrationspädagogische Ausbildung als Auftrag der Erziehungswissenschaften. Begründung, Entwicklungen, Perspektiven. In: *Eberwein, Hans* (Hrsg.): Einführung in die Integrationspädagogik. Weinheim: Deutscher Studien Verlag, 1996, S. 269-278

Eberwein, Hans: Integrationspädagogik als Element einer allgemeinen Pädagogik und Lehrerausbildung. In: *Hildeschmidt, Anne/ Schnell, Irmtraud* (Hrsg.): Integrationspädagogik. Weinheim u. München: Juventa, 1998, S. 345-362

Eberwein, Hans/ Michaelis, Evelyn: Welche spezifischen Qualifikationen brauchen „Sonder"-Pädagogen in Integrationsschulen? In: Zeitschrift für Heilpädagogik 44 (1993), S. 395-401

Ellger-Rüttgardt, Sieglind: Der Hilfsschullehrer. Sozialgeschichte einer Lehrergruppe. Weinheim u. Basel: Beltz, 1980
Ellger-Rüttgardt, Sieglind: Geschichte der sonderpädagogischen Institutionen. In: *Harney, Klaus/ Krüger, Heinz-Hermann* (Hrsg.): Einführung in die Geschichte von Erziehungswissenschaft und Erziehungswirklichkeit. Opladen: Leske+Budrich, 1997, S. 247-269
Faust-Siehl, Gabriele u.a.: Die Zukunft beginnt in der Grundschule. Empfehlungen zur Neugestaltung der Primarstufe. Frankfurt a.M.: Arbeitskreis Grundschule, 1996
Gudjons, Herbert: Pädagogisches Grundwissen. Bad Heilbrunn: Klinkhardt, ^{4}1995
Haeberlin, Urs: Integration - Konsequenzen für die Primar- und Sekundarstufenlehrerausbildung. In: Beiträge zur Lehrerbildung. 13 (1995), S. 145-152
Haeberlin, Urs: Heilpädagogik als wertgeleitete Wissenschaft. Ein propädeutisches Einführungsbuch in Grundfragen einer Pädagogik für Benachteiligte und Ausgegrenzte. Bern, Stuttgart, Wien: Haupt, 1996
Hänsel, Dagmar: Das Integrierte Eingangssemester Primarstufe. In: Grundschule. (1992) 10, S. 16-19
Hagmann, Thomas: Qualifikationen für Zusammenarbeit: Der Arbeit Gestalt geben! In: Beiträge zur Lehrerbildung. 13 (1995), S. 176-182
Heimlich, Ulrich: Neue Konzepte sonderpädagogischer Förderung, neue Aufgabenstellungen für Lehrkräfte – Konsequenzen für die Ausbildung von Pädagogen. In: VBE (Hrsg.): Sonderpädagogische Förderung neu verstehen. Bonn: VBE Bundesverband, 1996, S. 49-60
Heimlich, Ulrich: Gemeinsam lernen in Projekten. Bausteine für eine integrationsfähige Schule. Bad Heilbrunn: Klinkhardt, 1999
Heimlich, Ulrich/Jacobs, Sven: Zwischenbericht der Wissenschaftlichen Begleitung des Landesschulversuchs „Integrationsklassen im Team-Kleingruppen-Modell in der Sekundarstufe I". Leipzig: Universität Leipzig, 1998 (unveröffentlichtes Manuskript)
Heuser, Christoph/Schütte, Marlene/Werning, Rolf: Kooperative Lernbegleitung von Kindern und Jugendlichen mit besonderem Förderbedarf in heterogenen Gruppen. In: *Heimlich, Ulrich* (Hrsg.): Zwischen Aussonderung und Integration. Berlin, Kriftel, Neuwied: Luchterhand, 1997, S. 102-118
Heyer, Peter: Erforderliche Konsequenzen für die Lehrerbildung. In: *Heyer, Peter u.a.* (Hrsg.): Zehn Jahre wohnortnahe Integration. Frankfurt a.M.: Arbeitskreis Grundschule, 1993, S. 174-175
Heyer, Peter: Anforderungen an die integrationspädagogische Lehrerausbildung. In: *Heyer, Peter/ Preuss-Lausitz, Ulf/ Schöler, Jutta*: „Behinderte sind doch Kinder wie wir!". Berlin: Wissenschaft&Technik, 1997, S. 375-385
Heyer, Peter/Meier, Richard: Zur Lehrerbildung für die integrationspädagogische Arbeit an Grundschulen. In: *Eberwein, Hans* (Hrsg.): Behinderte und Nichtbehinderte lernen gemeinsam. Weinheim u. Basel: Beltz, ^{2}1990, S. 337-342
Hörster, Robert: Pädagogisches Handeln. In: *Krüger, Heinz-Hermann/ Helsper, Werner* (Hrsg.): Einführung in Grundbegriffe und Grundfragen der Erziehungswissenschaft. Opladen: Leske+Budrich, 1995, S. 35-42
Jank, Werner/Meyer, Herbert: Didaktische Modelle. Frankfurt a.M.: Cornelsen Scriptor, ^{3}1994
Kanter, Gustav O./Schmetz, Ditmar: Der Verband und der Auf- und Ausbau von Ausbildung und Studium. In: *Möckel, Andreas* (Hrsg.): Erfolg, Niedergang, Neuanfang. 100 Jahre Verband Deutscher Sonderschulen, Fachverband für Behindertenpädagogik. München, Basel: E. Reinhardt, 1998, S. 186-207

Kielhorn, Heinrich: Geistesschwache Kinder und deren Erziehung. Zwei Betrachtungen von H. Kielhorn, Lehrer an der Hilfsschule für schwach befähigte Kinder in Braunschweig. In: *Bleidick, Ulrich* (Bearb.): Heinrich Kielhorn und der Weg der Sonderschulen. Braunschweig: Waisenhaus-Buchdruckerei, 1981, S. 182-213

Klink, Job-Günter: Zur Geschichte der Sonderschule. Bad Heilbrunn: Klinkhardt, 1966

Krawitz, Rudi: Pädagogik statt Therapie. Vom Sinn individualpädagogischen Sehens, Denkens und Handelns. Bad Heilbrunn: Klinkhardt, ^{3}1997

Krüger, Heinz-Hermann: Einführung in Theorien und Methoden der Erziehungswissenschaft. Opladen: Leske+Budrich, 1997

Lévinas, Emanuel: Zwischen uns. Versuche über das Denken an den Anderen. München, Wien: Hanser, 1995

Luhmann, Niklas: Soziale Systeme. Grundriß einer allgemeinen Theorie. Frankfurt a.M.: Suhrkamp, 1984 (^{4}1991)

Lumer, Beatrix: Integration, Kooperation, Beratung als zentrale Aufgabe von Lehrern und Lehrerinnen in Europa. Konsequenzen für die Lehrerbildung. In: Zeitschrift für Heilpädagogik. 46 (1995), S. 56-61

Marsand, Ortrud (Hrsg.): Zukunftsperspektiven der Lehrerbildung. Würzburg: vds, 1997

Mittler, Peter/ Daunt, Patrick: Teacher Education for Special Needs in Europe. London/New York: Cassell, 1995

Möckel, Andreas: Heinrich Kielhorn und die Anfänge der Hilfsschule in Braunschweig. In: *Bleidick, Ulrich* (Bearb.): Heinrich Kielhorn und der Weg der Sonderschulen. Braunschweig: Waisenhaus-Buchdruckerei, 1981, S. 37-51

Möckel, Andreas: Zur Vorgeschichte des Verbandes. In: *Möckel, Andreas* (Hrsg.): Erfolg, Niedergang, Neuanfang. 100 Jahre Verband Deutscher Sonderschulen, Fachverband für Behindertenpädagogik. München, Basel: E. Reinhardt, 1998, S. 8-19

Münch, Jürgen: Sonderpädagogische Aufgabenstellungen, Lehrerbildung und Ferstudium. Evaluation und Perspektiven eines Modells wissenschaftlicher Weiterbildung. Weinheim: Deutscher Studienverlag, 1997

Muth, Jakob: Die Jahre, in denen Bildung an der Spitze der Reformen stand. In: *Gehrmann, Petra/ Hüwe, Birgit* (Hrsg.): Forschungsprofile der Integration von Behinderten. Essen: neue deutsche Schule, 1993, S. 191-195

Mutzeck, Wolfgang: Kooperative Beratung. Grundlagen und Methoden der Beratung und Supervision im Berufsalltag. Weinheim: Deutscher Studien Verlag, 1996

Myschker, Norbert: Der Verband der Hilfsschulen Deutschlands und seine Bedeutung für das deutsche Sonderschulwesen. Nienburg/Weser: Reßmeyer, 1969

Myschker, Norbert: Lernbehindertenpädagogik. In: *Solarova, Svetluse* (Hrsg.): Geschichte der Sonderpädagogik. Stuttgart u.a.: Kohlhammer, 1983, S. 120-166

Myschker, Norbert: Von der Gründung des Verbandes zum Ersten Weltkrieg. In: *Mökkel, Andreas* (Hrsg.): Erfolg, Niedergang, Neuanfang. 100 Jahre Verband Deutscher Sonderschulen, Fachverband für Behindertenpädagogik. München, Basel: E. Reinhardt, 1998, S. 20-49

Oevermann, Ulrich: Theoretische Skizze einer revidierten Theorie professionalisierten Handelns. In: *Combe, Arno/ Helsper, Werner* (Hrsg.): Pädagogische Professionalität. Frankfurt a.M.: Suhrkamp, ^{2}1997, S. 70-182

Pluhar, Christine: Integration von behinderten und nichtbehinderten Kindern und Jugendlichen als Auftrag für die Bildungsverwaltung. In: *Hildeschmidt, Anne/ Schnell, Irmtraud* (Hrsg.): Integrationspädagogik. Weinheim u. München: Juventa, 1998, S. 89-100

Prange, Klaus: Pädagogik im Leviathan. Ein Versuch über die Lehrbarkeit der Erziehung. Bad Heilbrunn: Klinkhardt, 1991

Preuss-Lausitz, Ulf: Integrationskonzept des Landes Brandenburg. In: *Heyer, Peter/ Preuss-Lausitz, Ulf/ Schöler, Jutta*: „Behinderte sind doch Kinder wie wir!" Gemeinsame Erziehung in einem neuen Bundesland. Berlin: Wissenschaft&Technik, 1997, S. 15-31

Rauschenbach, Thomas/Ortmann, Friedrich/Karsten, Maria-E. (Hrsg.): Der sozialpädagogische Blick. Lebensweltorientierte Methoden in der Soziale Arbeit. Weinheim u. München: Juventa, 1993

Rolff, Hans-Günter: Steuerung, Entwicklung und Qualitätssicherung von Schulen durch Evaluation. In: *Rolff, Hans-Günter* (Hrsg.): Zukunftsfelder der Schulforschung. Weinheim: Deutscher Studien Verlag, 1995, S. 375-392

Sander, Alfred: Integration behinderter Schüler und Schülerinnen als Gegenstand der Lehreraus- und -fortbildung. In: *Meister, Hans/ Sander, Alfred* (Hrsg.): Qualifizierung für Integration. St. Ingbert: Röhrig, 1993, S. 191-201

Sander, Alfred: Hilfen für behinderte Menschen: Sonderschulen, Rehabilitation, Prävention, integrative Einrichtungen. In: *Krüger, Heinz-Hermann/Rauschenbach, Thomas* (Hrsg.): Einführung in die Arbeitsfelder der Erziehungswissenschaft. Opladen: Leske+Budrich, 1995, S. 203-218

Sander, Alfred: Kind-Umfeld-Analyse: Diagnose bei Schülern und Schülerinnen mit besonderem Förderbedarf. In: *Mutzeck, Wolfgang* (Hrsg.): Förderdiagnostik bei Lern- und Verhaltensstörungen. Weinheim: Deutscher Studien Verlag, 1998, S. 6-24

Sandfuchs, Uwe: Professionalisierung. In: *Keck, Rudolf W./ Sandfuchs, Uwe* (Hrsg.): Wörterbuch Schulpädagogik. Bad Heilbrunn: Klinkhardt, 1994, S. 247-248

Schildmann, Ulrike: Die Geschlechterdimension in der Integrationspädagogik. In: *Jantzen, Wolfgang* (Hrsg.): Geschlechterverhältnisse in der Behindertenpädagogik. Luzern: Edition SZH/SPC, 1997, S. 129-136

Schmitt, Rudolf: Ausbildung für die Grundschule. Studium - Vorbereitungsdienst - Fort- und Weiterbildung. Frankfurt a.M.: Arbeitskreis Grundschule, 1994

Schnell, Irmtraud: Das Ganze ist mehr als die Summe seiner Teile. Lehrerbildung für eine integrative Schule. In: Grundschule 29 (1997) 2, S. 29-31

Schöler, Jutta: Integrative Schule – Integrativer Unterricht. Reinbek b. Hamburg: Rowohlt, 1993

Schöler, Jutta: Stand und Perspektiven der gemeinsamen Erziehung behinderter und nichtbehinderter Schülerinnen und Schüler in Europa. In: *Hildeschmidt, Anne/ Schnell, Irmtraud* (Hrsg.): Integrationspädagogik. Weinheim u. München: Juventa, 1998, S. 109-126

Sekretariat der Ständigen Konferenz der Kultusminister der Ländern in der Bundesrepublik Deutschland: Rahmenvereinbarung über die Ausbildung und Prüfung für ein sonderpädagogisches Lehramt. Bonn, 06.05.1994

Speck, Otto: Erziehung und Achtung vor dem Anderen. Zur moralischen Dimension der Erziehung. München u. Basel: E. Reinhardt, 1996

Tenorth, Heinz-Elmar: Profession und Disziplin. Zur Formierung der Erziehungswissenschaft. In: *Krüger, Heinz-Hermann/ Rauschenbach, Thomas* (Hrsg.): Erziehungswissenschaft. Die Disziplin am Beginn einer neuen Epoche. Weinheim u. München: Juventa, 1994, S. 17-28

Terhart, Ewald: Berufskultur und professionelles Handeln bei Lehrern. In: *Combe, Arno/ Helsper, Werner* (Hrsg.): Pädagogische Professionalität. Frankfurt a.M.: Suhrkamp, ²1997, S. 448-471

Titze, Hartmut: Professionalisierung. In: *Lenzen, Dieter* (Hrsg.): Pädagogische Grundbegriffe. Bd 2. Reinbek b. Hamburg: Rowohlt, 1989, S. 1270-1272

Varela, Francisco J. (1994): Ethisches Können. Frankfurt a.M./New York: Campus, 1994

Werning, Rolf: Anmerkungen zu einer Didaktik des Gemeinsamen Unterrichts. In: Zeitschrift für Heilpädagogik 47 (1996), S. 463-469

Wocken, Hans: Gemeinsame Lernsituationen. Eine Skizze zur Theorie des gemeinsamen Unterrichts. In: *Hildeschmidt, Anne/ Schnell, Irmtraud* (Hrsg.): Integrationspädagogik. Weinheim u. München: Juventa, 1998, S. 37-52

Materialien zur integrativen Schulentwicklung – kommentierte Literatur zur Einführung

- *Bastian, Johannes* (Hrsg.): Pädagogische Schulentwicklung, Schulprogramm und Evaluation. Hamburg: Bergmann+Helbig, 1998, 256 S., ISBN: 3-925836-42-X

Aus dem Inhalt:
Der Sammelband führt in drei Kapiteln in das Programm der „Pädagogischen Schulentwicklung" (PSE) ein. PSE unterscheidet sich dadurch von Programmen der Organisationsentwicklung, dass an der Unterrichtsreform angesetzt wird. Innovative Formen des Lernens erfordern zugleich veränderte Formen der Zusammenarbeit der Lehrenden. Im ersten Kapitel werden dazu Grundsätze vorgestellt, wie Unterrichtsveränderung und Schulentwicklung miteinander verbunden werden können. Im Mittelpunkt stehen dabei Überlegungen, wie Lehrerinnen und Lehrer diese beiden Aufgaben der inneren Schulreform in die Hand nehmen können. Kapitel 2 bietet zahlreiche Handreichungen zur Entwicklung von Schulprogrammen einschließlich Praxistips und Erfahrungsberichten sowie eine Übersicht zu den Aktivitäten der Schulprogrammentwicklung in den Bundesländern. Das Kapitel 3 enthält schließlich Hinweise zur internen und externen Evaluation, ebenfalls unter Einbeziehung von Erfahrungsberichten und der Vorstellung eines Methodenkoffers mit erprobten Materialien für den Einstieg. Pädagogische Schulentwicklung bestätigt damit Erfahrungen aus zahlreichen Begleitforschungen bezogen auf Integrationsklassen und integrative Schulentwicklungen.

- *Eikenbusch, Dieter*: Praxishandbuch Schulentwicklung. Berlin: Cornelsen Scriptor, 1998. 248 S., ISBN: 3-589-21106-7

Aus dem Inhalt:
Nicht als zusätzliche Arbeitsbelastung, sondern vielmehr als Möglichkeit zur Herausbildung entlastender Strukturen – so versteht *Dieter Eikenbusch* sein Praxishandbuch. Auch *Eikenbusch* geht von der Veränderung des Unterrichts aus und zeigt neben Bestandsaufnahme und Zielentwicklung

im Lehrerkollegium, wie Schulentwicklung in der Schulklasse beginnen kann. Dazu ist es erforderlich, dass auch die Schülerinnen und Schüler in die Schulentwicklung einbezogen werden können. Das reicht von der Erforschung des Unterrichts einschließlich der Beurteilung von Lehrerinnen und Lehrern durch Schülerinnen und Schüler über die Vorschläge für einen veränderten Unterricht bis hin zu Möglichkeiten eines selbstverantworteten und eigenaktiven Lernens. Für die Entwicklung von Schulen werden sodann besonders Teamstrukturen, Evaluationsmodelle und die Schulprogrammarbeit vorgestellt. Ausführliche Anregungen zum praktischen Transfer der selbst entwickelten Ideen sowie zur Lehrerfortbildung und zur Unterstützung durch die Schulaufsicht beschließen den Band. Gerade Schülerinnen und Schüler mit sonderpädagogischem Förderbedarf werden in Integrationsschulen häufig zu Anregern eines schulinternen Reformprozesses. Wer Hinweise zur gemeinsamen Schulentwicklungsarbeit von Schülern und Lehrern sucht, der wird in diesem Handbuch sicher fündig werden.

- *Philipp, Elmar*: Teamentwicklung in der Schule. Konzepte und Methoden. Weinheim u. Basel: Beltz, 1996, 118 S., ISBN 3-407-25174-2

Aus dem Inhalt:
Eine entscheidende Voraussetzung für die Schulentwicklung ist die Zusammenarbeit im Team. Da Lehrerinnen und Lehrer in der gegenwärtigen Lehrerbildung nach wie vor eher zu Einzelkämpfern gemacht werden, fällt vielen Kollegen die Kooperation mit anderen nicht immer leicht. In Integrationsklassen kommt im Rahmen des Zwei-Pädagogen-Systems das *team-teaching* hinzu. In dieser Situation ist es sicher hilfreich, wenn man – wie im vorliegenden Band – mit Materialien vertraut gemacht wird, die helfen, Teamprozesse zu reflektieren. Es geht also nicht nur um die Arbeit *im* Team, sondern ebenso um die Arbeit *am* Team. Teamentwicklung braucht nicht nur Zeit. Sie benötigt auch Strategien der Optimierung. Der Band von *Elmar Philipp* liefert dazu zahlreiche praktisch erprobte Maßnahmen, die Teamentwicklung zur gemeinsamen Aufgaben werden lassen. Auf dem Hintergrund eines Modells dynamischer Systeme werden zunächst die Basisinstrumente der Teamentwicklung (Feedback, Prozessanalysen, Normvereinbarungen) vorgestellt. Ein Überblick zu den Phasenmodellen der Teamentwicklung (*forming, storming, norming, performing*) bietet die Möglichkeit zur Einordnung des eigenen Entwicklungsverlaufes und zur rechtzeitigen Diagnose von möglichen Problemstellen. Zahlreiche erprobte und praxisnahe Tips zur Gestaltung von Kon-

ferenzen und Teamsitzungen können das Management solcher Gruppenveranstaltungen wesentlich erleichtern. Die Lernhilfen zur Teamentwicklung münden schließlich in Überlegungen zum Qualitätsmanagement an Schulen und zu möglichen Formen der Unterstützung solcher Entwicklungsprozesse von außen. Zahlreiche methodische Anregungen wie z. B. das Stimmungsbarometer runden den Band ab. Für alle Teams, die sich auf den Weg der Schulentwicklung begeben, ist dies eine unentbehrliche Arbeitshilfe.

- *Rolff, Hans-Günter/ Buhren, Claus B./Lindau-Bank, Detlev/ Müller, Sabine*: Manual Schulentwicklung. Handlungskonzept zur pädagogischen Schulentwicklungsberatung (SchuB). Weinheim u. Basel: Beltz, 1998, 366 S., ISBN: 3-407-25200-5

Aus dem Inhalt:
Wer den Eindruck hat - beispielsweise in großen Schulsystemen wie integrativen Gesamtschulen -, dass die Kommunikationsstrukturen um den Unterricht herum verändert werden müssen, um dadurch die Voraussetzungen für innovative Prozesse in Schulklassen zu schaffen, der dürfte mit dem Konzept „Institutioneller Schulentwicklungsprozess" (ISP) bestens beraten sein. Hervorgegangen aus einer zweijährigen Entwicklungsarbeit in Schleswig-Holstein und in dem Schweizer Kanton Wallis in den Jahren 1995 bis 1997 liegt hier ein umfassendes Arbeitshandbuch zur pädagogischen Schulentwicklungsberatung vor. Dazu zählen Entwicklungen auf der personalen Ebene, der Unterrichtsebene und der Organisationsebene. Ausführlich wird zunächst das Konzept der Organisationsentwicklung vorgestellt. Hervorgehoben werden insbesondere Elemente wie das Schließen von Kontrakten, das Arbeiten mit Steuergruppen und die gemeinsame Zielklärung. Der Band bietet konkrete Hilfen zur Diagnose des Ausgangsstandes, zum Projektmanagement sowie zur Evaluation und Supervision. Ein ausführlicher Anhang mit Instrumenten und Kopiervorlagen soll den Einstieg in die Schulentwicklung vorbereiten helfen. Der besondere Vorzug des ISP-Konzeptes liegt ohne Zweifel in der Unterstützung durch ein externes Beratungssystem von Schulentwicklungsberaterinnen und -beratern. Hier wird gleichzeitig deutlich, dass Schulleitung und Schulaufsicht in der Schulentwicklung künftig wohl mehr als Berater und Begleiter gefragt sind und weniger als Beurteiler und Prüfer.

- *Schöler, Jutta*: Leitfaden zur Kooperation - nicht nur in Integrationsklassen. Heinsberg: Agentur Dieck, 1997, 55 S., ISBN: 3-88852-420-2

Aus dem Inhalt:
Ausgehend von der „Angst vor dem zweiten Erwachsenen im Klassenzimmer" (S. 7) bietet *Jutta Schöler* in diesem Arbeitsheft eine Grundlegung zur Kooperation in Schulen. Dabei ist sowohl an Lehrerinnen und Lehrer als auch an Eltern und an Therapeutinnen sowie Therapeuten gedacht. Insbesondere in Integrationsklassen und im gemeinsamen Unterricht werden vielfältige Kooperationsbeziehungen erforderlich, die nicht immer problemlos und konfliktfrei ablaufen. Auf der Basis von zahlreichen Praxiserfahrungen werden dazu Tips und Empfehlungen vorgelegt, die Kooperation fördern können und helfen, Kooperationserschwerungen rechtzeitig zu erkennen, um gegebenenfalls gegensteuern zu können. Zahlreiche Arbeitshilfen sollen darüber hinaus die fortlaufenden Reflexion über die Kooperationsentwicklung sicherstellen. Gerade auf der Ebene der einzelnen Klasse ist dieser Leitfaden für Lehrerinnen und Lehrer eine gut handhabbare Arbeitshilfe.

- *Klippert, Heinz*: Schulen entwickeln - Unterricht gestalten. Neue Formen des Lehrens und Lernens. Video-Film, ca. 20 Min. (zu beziehen über: Landesmedienzentrum Rheinland-Pfalz, Hofstr. 257, 56077 Koblenz, Tel.: 0261/9702-0 oder 97 02-236)

Aus dem Inhalt:
Für einen anschaulichen Einstieg in die Schulentwicklung eignet sich besonders der Videofilm zur Arbeit von *Heinz Klippert*. Die zentrale Bedeutung des „eigenverantwortlichen Lernens" (EVA) für das Lernen von Schülern und Lehrern wird ebenso aufgezeigt wie die wichtigsten Voraussetzungen und Zielvorstellung (im Sinne von Schlüsselqualifikationen). „Methodentraining", „Kommunikationstraining" und „Teamentwicklung in Schulklassen" sind die Schwerpunkte der Schulentwicklung, die sowohl in der Lehrerfortbildung als auch in der Schulklasse zum Thema gemacht werden. Auf die einschlägigen Publikationen von *Heinz Klippert* zu diesen drei Schwerpunkten sei hier nur ergänzend hingewiesen (erschienen im Beltz Verlag).

Die Autorinnen und Autoren

Prof. Dr. Gérard Bless
Heilpädagogisches Institut der
Universität Fribourg
Petrus-Kanisius-Gasse 21
CH-1700 Fribourg

Prof. Dr. Urs Haeberlin
Heilpädagogisches Institut der
Universität Fribourg
Petrus-Kanisius-Gasse 21
CH-1700 Fribourg

Prof. Dr. Ulrich Heimlich
Universität Leipzig
Institut für Förderpädagogik
Marschnerstr. 29-31
04109 Leipzig

Dr. Almut Köbberling
Arbeitsstelle für Integration
der Universität Hamburg am
Institut für Behindertenpädagogik
Eduardstr. 28
20257 Hamburg

Ursula Mahnke
Universität Leipzig
Institut für Förderpädagogik
Marschnerstr. 29-31
04109 Leipzig

Prof. Dr. Ulf Preuss-Lausitz
Technische Universität Berlin
Fachbereich 4-3
Franklinstr. 28-29
10587 Berlin

Prof. Dr. Alfred Sander
Universität des Saarlandes
Fachbereich 6, Gebäude 8
Postfach 151150
66041 Saarbrücken

Prof. Dr. Jutta Schöler
Technische Universität Berlin
Fachbereich 4-3
Franklinstr. 28-29
10587 Berlin

Prof. Dr. Hans Wocken
Universität Hamburg
Institut für Behindertenpädagogik
Sedanstr. 19
20146 Hamburg